विज्ञान पुत्र

डॉ. ए पी जे अब्दुल कलाम

लेखक

डॉ. संदीप कुमार शर्मा

डायमंड बुक्स

www.diamondbooks.in

प्रकाशक : डायमंड पॉकेट बुक्स (प्रा.) लि.
X-30 ओखला इंडस्ट्रियल एरिया, फेस - II
नई दिल्ली- 110020
फोन : 011-40712200
ई-मेल : wecare@diamondbooks.in
वेबसाइट : www.diamondbooks.in
संस्करण : 2025
मुद्रक : रेप्रो (इंडिया)

Vigyaan Putra APJ Abdul Kalam
by Dr. Sandeep Kumar Sharma

समर्पण

विज्ञान पुत्र को सादर समर्पित

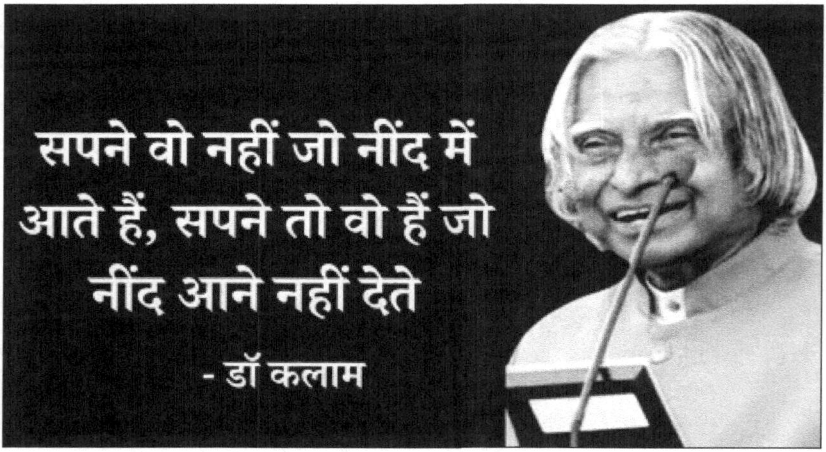
सपने वो नहीं जो नींद में
आते हैं, सपने तो वो हैं जो
नींद आने नहीं देते
- डॉ कलाम

प्राक्कथन

विज्ञान ज्ञान का प्रयोगात्मक विश्लेषण है और हमारे देश में यह पद्धति सदियों पुरानी है। ऋषियों के इसी श्रृंखला में एक महत्वपूर्ण नाम है अवुल पकिर जैनुलाब्दीन अब्दुल कलाम, जिन्हें सारी दुनिया डॉ. ए पी जे अब्दुल कलाम के नाम से जानती और पहचानती है। 'मिसाइल मैन' के नाम से सुप्रसिद्ध वैज्ञानिक डॉ. अब्दुल कलाम हमारे गौरव हैं।

भारतीय वायुसेना में पायलट बनने का सपना संजोया लेकिन पूरा नहीं हो सका तब निराशा युवा कलाम के बड़े भाई ने हौसला-अफजाई करते हुए कहा था - "तुम्हारी किस्मत में इससे ज्यादा लिखा है। निराश मत हो और अपने अगले कदम की तैयारी में जुट जाओ।" साधारण परिवार में जन्मे डॉ अब्दुल कलाम के लिए यह सपना बहुत मायने रखता था। बचपन में आकाश में उड़ते पक्षियों को देखकर उन्हें भी आकाश की ऊंचाइयों को छूने की इच्छा हुई थी और उसी हार्दिक अभिलाषा को पूरा करने के मकसद से शिक्षा ग्रहण करने में कोई कसर नहीं छोड़ी थी। उस कसर को कामयाबी में न बदल पाना निश्चित रूप से एक उत्साही युवा के लिए बहुत दर्दनाक रहा होगा। निराशा थी मगर हताश नहीं।

उनके पूर्व वैज्ञानिक सलाहकार सृजन पाल सिंह उन्हें सलाह दी कि वह रोबोटिक्स, एयरोनॉटिक्स, न्यूरोसाइंसेज, पैथोलॉजी, पेलेन्टोलॉजी और मटीरियल साइंसेज जैसे क्षेत्रों में करियर बनाने का प्रयास करें। सलाह को स्वीकार करते हुए डॉ अब्दुल कलाम ने अपने पायलट बनने के सपने को पूरा करने के लिए वैमानिक अभियान्त्रिकी को चुना।

एक बार डॉ. ए. पी. जे. अब्दुल कलाम ने अपने एक संबोधन में कहा था - मैंने एरोनॉटिकल इंजीनियरिंग को प्राथमिकता दी और फिर रॉकेट इंजीनियर बना। उसके बाद अंतरिक्ष वैज्ञानिक। वैमानिक अभियान्त्रिकी, अंतरिक्ष यात्री इंजीनियर और अंतरिक्ष वैज्ञानिक की भूमिका में आपने नये आयाम स्थापित किए।

डॉ. ए पी जे अब्दुल कलाम ने वैमानिक अभियान्त्रिकी में उन्होंने भारत के पहले उपग्रह प्रक्षेपण यान एसएलवी के विकास में महत्वपूर्ण भूमिका निभाई। भारत के पहले उपग्रह प्रक्षेपण यान एसएलवी-3 आपके अथक परिश्रम का परिणाम था। उन्होंने भारतीय

अंतरिक्ष अनुसंधान संगठन यानी इसरो में दो दशकों से अधिक समय तक काम किया और प्रक्षेपण यान प्रौद्योगिकियों में निपुणता हासिल की। भारत का मिसाइल कार्यक्रम आपके नेतृत्व में सफलता की सीढ़ियों पर चढ़ा। उन्होंने अग्नि और पृथ्वी जैसी स्वदेशी निर्देशित मिसाइलों का विकास किया। डॉ. अब्दुल कलाम एकीकृत निर्देशित मिसाइल विकास कार्यक्रम (आईजीएमडीपी) के मुख्य वास्तुकार थे। इस कार्यक्रम का उद्देश्य भारत को मिसाइल प्रौद्योगिकी में आत्मनिर्भर बनाना था। उन्होंने मई 1998 में पोखरण-II परमाणु परीक्षणों में एक महत्वपूर्ण संगठनात्मक, राजनीतिक और तकनीकी भूमिका निभाई। डॉ. कलाम ने विभिन्न उपग्रह प्रक्षेपण वाहनों के विकास को बढ़ावा दिया और समर्थन दिया, जिनमें ध्रुवीय उपग्रह प्रक्षेपण यान (पीएसएलवी) और भूस्थिर उपग्रह प्रक्षेपण यान (जीएसएलवी) शामिल हैं।

अंतरिक्ष यात्री इंजीनियर को लोकप्रिय बनाने में आपने कोई सर नहीं छोड़ी। डॉ. ए पी जे अब्दुल कलाम को भारत का मिसाइल मैन इसलिए कहा जाता है क्योंकि उन्होंने भारतीय अंतरिक्ष कार्यक्रम में महत्वपूर्ण योगदान दिया। उन्होंने भारत के पहले स्वदेशी उपग्रह प्रक्षेपण यान एस एल वी-III के विकास में महत्वपूर्ण भूमिका निभाई। जो 1980 में सफल रहा और रोहिणी उपग्रह को अंतरिक्ष में भेजा। उन्होंने एकीकृत निर्देशित मिसाइल विकास कार्यक्रम का नेतृत्व किया, जिसके तहत अग्नि और पृथ्वी जैसी स्वदेशी मिसाइलें विकसित की गई। उन्होंने अंतरिक्ष अनुसंधान के लिए थुम्बा इक्वेटोरियल रॉकेट लॉन्चिंग स्टेशन की स्थापना में महत्वपूर्ण भूमिका निभाई। रक्षा अनुसंधान और विकास संगठन में काम करते हुए कई महत्वपूर्ण परियोजनाओं में योगदान दिया। एयरोस्पेस इंजीनियरिंग में उनके काम ने भारत के कई अंतरिक्ष और रक्षा कार्यक्रमों की नींव रखने में मदद की। डॉ. अब्दुल कलाम ने भारत को अंतरिक्ष में एक महत्वपूर्ण शक्ति के रूप में स्थापित करने में महत्वपूर्ण भूमिका निभाई।

डॉ ए पी जे अब्दुल कलाम एक महान वैज्ञानिक और प्रशासक थे। जिन्होंने भारत के अंतरिक्ष कार्यक्रम और विकास में महत्वपूर्ण योगदान दिया। उनके काम से आज भी भारत का अंतरिक्ष कार्यक्रम, विज्ञान और प्रौद्योगिकी के क्षेत्र में विकास हो रहा है।

'अवुल पाकिर जैनुलाब्दीन अब्दुल कलाम'। यह केवल एक नाम नहीं बल्कि एक शब्दकोश है। इस नाम का विस्तृत अर्थ समझने से पहले यह जान लेना अत्यंत आवश्यक है कि ईश्वर ने मृत्यु लोक में हर इनसान को एक खास मकसद पूरा करने के लिए भेजता है। अपनी कृति को परखने के लिए ईश्वर बहुत साधन संपन्न परिवार में नहीं भेजता बल्कि उसको एक ऐसे घर में अवतरित करता है जहां रहकर वह जमीनी हकीकत से वाकिफ हो

सके। धार्मिक भावनाओं से ओत-प्रोत होकर वह सभी धर्मों के मूल को समझ सके और उनका आदर करे। सागर, धरती और आसमान, इन तीनों को बहुत अच्छे से समझा डॉ अब्दुल कलाम ने अपने बचपन में और पचपन आते-आते उन्होंने अपने सपनों की ऊंची उड़ान को साकार कर दिया। डॉ अब्दुल कलाम हमेशा ईश्वर के प्रति शुक्रगुजार रहे और शायद ईश्वर उनका तहेदिल से शुक्रिया अदा करता रहा कि जिस मकसद से उन्हें धरती पर भेजा था वह उद्देश्य डॉ अब्दुल कलाम ने बखूबी पूरा किया।

विज्ञान पुत्र: डॉ ए पी जे अब्दुल कलाम, व्यक्तित्व और कृतित्व पुस्तक विश्व के महान वैज्ञानिक के बचपन और पचपन की यात्रा को समर्पित है। साधन, साधना और समर्पण साधनों की कमी में भी साधना के लिए कैसे एक युवा को कार्यों के प्रति समर्पित करता है, यही कथा संक्षेप में प्रस्तुत की है। डॉ अब्दुल कलाम साहब के व्यक्तित्व और कृतित्व को एक पुस्तक में समेटना संभव नहीं है।

ज्ञान, विज्ञान, वैज्ञानिक और फिर राष्ट्र प्रमुख होना किसी दैवीय शक्ति से ही संभव है। राष्ट्रपति बनने के बाद भी उनके लिए देश के किशोर एवं युवा हमेशा महत्वपूर्ण रहे। बच्चों को राष्ट्रपति भवन में आमंत्रित करना, महाविद्यालयों में युवाओं को संबोधित करना और समय-समय पर एक अध्यापक की भूमिका में प्रेरणास्रोत बनना, कोई चमत्कारिक व्यक्ति ही कर सकता है। वह बच्चों को हमेशा कहा करते थे - "सपने देखो तो बड़े देखो। बड़े सपने प्रेरणा देते हैं। उन्हें साकार करने का बल प्रदान करते हैं।" यह बात वही व्यक्ति कह सकता है जिसने बड़े सपने देखे और उन सपनों को साकार किया।

इतिहास साक्षी है कि हर क्षेत्र में, हर युग में, एक महान ब्रह्मा पुत्र पैदा होता है जो मनुष्य को उसके कर्तव्य और दायित्व का सबक सिखाकर अंतर्ध्यान हो जाता है। गीता में भी कहा गया है - यद्यदाचरति श्रेष्ठस्तत्तदेवेतरो जनः। स यत्प्रमाणं कुरुते लोकस्तदनुवर्तते। अर्थात, जो श्रेष्ठ कार्य करता है, दूसरे भी उसी को करते हैं। वह जो सिद्ध करता है, संसार उसका अनुसरण करता है। आज भले ही डॉ अब्दुल कलाम हमारे बीच नहीं हैं लेकिन उनके कार्य, उनकी शिक्षा और उनका मार्गदर्शन हमें सदैव तत्पर रखने में मदद करता रहेगा।

आशा है पाठकों को यह पुस्तक प्रेरणा प्रदान करेगी। युवाओं का मार्गदर्शन करने में सहायक होगी और किशोर-किशोरियों में बड़े सपने देखने एवं उन्हें साकार करने की सीख प्रदान करने में सफल होगी।

हमेशा की भांति परिवार के सभी सदस्यों ने पूरा सहयोग दिया। मैं सभी के उज्ज्वल भविष्य की कामना करते हुए आशीर्वाद देता हूं।

डायमंड बुक्स के स्वामी युवा वयोवृद्ध आदरणीय श्री नरेंद्र वर्मा जी का विशेष आभार। जिन्होंने मुझे प्रेरित किया डॉ ए पी जे अब्दुल कलाम जी पर एक नये दृष्टिकोण से पुस्तक लिखने के लिए और उन्होंने दायित्व संभाला प्रकाशित करने का, तहेदिल से आभार। उनकी दीर्घायु की मैं कामना करता हूं।

बड़मावस, 2025
26 मई, 2025

डॉ. संदीप कुमार शर्मा

अनुक्रमणिका

सबसे उत्तम कार्य क्या होता है? किसी इंसान के दिल को खुश करना, किसी भूखे को खाना देना, जरूरतमंद की मदद करना, किसी दुखियारे का दुख हल्का करना और किसी घायल की सेवा करना...।

अब्दुल कलाम

व्यक्तित्व

संस्कृत पुस्तक वात्स्यायन कृत कामसूत्रम् में वर्णित चौंसठ कलाओं मनुष्य के व्यक्तित्व के विकास में महत्वपूर्ण योगदान देती हैं। गायन, वादन और नृत्य के बाद आज शिक्षा एक ऐसी कला है जो मनुष्य के व्यक्तित्व में निखार लाती है क्योंकि शिक्षा ही व्यक्ति के जीवन दर्शन, जीवन शैली, जीवन कृत्य और उसके कृतित्व को आकार देती है। विज्ञान पुत्र कलाम का व्यक्तित्व यही संदेश देता है।

एक शब्द कोष

अवुल पाकिर जैनुलाब्दीन अब्दुल कलाम

किसी भी व्यक्ति को सबसे पहले नाम से जाना जाता है। पहचाना जाता है। सनातन धर्म में नामकरण संस्कार को प्रमुखता दी गई है। शिशु के जन्म लेने के बाद सबसे पहले नामकरण संस्कार किया जाता है। संसार में सनातन धर्म सबसे प्राचीन धर्म है। कालांतर में सभी धर्मों ने अपने उदय के साथ ही सबसे नाम को महत्ता दी। धर्म को एक नाम दिया और यही परंपरा को कायम रखते हुए अनुयायियों को नाम दिया गया ताकि उनकी एक अलग और धर्म-विशेष पहचान मिल सके। यही कारण है कि सभी धर्मों में व्यक्तियों के अलग-अलग नाम मिलते हैं। भाषा और उच्चारण भले ही भिन्न हो लेकिन शब्दों के अर्थ सभी भाषाओं में एक समान ही मिलते हैं।

नाम नहीं शब्दकोश

विश्व प्रसिद्ध नाम है - 'अवुल पाकिर जैनुलाब्दीन अब्दुल कलाम'। यह केवल एक नाम नहीं बल्कि एक शब्दकोश है। इस नाम का विस्तृत अर्थ समझने से पहले यह जान लेना अत्यंत आवश्यक है कि ईश्वर ने मृत्यु लोक में हर इनसान को एक खास मकसद पूरा करने के लिए भेजता है। उसमें अच्छे और बुरे, दोनों ही काम शामिल हैं लेकिन ईश्वर द्वारा

प्रदत्त कार्य को कुछ लोग ही पूरा करने में सफल हो पाते हैं। अवुल पाकिर जैनुलाब्दीन अब्दुल कलाम नाम एक शब्दकोश क्यों है यह जानना हमारे लिए बहुत जरूरी है क्योंकि कहा जाता है कि कुछ लोग ही अपने नाम को सार्थक करते हैं। नाम के अर्थ की गरिमा और गौरव सिद्ध कर पाते हैं।

अवुल शब्द का हिन्दी में अर्थ होता है - अलगाव, पृथक्करण, विदारण, भू-अपदारण। व्यक्ति के जीवन में यह शब्द बहुत महत्वपूर्ण है। अलगाव, यानी ऐसे व्यक्ति को नफरत से अलगाव होता है। वह ऐसे लोग से भी पृथक रहता है, अलग रहता है जो सामाजिक सौहार्द्र को नहीं मानते। वह मानवीय आधार पर सभी को एक साथ देखना पसंद करता है। भू-अपरदन की तरह व्यवहार नहीं करता। वह ऐसा इसलिए नहीं करता क्योंकि वह परिक है।

परिक शब्द का हिन्दी में अर्थ होता है - कल्पना किया हुआ, सोचा हुआ, मन में गढ़ा हुआ। परिकल्पित शब्द का अर्थ भी यही होता है। ऐसे व्यक्ति की एक ही कल्पना होती है कि सभी मनुष्य शांतिपूर्ण ढंग से रहें। एक साथ रहें। वह सोचता है कि हम सभी का रक्त लाल है तो वैमनस्य क्यों? अतः वह मन में संकल्प लेता है कि मैं अपना संपूर्ण जीवन मानव कल्याण को समर्पित कर दूंगा। तभी तो वह बनता है जैनुलाब्दीन।

जैनुलाब्दीन शब्द का संधि विच्छेद है - ज़ैन-उल-अबिदीन और इसका हिंदी में अभिप्राय होता है -

ज़ैन-उल-अबिदीन यानी 'उपासकों का आभूषण'। तन समर्पित, मन समर्पित, सारा धन भी समर्पित क्यों? क्योंकि वह मानवीय मूल्यों के उपासकों का आभूषण बन जाता है। प्रेरणा स्रोत बन जाता है। वह अपने आप को अब्दुल मानकर सेवा में तल्लीन हो जाता है।

अब्दुल शब्द के अनेक अर्थ हैं 'सेवक', 'दास', 'ज्ञान' इत्यादि। यह अरबी भाषा का शब्द है जो अरबी के 'अब्द अल' वाक्यांश से बना है। यहां 'अब्द' का अर्थ है - दास, सेवक, गुलाम,अनुचर आदि। 'अल' शब्द का मतलब है - हरताल। 'हरताल' पीले रंग खनिज पदार्थ है। इसका एक अर्थ विष या ज़हर और बिच्छू का डंक भी है। भाषा विशेषज्ञों के मुताबिक 'अल' शब्द का इस्तेमाल अंग्रेज़ी के शब्द 'the' की तरह किया जाता है।

कलाम शब्द का अर्थ अरबी में वाक्-शास्त्र है। जिसे इल्म अल-कलाम कहा जाता है। कलाम शब्द कविता, बात, वार्तालाप, बातचीत, कथन, शासनादेश, आदेश आदि का संगम है। कलाम वह ज्ञान है जिसके द्वारा विश्वासों को तार्किक प्रमाणों से सिद्ध करते हैं, मीमांसा अथवा तर्कशास्त्र

नज़्म, छंद के रूप में परिवर्तित किया हुआ काव्य, शेर, शायरी, बातचीत में आवाज़ का उतार-चढ़ाव, लहजा अर्थात शैली, बोलचाल, बहाना, आपत्ति, वाद-विवाद, संदेह, शक,

सवाल और जवाब, स्वार्थ, वास्ता आदि के अर्थ में प्रयुक्त होता है। आपने नाम को सार्थक किया पूर्व राष्ट्रपति महामहिम अवुल पाकिर जैनुलाब्दीन अब्दुल कलाम साहब ने।

जैनुलाब्दीन उनके पिता का नाम था। "जैनुलाब्दीन" (अरबी ज़ैनुल अबिदीन से) का अर्थ है "उपासकों का श्रृंगार" और इस्लामी परंपरा में यह एक आम नाम है।

अवुल पकिर जैनुलाब्दीन अब्दुल कलाम अविवाहित थे। शाकाहारी कलाम ने ताउम्र ब्रह्मचर्य का पालन किया।

प्रारंभिक जीवन

ऐसा कहा जाता है कि डॉ. कलाम के पूर्वज धनी मरकायार व्यापारी और ज़मींदार थे, जिनके पास कई संपत्तियां और जमीन के बड़े हिस्से थे। मरकायार तटीय तमिलनाडु और श्रीलंका में पाया जाने वाला एक मुस्लिम जातीय समूह है जो अरब व्यापारियों और स्थानीय महिलाओं के वंशज होने का दावा करता है।

पारिवारिक व्यवसाय में मुख्य भूमि और द्वीप के बीच और श्रीलंका से और श्रीलंका के बीच किराने का सामान का व्यापार शामिल था। साथ ही मुख्य भूमि और पंबन के बीच तीर्थयात्रियों को लाना-ले जाना भी शामिल था। सन् 1914 में मुख्य भूमि के लिए पंबन ब्रिज के खुलने के साथ ही व्यवसाय विफल हो गया और सन् 1920 के दशक तक पैतृक घर के अलावा परिवार की संपत्ति नष्ट हो गई। कलाम के जन्म के समय तक परिवार गरीबी से त्रस्त था।

अवुल पाकिर जैनुलाब्दीन अब्दुल कलाम का जन्म 15 अक्टूबर, 1931 को रामेश्वरम के एक गांव धनुषकोडी में एक तमिल मुस्लिम परिवार में हुआ था। उस दौर में यह मद्रास प्रेसीडेंसी का हिस्सा था। उनके पिता जैनुलाब्दीन मरकायार न तो ज्यादा पढ़े-लिखे थे और न ही धनी व्यक्ति थे। उनकी माता का नाम 'असीम्मा' था, जो एक गृहणी थी।

पिता मछुआरों को नाव किराये पर दिया करते थे। उनके पिता के पास एक नौका थी जो हिंदू तीर्थयात्रियों को रामेश्वरम और अब निर्जन धनुषकोडी के बीच आगे-पीछे ले जाती थी। उस समय भारत में संयुक्त परिवार का चलन था।

परिवार की सदस्य संख्या का अनुमान इस बात से लगाया जा सकता है कि यह स्वयं पाँच भाई एवं पाँच बहन थे और एक घर में तीन परिवार रहा करते थे। आर्थिक तंगी अवश्य थी लेकिन प्यार-मोहब्बत में कोई तंगी नहीं थी।

कलाम पाँच भाई-बहनों में सबसे छोटे थे। असीम जोहार सबसे बड़ी एक बहन थीं। उसके बाद तीन बड़े भाई थे - मोहम्मद मुथु मीरा लेब्बाई माराकयार, मुस्तफा कलाम और

कासिम मोहम्मद थे। सबसे छोटे होने की वजह से परिवार के सभी सदस्य इनसे बेइंतहा मोहब्बत करते और डॉ. कलाम को भी अपने परिवार से बेहद प्यार था। बेइंतहा मोहब्बत थी। दुनिया के नामी-गिरामी हस्ती होने के बावजूद उनके दिल में परिवार के लिए मोहब्बत कम नहीं हुई। उनके नाना समाज के प्रतिष्ठित व्यक्तियों में थे। मां के खानदान का बहुत सम्मान था। अंग्रेजों ने उनकी मां के एक वंशज को 'बहादुर' की पदवी से नवाजा था।

बचपन

डॉ. कलाम का बचपन आम बच्चों जैसा ही था। वह अपनी मां के साथ रसोई घर में नीचे बैठ कर केले के पत्ते चावल, सुगंधित एवं स्वादिष्ट सांभर, ताजा बनी नारियल की चटनी और मां के हाथ से बना अचार खाया करते थे। बचपन के उन आनंददाई समय को वह कभी भूले नहीं।

उनका बचपन मुस्लिम बहुल इलाके में बीता जहां कुछ हिंदू परिवार भी थे। सभी हिंदू परिवार मुसलमान पड़ोसियों के साथ मिल-जुलकर रहते थे। वहां बहुत पुरानी मस्जिद में वह हर शाम को नमाज के लिए अपने पिताजी के साथ जाया थे। अरबी भाषा में नमाज अदा की जाती थी उसके बारे में उन्हें कुछ पता तो नहीं था। उनका यह पक्का विश्वास था कि ये बातें ईश्वर तक जरूर पहुँच जाती हैं। उनके पिता का सम्मान सभी धर्मों के लोग किया करते थे। शाम नमाज के बाद मस्जिद से बाहर विभिन्न धर्मों के लोग का मजमा लगा रहता था। मस्जिद के बाहर बैठे लोग पानी के कटोरे मेरे पिताजी के सामने रखते। पिताजी अपनी अँगुलियाँ उस पानी में डुबोते जाते और कुछ पढ़ते जाते। इसके बाद वह पानी बीमार लोगों के लिए घरों में ले जाया जाता। लोग ठीक होने के बाद शुक्रिया अदा करने हमारे घर आते। पिताजी हमेशा मुसकराते और शुभचिंतक एवं दयावान अल्लाह को शुक्रिया कहने को कहते। बालक कलाम के लिए यह किसी आश्चर्य से कम नहीं था।

यह उनकी महानता है कि विश्व प्रसिद्ध वैज्ञानिक होने के बाद भी उन्होंने अपने बचपन और परिवार की हर छोटी-बड़ी सभी बातें दूसरों के साथ साझा करने में कभी शर्म महसूस नहीं की। जब पिताजी ने लकड़ी की नौकाएँ बनाने का काम शुरू किया था उस समय कलाम साहब की उम्र सिर्फ छह साल की थी। यह नौकाएँ तीर्थयात्रियों को रामेश्वरम् से धनुषकोडि तक लाने-ले जाने के काम आती थीं। एक स्थानीय ठेकेदार अहमद जलालुद्दीन के साथ उनके पिताजी ने समुद्र तट के पास ही नौकाएँ बनाने लगे। कालांतर में अहमद जलालुद्दीन का निकाह कलाम साहब बड़ी बहन जोहरा के साथ हो गया।

किसी भी धर्म, समुदाय, जाति, क्षेत्र में हर बच्चा एक विशेष आर्थिक, सामाजिक और भावनात्मक परिवेश में कुछ वंशागत गुणों के साथ जन्म लेता है। वह उन्हीं संस्कारों

के अनुरूप उसे ढला जाता है। उन्हें अपने पिता जी से विरासत के रूप में ईमानदारी और आत्मानुशासन मिला। माँ से ईश्वर में विश्वास और करुणा का भाव प्राप्त हुआ। यही गुण उनके तीनों भाई-बहनों को भी विरासत में मिले।

समुद्र की मधुर आवाज बालक कलाम की जिंदगी का हिस्सा बन चुकी थी। उसके बिना जिंदगी अधूरी-सी महसूस होती। कोई दिन जाता होगा कि वह अपने पिता और दोस्तों संग समुद्र तट पर न जाते हों। समुद्र में उठने वाले तूफान अक्सर मानसून के तीन महीनों में आते रहते हैं और वहां के निवासी इस उथल-पुथल के आदी हो जाते हैं। अब्दुल कलाम अपने पुराने पैतृक बड़े घर में रहते थे। उन्नीसवीं शताब्दी में यह चूना पत्थर व ईंटों से बनाया गया था। बेशक इस घर में आधुनिक ऐशो-आराम के साधन उपलब्ध नहीं थे परंतु घर प्रेम-भाव से परिपूर्ण था।

रामेश्वरम द्वीप पर जीवन बिताना आनंदकारी था। यहीं अब्दुल कलाम बड़े हुए। समुद्र की ऊँची-ऊँची लहरें, लहरों का बार-बार उठना; इसी तरह से पंबन पुल से रेलगाड़ियों की आने-जाने की आवाज अब्दुल कलाम के जीवन के साथ जुड़ गई थी। पंछियों का आवागमन तथा उनकी चहचहाहट, हवाओं में नमक की मौजूदगी यह सभी चीजें कलाम के बचपन का हिस्सा थीं। कलाम और कलाम के पड़ोसियों का जीवन-यापन करने का यह एक साधन भी था समुद्र। सबका किसी-न-किसी रूप में इस समुद्र से रिश्ता बना हुआ था, चाहे वह मछुआरों के रूप में हो या फिर नाव के मालिक के तौर पर।

पाठशाला

जब अब्दुल कलाम रामेश्वरम् के प्राइमरी स्कूल में पाँचवीं कक्षा में थे तब एक दिन एक अप्रत्याशित घटना घटित हुई। एक नए शिक्षक कक्षा में आए। अब्दुल कलाम टोपी पहना करते थे। जो उनके मुसलमान होने का प्रतीक था। वह कक्षा में हमेशा आगे की पंक्ति में जनेऊ पहने रामानंद शास्त्री के साथ बैठा करते थे। नए शिक्षक को एक हिंदू लड़के का मुसलमान लड़के के साथ बैठना अच्छा नहीं लगा। उन्होंने अब्दुल कलाम को उठाकर पीछे वाली बेंच पर चले जाने को कहा। अब्दुल कलाम को बहुत बुरा लगा। रामानंद शास्त्री को भी यह बदलाव बहुत खला। अब्दुल कलाम को पीछे की पंक्ति में बैठाए जाने से रामानंद शास्त्री काफी उदास नजर आ रहा था। उसके चेहरे पर जो रुआँसी के भाव थे। उनकी अब्दुल कलाम पर गहरी छाप पड़ी। पाठशाला की छुट्टी होने पर घर जाकर पाठशाला सारी घटना रामानंद शास्त्री ने अपने घर वालों को बताई। यह सुनकर लक्ष्मण शास्त्री ने उस शिक्षक को बुलाया और कहा - उसे निर्दोष बच्चों के दिमाग में इस तरह

सामाजिक असमानता एवं सांप्रदायिकता का विष नहीं घोलना चाहिए। अब्दुल कलाम और रामानंद शास्त्री, दोनों उस वक्त वहाँ मौजूद थे। लक्ष्मण शास्त्री ने उस शिक्षक से साफ-साफ कह दिया कि या तो वह क्षमा माँगे या फिर स्कूल छोड़कर यहाँ से चला जाए। उस शिक्षक ने अपने किए व्यवहार पर न सिर्फ दुःख व्यक्त किया बल्कि लक्ष्मण शास्त्री के कड़े रुख एवं धर्मनिरपेक्षता में उनके विश्वास से उस नौजवान शिक्षक में अंततः बदलाव आ गया। अगले दिन कक्षा में पुरानी व्यवस्था बहाल कर दी गई।

अब्दुल कलाम के जीवन पर इनके पिता का बहुत प्रभाव रहा। उनके पिता ज्यादा पढ़े-लिखे नहीं थे लेकिन जिंदगी का अच्छा अनुभव था। पिता की लगन और उनके दिए संस्कार अब्दुल कलाम के बहुत काम आए। जब कलाम पाँच वर्ष के हुए तो रामेश्वरम की पंचायत के प्राथमिक विद्यालय में उनका दाखिला कराया गया। उनके शिक्षक इयादुराई सोलोमन ने उनसे कहा था - "जीवन मे सफलता तथा अनुकूल परिणाम प्राप्त करने के लिए तीव्र इच्छा, आस्था, अपेक्षा इन तीन शक्तियो को भलीभाँति समझ लेना और उन पर प्रभुत्व स्थापित करना चाहिए।"

पांचवी कक्षा में पढ़ते समय उनके अध्यापक उन्हें पक्षी के उड़ने के तरीके की जानकारी दे रहे थे। जब छात्रों को समझ नहीं आया तो अध्यापक उनको समुद्र तट पर ले गए जहाँ उड़ते हुए पक्षियों को दिखाकर अच्छे से समझाया। इन्हीं पक्षियों को देखकर कलाम ने तय कर लिया कि उनको भविष्य में विमान विज्ञान में ही जाना है। अपने स्कूल के दिनों में कलाम औसत छात्र थे। जिसमें सीखने की तीव्र इच्छा थी। उन्होंने अपनी पढ़ाई, खासकर गणित पर घंटों बिताए।

कलाम के गणित के अध्यापक सुबह ट्यूशन लेते थे इसलिए वह सुबह 4 बजे गणित की ट्यूशन पढ़ने जाते थे। अब्दुल कलाम ने अपनी आरंभिक शिक्षा जारी रखने के लिए अखबार वितरित करने का कार्य भी किया था। बचपन में आर्थिक तंगी के कारण डॉ. कलाम को अपनी शिक्षा जारी रखने के लिए अत्यंत संघर्ष करना पड़ा। उन्हें बचपन से ही सिखने की बहुत इच्छा थी।

दूसरे विश्वयुद्ध की कहानियां किस तरह से उनकी प्रेरणा बनी? इसका उल्लेख करते हुए उन्होंने अपनी पुस्तक में बताया है कि बचपन में लड़ाकू विमानों की तस्वीरें और दूसरे विश्व युद्ध की कहानियों से भरे अखबार पढ़ना उन्हें कितना अच्छा लगता था। पांचवी कक्षा में पढ़ते समय कलाम ने अखबार बांटने के तौर पर पहला रोजगार शुरू किया था। उनके बड़े भाई उन्हें अपनी साइकिल देते थे। सुबह पांच बजे स्टेशन से कलाम तमिल अखबारों का बंडल ले कर स्थानीय कार्यालयों, चाय के कुछ स्टॉल और कभी-कभी घरों में बांटते थे। उन्होंने लिखा है कि स्टेशन से रवाना होने से पहले वह वहां बेंच पर बैठ कर दैनिक

'दिनामणि' की एक प्रति खोलते थे। पढ़ते। पहला पन्ना हमेशा अच्छा लगता था। जिसमें लड़ाकू विमानों की तस्वीरें और दूसरे विश्व युद्ध की कहानियां होती थीं।

धार्मिक आस्था

उनके घर के पास ही एक शिव मंदिर रामेश्वरम्। यह एक प्रसिद्ध तीर्थस्थल है। मंदिर के सबसे बड़े पुजारी पक्षी लक्ष्मण शास्त्री उनके पिताजी के अभिन्न मित्र थे। बचपन में वह दो लोगों आध्यात्मिक मामलों को बहुत ध्यान से सुनते थे।

किशोर अवस्था में कलाम साहब अपने पिताजी से नमाज की प्रासंगिकता के बारे में अक्सर सवाल किया करते थे। उनके पिताजी ने एक बार उन्हें बताया -

"नमाज में रहस्यमय कुछ भी नहीं है। नमाज से लोगों के बीच भाईचारे की भावना संभव हो पाती है। जब तुम नमाज पढ़ते हो तो तुम अपने शरीर से इतर ब्रह्मांड का एक हिस्सा बन जाते हो। जिसमें दौलत, आयु, जाति या धर्म-पंथ का कोई भेदभाव नहीं होता।"

उन्होंने ने पिताजी से अध्यात्म की जटिल अवधारणाओं को समझा। 'खुद उनके वक्त में, खुद उनके स्थान पर, जो वे वास्तव में हैं और जिस अवस्था में पहुँचे हैं - अच्छी या बुरी, हर इनसान भी उसी तरह दैवी शक्ति रूपी ब्रह्मांड में उसके एक विशेष हिस्से के रूप में होता है तो हम संकटों, दुःखों या समस्याओं से क्यों घबराएँ? जब संकट या दुःख आएँ तो उनका कारण जानने की कोशिश करो। विपत्ति हमेशा आत्मविश्लेषण के अवसर प्रदान करती है।' जिज्ञासा शांत होने बजाए और बढ़ गई। अपने पुत्र की जिज्ञासा शांत करते हुए पिता ने कहा - "वह अपने को किसी गतिरोध में फँसा पाता है तो उसे चाहिए होता है ऐसा साथी जो बाहर निकलने का रास्ता दिखा सके। बार-बार तड़पानेवाली हर तीव्र इच्छा एक प्यास की तरह होती है। मगर हर प्यास को बुझाने वाला कोई-न-कोई मिल ही जाता है। जो लोग अपने संकट की घड़ियों में मेरे पास आते हैं, मैं उनके लिए अपनी प्रार्थनाओं के जरिए ईश्वरीय शक्तियों

से संबंध स्थापित करने का माध्यम बन जाता हूँ। हालाँकि हर जगह, हर बार यह सच नहीं होता और होना भी नहीं चाहिए।” ऐसी विचारधारा ने किशोर अवस्था में कलाम साहब को ऊर्जा से भर दिया।

बचपन में बालक कलाम एक दोस्त था जलालुद्दीन। वह उम्र में उनसे बड़े थे। थे पक्के दोस्त। वह दोनों प्रायः आध्यात्मिक विषयों पर बातें करते। एक प्रमुख तीर्थस्थल होने की वजह से रामेश्वरम् का यह वातावरण उनकी आध्यात्मिक चर्चाओं में और भी प्रेरक सिद्ध होता। पास में एक शिव मंदिर हुआ करता था। जहां कलाम और जलालुद्दीन इस मंदिर की उतनी ही श्रद्धा से परिक्रमा करते जितनी श्रद्धा से देश के किसी हिस्से से आया कोई भी तीर्थयात्री करता। इस परिक्रमा के बाद दोनों अपने शरीर को बहुत ही ऊर्जावान महसूस करते।

कलाम का दोस्त जलालुद्दीन ईश्वर के बारे में ऐसी बातें किया करता जैसे ईश्वर के साथ उसकी आत्मियता हो। कोई कामकाजी भागीदारी हो। वह बड़े आत्मविश्वास के साथ ईश्वर के समक्ष अपने सारे संदेह इस प्रकार रखते जैसे वह उनका निराकरण पूरी तरह कर देगा। उसके इस आस्था और विश्वास के समक्ष कलाम जलालुद्दीन की ओर एकटक देखते रहते। अब्दुल कलाम जिज्ञासावश मंदिर के चारों ओर जमा श्रद्धालुओं एवं तीर्थयात्रियों की उस भीड़ पर नजर डालते जो समुद्र में डुबकियाँ लगा रहे होते।

पूरी धार्मिक रीतियों से पूजा-पाठ करते लोगों को देखते। वह श्रद्धालु उस अज्ञात के प्रति अपने आदर भाव से प्रार्थना करते हैं जिसे निराकार सर्वशक्तिमान माना जाता है। कलाम साहब को इसमें कभी संदेह नहीं रहा कि मंदिर में की गई प्रार्थना जहाँ, जिस तरह पहुँचती है ठीक उसी तरह हमारी मस्जिद में पढ़ी गई नमाज भी वहीं जाकर पहुँचती है। उन्हें आश्चर्य सिर्फ तब होता जब जलालुद्दीन ईश्वर से विशेष तरह का जुड़ाव कायम करने की बात कहता।

प्रतिवर्ष होने वाले श्री सीता-राम विवाह समारोह के दौरान अब्दुल कलाम का परिवार विवाह स्थल तक भगवान् श्रीराम की मूर्तियाँ ले जाने के लिए विशेष प्रकार की नावों का बंदोबस्त किया करता था। यह विवाह स्थल तालाब के बीचोंबीच स्थित था। इसे 'रामतीर्थ' कहते थे। यह उनके घर के पास ही था। मेरी माँ और दादी घर के बच्चों को सोते समय 'रामायण' के किस्से और पैगंबर मुहम्मद से जुड़ी घटनाएँ सुनाती थीं।

कुछ वास्तविक घटनाएं कालांतर में कहानियों में बदल जाती है। एक दिन एक सज्जन धोती पहने, शॉल ओढ़े हुए तिरुअनंतपुरम में समुद्र तट पर बैठकर भगवद्गीता का पाठ कर रहे थे। उसी समय वहां एक युवक आकर बैठ गया। उस सज्जन के हाथ में भगवद्गीता देखकर युवक ने कहा - “ऐसी किताबें पढ़ने का कोई मतलब है? दुनिया चांद पर पहुंच गई

है और आप अब भी गीता और रामायण पर अटके हुए हैं।"

उस सज्जन ने लड़के से पूछा - "गीता के बारे में तुम क्या जानते हो ?"

लड़के ने सवाल का जवाब नहीं दिया और उत्साह से कहा - "यह सब पढ़कर क्या होगा? मैं तो विक्रम साराभाई अनुसंधान संस्थान का छात्र हूं। मैं एक वैज्ञानिक हूं। मेरे लिए गीता-पाठ किसी काम का नहीं है।"

युवक की बातें सुनकर वह सज्जन हंस पड़े। वह कुछ कह पाते उससे पहले ही वहां दो बड़ी गाड़ियां वहां आकर रुकीं। एक कार से दो ब्लैक कमांडोज और दूसरी कार से एक सिपाही नीचे उतरे। सिपाही ने बड़ी कार का पिछला दरवाजा खोला, सलामी दी और दरवाजे के पास खड़ा हो गया।

वह सज्जन जो गीता का पाठ कर रहे थे, धीरे से कार में चढ़कर बैठ गए। यह सब देख लड़का हैरान रह गया। उसे लगा कि वह आदमी कोई प्रसिद्ध व्यक्ति होगा। उस सज्जन के बारे में जानने के लिए लड़का तेजी से दौड़कर पास में गया और पूछा - "सर, आप कौन हैं?"

उस सज्जन ने बहुत धीमी आवाज में कहा - "मैं विक्रम साराभाई हूं।"

यह सुन वह लड़का हैरान रह गया। उसके बाद उस लड़के ने भगवद्गीता को पढ़ा। रामायण, महाभारत और अन्य वैदिक पुस्तकें भी पढ़ीं। गीता का उस पर बड़ा असर हुआ। उस युवक ने अपनी आत्मकथा में लिखा - "गीता एक विज्ञान है और भारतीयों के लिए अपनी सांस्कृतिक विरासत का गर्व का बड़ा विषय है।" वह लड़का और कोई नहीं, मिसाइलमैन डॉ. ए पी जे अब्दुल कलाम थे।

व्यावसायिक सोच

कलाम साहब नौकाओं को आकार लेते गौर से देखते रहे और सोचते कि मैं भी इससे बेहतर नौकाएं बनाऊंगा। उनके पिताजी का कारोबार काफी अच्छा चल रहा था। एक दिन सौ मील प्रति घंटे की रफ्तार से हवा चली और समुद्र में तूफान आ गया।

तूफान में सेथुक्काराई के कुछ लोग और उनकी नावें बह गईं। उसी में पामबान पुल भी टूट गया और यात्रियों से भरी ट्रेन दुर्घटनाग्रस्त हो गई। अभी तक उन्होंने सिर्फ समुद्र की खूबसूरती ही देखी थी। उस समुद्री तूफान ने उन्हें झकझोर कर रख दिया। उसकी अपार एवं अनियंत्रित ऊर्जा ने उन्हें हतप्रभ कर दिया।

पुस्तक प्रेमी

जिज्ञासा शांत करने का उस समय एक साधन था - पुस्तकें। पुस्तकें बाजार में तो थीं लेकिन उन्हें खरीद कर पढ़ना संभव नहीं था। उनके लिए बाल्यकाल में पुस्तकें एक दुर्लभ

वस्तु की तरह हुआ करती थीं। शहर में पूर्व क्रांतिकारी और उग्र राष्ट्रवादी एस. टी. आर. मानिकम का एक निजी पुस्तकालय था।

मानिकम अब्दुल कलाम को जानते थे। उन्होंने कलाम को हमेशा पढ़ने के लिए उत्साहित किया। उनके लिए एस. टी. आर. मानिकम के निजी पुस्तकालय के दरवाजे हमेशा खुले रहते। वह उनके घर से पढ़ने के लिए किताबें ले आया करते थे।

बुद्धि कौशल

सन् 1939 में द्वितीय विश्वयुद्ध के समय अब्दुल कलाम करीब आठ वर्ष के थे। उस समय बाजार में इमली के बीजों की अचानक माँग तेजी से उठी। इसके पीछे क्या कारण था बालक अब्दुल कलाम को नहीं मालूम था। उन्हें केवल यह समझ में आया कि इमली के बीजों को इकट्ठा करके बेचा जा सकता है। उन्होंने बिना किसी से सलाह लिए इमली के बीजों को इकट्ठा करना शुरू किया और मस्जिद वाली गली में एक परचून की दुकान पर बेचना शुरू कर दिया। इससे उन्हें एक आना रोज मिल जाता था। काफी दिनों तक यह व्यापार चलता रहा।

विश्वयुद्ध की खबरें जलालुद्दीन अब्दुल कलाम को बताते रहते थे। जिज्ञासु स्वभाव इतना कि जलालुद्दीन की बताई खबर को वह 'दिनमणि' नामक अखबार के शीर्षकों में ढूँढ़ने की कोशिश करते। कभी मिल जातीं और कभी नहीं मिलती थी। विश्वयुद्ध का अब्दुल कलाम के शहर जरा भी असर नहीं था। भारत पर मित्र देशों की सेनाओं में शामिल होने का दबाव डाला गया। देश में एक तरह का आपातकाल घोषित कर दिया गया। उसका नतीजा यह हुआ कि रामेश्वरम् स्टेशन पर गाड़ी का ठहरना बंद कर दिया। ऐसी स्थिति में अखबारों के बंडल रामेश्वरम् और धनुषकोडि के बीच रामेश्वरम् रोड पर चलती ट्रेन से गिरा दिए जाते थे। तब अखबार बांटने वाले शम्सुद्दीन को ऐसे मददगार की तलाश हुई जो अखबारों के गिरे हुए बंडलों को उठाने में उनका हाथ बँटा सके। अब्दुल कलाम आगे आए शम्सुद्दीन की मदद करने लगे। इस तरह शम्सुद्दीन से उन्हें पहली तनख्वाह मिली। इस पहली तनख्वाह को वह भूल नहीं पाए। मेहनत से कमाई गई पहली तनख्वाह भला कौन भूल सकता है। उन्हें अपने द्वारा कमाई पहली तनख्वाह पर गर्व था।

बचपन के दोस्त

अब्दुल कलाम ने जलालुद्दीन और शम्सुद्दीन के साथ अपने जीवन का एक लंबा समय गुजारा था। उन दोनों का उनके बचपन में एक अद्वितीय योगदान रहा। इसी वजह से उनके जीवन में बहुत सारे बदलाव आए। हालांकि उन दोनों ने किसी पाठशाला में शिक्षा

नहीं ली थी। इसके बाद भी जलालुद्दीन एवं शम्सुद्दीन कुशाग्र बुद्धि के थे। वह अब्दुल कलाम के अकथनीय संदेशों का यों झट से जवाब दे देते थे कि बचपन में बिना किसी हिचकिचाहट के अपनी सृजनात्मकता को उन दोनों के बीच रखने में कलाम कामयाब हो जाते थे।

इन दोनों के अलावा कलाम के बचपन में तीन पक्के दोस्त और थे- रामानंद शास्त्री, अरविंदन और शिवप्रकाशन। यह तीनों ही ब्राह्मण परिवारों से थे। रामानंद शास्त्री तो रामेश्वरम् मंदिर के सबसे बड़े पुजारी पक्षी लक्ष्मण शास्त्री का बेटा था। अलग-अलग धर्म, पालन-पोषण, पढ़ाई-लिखाई को लेकर किसी भी बच्चे ने कभी भी आपस में कोई भेदभाव नहीं था। बड़े होकर रामानंद शास्त्री अपने पिता के स्थान पर रामेश्वरम् मंदिर का पुजारी बना। अरविंदन ने तीर्थयात्रियों को घुमाने के लिए टेंपो चलाने का कारोबार कर लिया और शिवप्रकाशन दक्षिण रेलवे में खान-पान का ठेकेदार हो गया। सभी के काम जरूर अलग-अलग थे मगर दोस्ती बरकरार रही। जिंदगी के अनेक उतार-चढ़ावों से रू-ब-रू होते हुए उनका जीवन आगे बढ़ता रहा।

अंतरिक्ष में उनकी रूचि थी। ब्रह्मांड विज्ञान के बारे में उत्सुकतावश उन्होंने बहुत-सी किताबें पढ़ीं। खगोलीय पिंडों के बारे में अधिक-से-अधिक जानने की अभिलाषा बलवती होती गई। इसमें उन्हें बहुत आनंद आता है। जितना पढ़ते उतनी जिज्ञासा और बढ़ जाती। अनेक बार उनके मित्र अंतरिक्ष उड़ानों से संबंधित प्रश्न पूछते थे और कई बार चर्चा ज्योतिष पर चली जाती है। वह अक्सर आश्चर्यचकित हो जाते कि क्यों लोग ऐसा मानते हैं कि हमारे सौर परिवार के दूरस्थ ग्रहों का जीवन की रोजमर्रा की घटनाओं पर प्रभाव पड़ता है। वह इसका कारण खोजते लेकिन उनकी समझ में नहीं आता कि ऐसा भ्रम समाज में क्यों फैला हुआ है। उनका मानना था कि एक कला के रूप में ज्योतिष ठीक है लेकिन उनका प्रभाव इनसान के जीवन पर पड़ता है यह मुमकिन नहीं है। वह अपने दोस्तों से कहा करते थे कि अगर विज्ञान की आड़ में इसे गलत तरीके से स्वीकार किया जाता है तो यह गलत है। हमसे इतनी दूर ब्रह्माण्ड में घूम रहे अन्य ग्रह धरती पर रहने वाले जीवों को प्रभावित नहीं कर सकते। कुछ दोस्त उनकी बात स्वीकार कर लेते और कुछ तर्क देकर उन्हें समझाने की कोशिश करते। अब्दुल कलाम अपने वैज्ञानिक मत पर अडिग रहते।

वह अक्सर सोचा करते ग्रहों, नक्षत्रों, तारामंडलों और यहाँ तक कि उपग्रहों के बारे में इन मिथकों ने कैसे जन्म लिया? ब्रह्मांडीय पिंडों की अत्यधिक शुद्ध गति की जटिल गणनाओं में हेर-फेर करके यदि व्यक्तिपरक नतीजे निकाले जाएँ तो ये उन्हें अतार्किक लगते हैं। वह मानते थे कि पृथ्वी ही सबसे शक्तिशाली एवं ऊर्जावान ग्रह है।

उच्चतर माध्यमिक शिक्षा

रामनाथपुरम् में रहते हुए अयादुरै सोलोमन से मेरे संबंध एक गुरु-शिष्य के नाते से अलग हटकर काफी प्रगाढ़ हो गए थे। उनके साथ रहते हुए मैंने यह जाना कि व्यक्ति खुद अपने जीवन की घटनाओं पर काफी असर डाल सकता है।

अयादुरै सोलोमन कहा करते थे- 'जीवन में सफल होने और नतीजों को हासिल करने के लिए तुम्हें तीन प्रमुख शक्तिशाली ताकतों को समझना चाहिए-इच्छा, आस्था और उम्मीदें।' श्री सोलोमन मेरे लिए बहुत ही श्रद्धेय बन गए थे। उन्होंने ही सिखाया कि वह जो कुछ भी चाहता है, पहले उसके लिए कलाम को तीव्र कामना करनी होगी, फिर निश्चित रूप से वह उसे पा सकेगा।

अयादरै सोलोमन सचमुच एक महान् शिक्षक थे क्योंकि वह सभी छात्रों को उनके भीतर छिपी शक्ति एवं योग्यता का आभास कराते थे। सोलोमन ने अब्दुल कलाम में स्वाभिमान को जगाकर एक ऊँचाई दी थी। एक ऐसे माता-पिता के बेटे जिन्हें शिक्षा का अवसर नहीं मिल पाया था, यह आश्वस्त कराया कि कलाम भी अपनी उन आकांक्षाओं को पूरा कर सकता हूँ जिनकी इच्छा उसके पिता रखते हैं। वे कहा करते थे - "निष्ठा एवं विश्वास से तुम अपनी नियति बदल सकते हो।"

अपनी आत्मकथा में अब्दुल कलाम लिखते हैं - "बात उस समय की है जब मैं चौथी 'फॉर्म' में था। सारी कक्षाएँ स्कूल के अहाते में अलग-अलग झुंडों के रूप में लगा करती थीं। एक दिन मेरे गणित के शिक्षक रामकृष्ण अय्यर एक दूसरी कक्षा को पढ़ा रहे थे। अनजाने में ही मैं उस कक्षा से होकर निकल गया। तुरंत ही एक प्राचीन परंपरा वाले तानाशाह गुरु की तरह रामकृष्ण अय्यर ने मुझे गरदन से पकड़ा और भरी कक्षा के सामने मुझे बेंत लगाए। कई महीनों बाद जब गणित में मेरे पूरे नंबर आए तब रामकृष्ण अय्यर ने स्कूल की सुबह की प्रार्थना में सबके सामने यह घटना सुनाई 'मैं जिसकी बेंत से पिटाई करता हूँ वह एक महान् व्यक्ति बनता है। मेरे शब्द याद रखिए, यह छात्र विद्यालय और अपने शिक्षकों का गौरव बनने जा रहा है।' उनके द्वारा की गई यह प्रशंसा क्या एक भविष्यवाणी थी ?"

कलाम श्वार्ट्ज हाई स्कूल से शिक्षा पूरी करने के बाद सफलता हासिल करने के प्रति आत्मविश्वास से सराबोर छात्र था। उन्होंने एक क्षण भी सोचे बिना और आगे पढ़ाई करने का फैसला कर लिया। उन दिनों हमें व्यावसायिक शिक्षा की संभावनाओं के बारे में कोई जानकारी तो थी नहीं। उच्च शिक्षा का सीधा-सा अर्थ कॉलेज जाना समझा जाता था। सबसे नजदीक कॉलेज तिरुचिरापल्ली में था। उन दिनों इसे 'तिरिचनोपोली' कहा जाता था और संक्षेप में 'त्रिची'।

श्वार्ट्ज हायर सेकेंडरी स्कूल, रामनाथपुरम में अपनी शिक्षा पूरी करने के बाद कलाम ने सेंट जोसेफ कॉलेज, तिरुचिरापल्ली में दाखिला लिया। जहाँ से उन्होंने सन् 1954 में भौतिकी में स्नातक किया।

महाविद्यालय

प्रारंभिक, माध्यमिक और उच्चतर माध्यमिक शिक्षा ग्रहण करने के बाद अब विश्वविद्यालय के शिक्षा मंदिर में प्रवेश का समय आ गया था। मन में बचपन यादें संजोए आकाश एवं पक्षियों के उड़ने के रहस्यों के सवाल मस्तिष्क में बैठाए अब्दुल कलाम ने युवावस्था में कदम रखा था। पक्षियों प्रति काफी आकर्षक कम नहीं हुआ था बल्कि आकर्षक और जिज्ञासा में और इजाफा हुआ। सारस को समुद्र के ऊपर मँडराते और दूसरे पक्षियों को ऊँची उड़ानें भरते देखने वाले युवा अब्दुल कलाम के समक्ष अब उच्च शिक्षा के सभी मार्ग खुले हुए थे। एक बहुत ही साधारण स्थान का लड़का। मस्तिष्क में एक दिन आकाश में पक्षियों की भांति उड़ान भरने की लालसा और ललक रखने वाला युवा अब्दुल कलाम रामेश्वरम् का पहला बालक निकला। जिसने कालांतर में अपने सपनों से भी अधिक काम दिखाया।

इंटरमीडिएट की पढ़ाई के लिए अब्दुल कलाम ने त्रिची के सेंट जोसेफ कॉलेज में दाखिला ले लिया। परीक्षाओं में डिवीजन लाने की दृष्टि से तो वह कोई होशियार छात्र नहीं थे लेकिन रामेश्वरम् के अपने उन दो 'उस्तादों'- जलालुद्दीन व शम्सुद्दीन का शुक्रिया अदा करना उन्होंने ने कभी नहीं भूला जिनसे उन्होंने जो व्यावहारिक ज्ञान हासिल किया उसने उन्हें कभी नीचा नहीं देखने दिया। जब कभी भी वह त्रिची से रामेश्वरम् लौटते तो मेरे बड़े भाई मुस्तफा कलाम, जो रेलवे स्टेशन रोड पर एक परचून की दुकान चलाते थे, उनसे थोड़ी-बहुत मदद करवा लेते थे और कुछ-कुछ घंटों के लिए दुकान को उनके जिम्मे छोड़ जाते थे। मैं तेल, प्याज, चावल और दूसरा हर सामान बेच लेता था। उन्होंने देखा कि

सिगरेट और बीड़ी सबसे ज्यादा बिकने वाली वस्तुएँ हैं। यह देख उन्हें ताज्जुब होता था कि गरीब लोग अपनी कड़ी मेहनत की कमाई को किस तरह धुएँ में उड़ा देते हैं। जब मुस्तफा के यहाँ से घर की ओर बढ़ने के बजाय अपने छोटे भाई कासिम मुहम्मद की दुकान चले जाते। वहाँ वह शंखों एवं सीपियों से बने अनूठे सामान बेचा करता था। रामेश्वरम आकर कुछ इस तरह की हो जाती थी उनकी दिनचर्या।

वह अपने आप को बहुत सौभाग्यशाली मानते थे कि सेंट जोसेफ कॉलेज में उन्हें फादर टी.एन. सेक्युरिया जैसे शिक्षक मिले। वह अंग्रेजी पढ़ाते थे। साथ ही वह उनके होस्टल वार्डन भी थे। तीन मंजिले होस्टल में करीब सौ छात्र रहते थे। फादर सेक्युरिया रोजाना रात को हाथ में 'बाइबिल' लिये हुए हर लड़के से मिलने आते थे। उनकी ऊर्जा और धैर्य आश्चर्यजनक था। वह हमेशा दूसरों का खयाल रखने वाले व्यक्ति थे और हर छात्र की पल-पल की जरूरतों को पूरा करते थे। उनके निर्देश पर ही दीपावली के अवसर पर होस्टल का इंचार्ज और मेस के लोग सभी छात्रों के कमरे में जा-जाकर पवित्र स्नान के लिए उन्हें तिल का तेल देते थे।

सेंट जोसेफ कॉलेज में चार साल रहे अब्दुल कलाम। होस्टल में उनके साथ कमरे में दो लडके और थे। एक श्रीरंगम के रूढ़िवादी आयंगर परिवार से था और दूसरा केरल का सीरियाई ईसाई था। तीनों हमेशा साथ रहते थे और बहुत ही अच्छा समय कटता था। जब वह कॉलेज के तीसरे साल में था तब उन्हें होस्टल में शाकाहारी मेस का सचिव बना दिया गया। एक रविवार को कॉलेज के प्रमुख फादर कलाथिल को दोपहर के भोज पर आमंत्रित किया। भोज में शामिल व्यंजनों में वह चीजें भी शामिल थीं जो पारंपरिक रूप से परिवारों में बनाई जाती थीं। इसका नतीजा न सिर्फ अप्रत्याशित रहा बल्कि फादर कलाथिल ने अब्दुल कलाम की कोशिशों की भूरि-भूरि प्रशंसा की। सभी छात्रों ने उनके साथ बहुत ही आनंद के क्षण गुजारे। उन्होंने सभी के साथ बच्चे की तरह निष्कपट एवं आत्मीयता से बातें कीं। हम सबके लिए यह यादगार घटना थी।

सेंट जोसेफ के उनके शिक्षक कांची परमाचार्य के सच्चे अनुयायी थे। उनका मत था कि - 'देने में ही जीवन का सच्चा आनंद है'। उनके गणित के शिक्षक प्रो. थोथाथी आयंगर और प्रो. सूर्यनारायण शास्त्री के कॉलेज परिसर में साथ-साथ टहलने की जीवंत स्मृति उनके लिए हमेशा प्रेरणा का स्त्रोत बनी रही।

जब अब्दुल कलाम सेंट जोसेफ कॉलेज के अंतिम वर्ष में थे तभी उन्हें अंग्रेजी साहित्य पढ़ने का चस्का लगा। इस अध्ययन काल में उन्होंने टॉलसटॉय, स्कॉट और हार्डी को पढ़ना

शुरू किया। इसके बाद उनका झुकाव दर्शन की ओर हुआ। उस पर भी उन्होंने गहन अध्ययन किया। इसके साथ-साथ उनकी रूचि भौतिक शास्त्र में गहरी होती चली गई थी।

सेंट जोसेफ के भौतिकी के शिक्षकों प्रो. चिन्ना दुरै और प्रो. कृष्णमूर्ति ने परमाणवीय भौतिकी के अध्यायों में उन्हें पदार्थों के अर्द्धजीवन काल की अवधारणा और उनके रेडियोएक्टिव क्षय के बारे में ज्ञान कराया। एक बार उन्होंने कहा था कि रामेश्वरम् में मेरे विज्ञान के शिक्षक शिव सुब्रह्मण्य अय्यर ने मुझे कभी यह नहीं बताया गया था कि परमाणु अस्थिर होते हैं।

उन्होंने सेंट जोसेफ कॉलेज में बी.एस.सी. में दाखिला लिया। उस समय तक वह उच्च शिक्षा के किसी और विकल्प के बारे में बिलकुल अनभिज्ञ थे। न ही भविष्य के अवसरों के बारे में उनके पास वह सूचनाएँ थीं जो एक विज्ञान के विद्यार्थी के पास होनी चाहिए। बी.एस.सी. के बाद ही उन्हें यह महसूस हो गया था कि भौतिकी उनका विषय नहीं है। उन्हें अपना सपना पूरा करने के लिए इंजीनियरिंग में जाना था। इंजीनियरिंग में तो इंटरमीडिएट की पढ़ाई पूरी करके भी जाया जा सकता था। कहते हैं कि दुर्घटना से देर भली। इसके बाद उन्होंने मद्रास इंस्टीट्यूट ऑफ टेक्नोलॉजी यानी एम.आई.टी. में दाखिले के लिए चक्कर लगाने शुरू किए। उस समय दक्षिण भारत में तकनीकी शिक्षा के लिए मशहूर यह एक विशिष्ट संस्थान था।

संस्थान के चयनित उम्मीदवारों की सूची में उनका नाम तो आ गया, लेकिन इस प्रसिद्ध संस्थान में दाखिला लेना काफी खर्चीला था। इसके लिए करीब एक हजार रुपए की जरूरत थी। उनके पिता जी के पास इतना पैसा कभी हुआ ही नहीं। यह विकट स्थिति थी। दाखिला मिला और विवशता मुंह बाएं खड़ी थी। आसमान से गिरे और खजूर पर अटके वाली स्तिथि हो गई। ऐसे आड़े वक्त में उनकी बहन जोहरा आगे आई। बहन जोहरा ने उनके हौसले को पस्त नहीं होने दिया। बहन ने फीस के लिए पैसे जुटाने हेतु अपने हाथों के कड़े तथा हार गिरवी रख दिया। वह अपने भाई अब्दुल कलाम को शिक्षित देखते देखने के लिए दृढ़ संकल्प थीं। उनकी बहन को अपने भाई की योग्यताओं एवं क्षमताओं को लेकर उनका जो भरोसा था। अब्दुल कलाम को अपनी बहन का यह विश्वास गहराई तक छू गया।

अब समय था जब वह अपनी कमाई से ही बहन के गिरवी जेवरों को छुड़ाने की मुहिम शुरू की। उस समय उनके सामने पैसा कमाने का सिर्फ यही रास्ता था कि वह जी तोड़ कड़ी मेहनत करें। छात्रवृत्ति हासिल करने की कोशिश करें ताकि बहन के आभूषण जल्दी से छुड़वा कर बहन को सौंप दें। वह यह बात अच्छी तरह से जानते थे कि आभूषण नारी शृंगार होते हैं और हर नारी अपने गहनों से बेहद प्यार करती है। अपने लक्ष्य को पाने के लिए अब्दुल कलाम पूरी मेहनत एवं लगन से पढ़ाई में जुट गये।

पसंदीदा पुस्तकें

डॉ. ए पी जे अब्दुल कलाम जब भी अपने देश के युवाओं से मिलते तो हर कोई उनकी पसंदीदा पुस्तकों के बारे में जानने के लिए उत्सुक रहता। डॉ. कलाम का मानना था -

"आधुनिक जीवन-शैली से मनुष्य की आदतों में महत्त्वपूर्ण परिवर्तन आया है। पुस्तकों के प्रति रुचि का अपना स्थान है। अखबारों से लेकर पत्रिकाओं तथा पुस्तकों तक पढ़ने का क्षेत्र फैला हुआ है, जिसकी कोई सीमा नहीं है।"

हमारे देश में विभिन्न विषयों की पुस्तकें मिलती हैं। भारत में शिक्षा के स्तर में वृद्धि होने के कारण बाजार में पुस्तकों की माँग बढ़ती जा रही है। आज शिक्षा केवल स्कूलों में लिखने-पढ़ने तक सीमित न होकर ज्ञान में वृद्धि तथा अपनी सोच में बदलाव के लिए भी प्राप्त की जाती है। पुस्तकों से जीवन से जुड़ी अनेक मान्यताओं तथा गुणों को बढ़ावा मिलता है।

अपनी आत्मकथा में वह लिखते हैं -

"अगर मैं अपने बारे में कहूँ तो पुस्तकों से मेरा घनिष्ठ संबंध रहा है। वे मेरे अच्छे मित्रों की तरह हैं। मैंने युवावस्था के दिनों में इनके साथ अपना नाता जोड़ा और आज भी मैं उनसे मिले अनुभवों को याद करता हूँ। पुस्तकें मेरे मित्रों की तरह हैं। जिन्होंने मेरा हाथ थामकर मुझे रास्ता दिखाया तथा मुझे नई दिशा दी। इनके शब्दों ने मुझे संसार में होने वाली गतिविधियों से जोड़ दिया था।"

एक पुस्तक के प्रति प्यार और मुश्किल होता है। इस तथ्य का उल्लेख करते हुए उन्होंने लिखा है -

"मैं ऐसे अनेक लोगों से मिला हूँ, जो पुस्तकों से प्रेम करते थे और जिन्होंने मेरे पुस्तक पढ़ने के शौक को और अधिक बढ़ाया। ऐसे लोगों की श्रेणी में एक ऐसे महानुभाव भी शामिल हुए, जिन्होंने एक बार पुस्तक न खरीदने का सुझाव दिया था। यह उस वक्त की बात है, जब मैं मद्रास प्रौद्योगिकी संस्थान में पढ़ता था। उस समय मुझमें रूसी साहित्य पढ़ने की रुचि जाग्रत हुई, जिसकी मुझे एक पुस्तक प्राप्त हुई और उसे मैं बहुत मन से पढ़ता था। लेकिन अचानक किसी कार्यवश मुझे अपने शहर रामेश्वरम जाना पड़ा। वहाँ जाने के लिए मेरी जेब में पैसे नहीं थे। इतना ही नहीं, मेरे पास टिकट खरीदने के पैसे भी नहीं थे। अब मेरे पास कोई और चारा नहीं था कि मैं उस पुस्तक को बेच दूँ, जिसे मैं बहुत शौक से पढ़ता था। जिस बाजार में पुस्तकें खरीदी व बेची जाती हैं, वह मद्रास में मोर मार्केट के नाम से जाना जाता था। वह एक छत के नीचे

बना हुआ बाजार था, जहाँ सभी तरह की वस्तुएँ मिलती थीं। मेरे लिए एक अनोखी बात थी कि वहाँ एक कोने में पुरानी पुस्तकों को खरीदा व बेचा जाता था। उस बाजार में एक दुकान थी, जहां वह आते-जाते रहते थे। उस दुकान का मालिक उनका दोस्त बन गया था। उस विक्रेता के संबंध में बहुत से लेखकों के साथ थे। चूँकि मैं अब पुस्तकों का शौकीन हो गया था, मुझे इनके द्वारा रोचक व ज्ञानवर्धक पुस्तकें पढ़ने को मिल जाती थीं। मैं उस पुस्तक विक्रेता के पास जब रूसी पुस्तक बेचने गया, ताकि मैं अपने घर जाने का खर्चा निकाल सकूँ, तो मैं मन से बहुत दुःखी था। मैंने बुझे हुए मन से उससे पुस्तक बेचने को कहा ।"

दुकानदार उनका दोस्त था और वह अब्दुल कलाम की मानसिकता को भी अच्छी तरह से समझता था। वह समझ गया कि कलाम मन से उस पुस्तक को बेचना नहीं चाहता। इसके बाद उसने उन्हें एक सुझाव दिया। एक ऐसा अनूठा सुझाव जिसने अब्दुल कलाम की परेशानी दूर कर दी। दुकानदार ने सरल भाव से कहा -

"क्यों न तुम इस पुस्तक को गिरवी रखकर चले जाओ! इसके बदले में मैं तुम्हें पुस्तक पूरी कीमत दे देता हूं। जब तुम्हारे पास पैसे हों, तब तुम पैसे चुका कर इस पुस्तक को वापस ले जाना।"

उसने अब्दुल कलाम से यह वायदा भी किया कि वह यह पुस्तक नहीं बेचेगा। कुछ दिनों बाद कलाम ने पुस्तक के पैसे दुकानदार को वापस कर पुस्तक अपने घर ले आए। सेंट जोसेफ कॉलेज में अंतिम वर्ष की पढ़ाई करते समय अब्दुल कलाम ने लिओ टॉलस्टॉय, वाल्टर स्कॉट तथा थॉमस हार्डी का साहित्य पढ़ा। उनकी कहानियों की पृष्ठभूमि कलाम की सोच से बिल्कुल अलग थी उनकी भाषा और अब्दुल कलाम के लिखने की भाषा से बिल्कुल अलग थी। मानवीय रिश्तों की कहानियों ने कलाम को विशेष रूप से प्रभावित किया। लेखकों ने जिस समाज का चित्रण किया था, वह भी अनोखा था। थोड़ा वक्त निकाल कर कलाम ने कुछ दार्शनिकों का साहित्य भी पढ़ा।

कलाम को अल्बर्ट आइंस्टाइन की कहानी हमेशा याद रही। जब वे 12 वर्ष के थे, उनके गुरु मैक्स टैल्मड ने उन्हें 'यूक्लिडियन ज्यामिति' की एक पुस्तक दी। उस पुस्तक ने युवक आइंस्टाइन के मन के आयाम को विस्तृत किया। उनके मन में शुद्ध विचारों की संकल्पनाएँ उभरने लगीं। वे बेहतर समझ के साथ ब्रह्मांड के तथ्यों का पता लगाने लगे तथा मानव-मन की शक्ति का अहसास करने लगे।

अपनी आत्मकथा में अब्दुल कलाम ने उल्लेख किया है -

"कई वर्षों तक मैंने तरह-तरह की पुस्तकें पढ़ी थीं। अगर मुझसे पूछा जाए कि

मेरे मनपसंद लेखक कौन हैं, जिनका मुझ पर गहरा प्रभाव पड़ा, तो मैं निश्चित रूप से तीन लेखकों तथा पुस्तकों के नाम बताना चाहूँगा। सबसे पहले 'लाइट फ्रॉम मेनी लैंप्स' है, इसे लिलियन आइशलर वाटसन ने संपादित किया था। इस पुस्तक को मैंने वर्ष 1953 में मद्रास की उसी सेकंड हैंड पुस्तक की दुकान से खरीदा था। इस तरह से एक छोटी-सी दुकान में अपार खुशी मिली थी, इस कोने में ज्ञान का अद्वितीय भंडार मिला था। वह पुस्तक मेरे लिए एक दोस्त की तरह थी, क्योंकि मैं बार-बार उसके पन्नों को पलटता था, जिसको मैं सालों तक कई बार पढ़ चुका था। 'लाइट फ्रॉम मेनी लैंप्स' एक प्रेरणादायक पुस्तक थी, जिसमें विभिन्न लेखकों के लेख संकलित थे। संपादक ने कई प्रेरणादायी कहानियों का वर्णन किया था।

उन्होंने विश्लेषण करते हुए लिखा था कि इन कहानियों को कैसे हालात में लिखा गया तथा इनसे क्या सीख मिली। मेरे जीवन में ऐसा कोई मौका नहीं आया, जब इस पुस्तक में दी गई नसीहतों ने मुझे दुःख के समय सहारा न दिया हो, जब भी मैं जिंदगी में डगमगाया हूँ, मुझे नेक सलाह न दी हो और जब भी मैं भावनाओं के अथाह सागर में भटकता हूँ, यह पुस्तक मेरी सोच में संतुलन न लाई हो। इस पुस्तक ने मुझे पूर्णतः बाँधकर रखा तथा यह बंधन और घनिष्ठ हुआ, जब मेरे मित्र ने इस पुस्तक का नया संस्करण मुझे कुछ साल पहले लाकर दिया, जिसे पाकर मैं बहुत प्रसन्न हुआ।

दूसरी प्रेरणादायी पुस्तक 'तिरुकुरल' थी, जिसने मुझे प्रेरित किया। इसकी रचना लगभग 2,000 वर्ष पहले तिरुवल्लुवर ने की थी। इसमें लगभग 1,330 तमिल पद या दोहे (कुरल) हैं। यह कृति जीवन के विभिन्न विषयों का ज्ञान कराती है। इसकी गिनती उच्च श्रेणी के तमिल साहित्य में की जाती है। यह कृति सोच को उच्च भाव में पहुँचाती है, जिससे पाठक की सोच में महत्त्वपूर्ण परिवर्तन आता है। यह 'कुरल' मेरे दिल से जुड़ा हुआ है-

उलूवेथलम् उयारवुल्लाल मातरातु
तल्लिनुम तेल्लामई निरटुट

यानी हमेशा जीवन में उन्नति के बारे में सोचो, बेशक वह केवल तुम्हारी सोच ही क्यों न हो। यहाँ तक कि जब तक अपने लक्ष्य की प्राप्ति न हो, आपकी सोच आपका उत्थान करती रहेगी। इसके बाद मैं नोबेल पुरस्कार विजेता तथा डॉक्टर-दार्शनिक एलेक्सिस कैरेल की पुस्तक 'मैन द अननोन' का उल्लेख

करना चाहूँगा। इस पुस्तक में उन्होंने कहा है कि जब शरीर और मन का एक साथ उपचार किया जाता है, तब कैसे मनुष्य जल्दी स्वस्थ होता है। मानव शरीर का उन्होंने स्पष्ट एवं प्रभावपूर्ण ढंग से वर्णन किया है और बताया है कि वह कैसे बुद्धिमान है, किस प्रकार से एकीकृत तंत्र है। मेरा खयाल है कि यह रचना हर किसी को पढ़नी चाहिए, खास तौर पर जिनका उद्देश्य चिकित्सा-विज्ञान का अध्ययन करना है।"

विभिन्न धार्मिक ग्रंथों ने अब्दुल कलाम के जीवन पर प्रभाव डाला है। उन्होंने इनका अध्ययन किया है तथा जीवन से जुड़ी अनेक शंकाओं को इन पुस्तकों के माध्यम से समाधान मिला। उन्होंने महसूस किया कि 'कुरान', 'वेद', 'भगवद्गीता' में बहुत से रहस्य छिपे हैं। इन सभी ग्रंथों में जीवन के अनेक मनोवैज्ञानिक विषयों की चर्चा की गई है। जीवन की कठिन परिस्थितियों में इनसे जीवन के स्तर को ऊँची उड़ान मिल सकती है। विपरीत घड़ियों में भी इनके द्वारा समस्याओं का हल मिल जाता है। विभिन्न धार्मिक ग्रंथों ने उनके जीवन पर प्रभाव डाला है। मैंने इनका अध्ययन किया है तथा मेरे जीवन से जुड़ी अनेक शंकाओं को इन्होंने हल किया है।

शौक कोई भी हो। उनसे जुड़ी यादें ताजा हो ही आती हैं। डॉ. ए पी जे अब्दुल कलाम ने ऐसे ही एक संस्मरण का उल्लेख अपनी आत्मकथा में किया है। वह लिखते हैं -

"इन ग्रंथों से जीवन में पड़ने वाले प्रभाव को जानने के लिए कुछ संस्मरण याद आते हैं। बंगलुरु में एरोनॉक्टिस इंजीनियरिंग के बाद मुझे रॉकेट इंजीनियरिंग के लिए डॉ. विक्रम साराभाई द्वारा स्थापित अंतरिक्ष एजेंसी इंडियन नेशनल कमिटी फॉर स्पेस रिसर्च ने बुलाया। मैं उस साक्षात्कार में जाने से पहले बहुत घबराया हुआ था और मैं नहीं जानता था कि क्या किया जाए। इस समय मेरे दिमाग में लक्ष्मण शास्त्री, जो मेरे पिता के मित्र तथा रामेश्वरम मंदिर के पुरोहित थे के शब्द आ रहे थे, जो 'गीता' से लिये गए थे, जिसने मुझे साहस प्रदान किया- 'सभी जीव माया के अधीन हैं। सभी जीव पाप और पुण्य के बंधन से बँधे हुए हैं। लेकिन वे जीव, जिन्होंने सत्कर्म किए हैं या फिर जो सदाचारी हैं, उनके जीवन में पाप का अंत हो जाता है। वे अच्छाई और बुराई के बंधनों से मुक्त हो जाते हैं। इसलिए दृढ़ भाव से अपने संकल्प से जुड़ जा।' मैंने स्वयं से दृढ़ता से कहा कि अगर मुझे इस साक्षात्कार में जाना है तो जीतने के उद्देश्य से नहीं जाना। मैं वहाँ लाभ व हानि के द्वंद्व से अपने को अलग करके साक्षात्कार के लिए गया।"

डॉ. ए पी जे अब्दुल कलाम की भारतीय अंतरिक्ष यात्रा का यह आरंभ हो चुका था। धीरे-धीरे इसका विकास होता गया। उनका 'भारतीय अंतरिक्ष अनुसंधान संगठन' यानी 'इसरो' से गहरा नाता रहा था और वह अनेक कई महान् व्यक्ति के संपर्क में आए। अब्दुल कलाम से संबंध रखने वाले अनेक व्यक्तियों का मानना है कि इसरो के साथ जुड़ने के बाद इस संस्था ने भारत के विकास में महत्त्वपूर्ण योगदान दिया। कई और व्यक्ति भी उनके संपर्क में आए, जिन्होंने उद्देश्य की प्राप्ति के लिए उचित व महत्त्वूपर्ण सुझाव दिए। उन्होंने एक बार अपने आध्यात्मिक अध्ययन का अनुभव साझा करते हुए कहा था -

मुझे 'गीता' का श्लोक याद आता है, जिसमें कहा गया है -

"फूलों को देखो, किस तरह से ये अपनी खुशबू तथा शहद शुद्ध भाव से दूसरों को देते हैं। जब इनका काम समाप्त हो जाता है, ये शांत भाव से गिर जाते हैं।"

वास्तव में अध्ययन मनुष्य को तथ्यात्मक जीवन की ओर अग्रसर करता है। अब्दुल कलाम का मानना था कि अपने जीवन को एक फूल की तरह जीना सीखो तथा बिना किसी भाव के अपने जीवन को दूसरों के लिए समर्पित करो। उनके अंतरिक्ष कार्यक्रम के दिग्गज भी फूलों की तरह हैं, जो दिशा दिखाते हैं तथा फिर नए विचारों के लिए राह बनाते हैं।

ज्ञान कहीं से भी और किसी से भी लिया जा सकता है। उसके लिए न तो भाषा और न धर्म कोई बाधा नहीं है। इसी तरह से धार्मिक साहित्य है। सभी में प्राकृतिक सौंदर्य से मानव और मानवता का संबंध स्थापित किया गया है। डॉ. कलाम लिखते हैं कि -

'मैं जब 'रक्षा अनुसंधान एवं विकास संगठन' से जुड़ा, तब भारत के देशी मिसाइल कार्यक्रमों के विकास में कार्यरत अनेक प्रतिभाशाली तथा समर्पित इंजीनियर एवं नेताओं से मेरे संपर्क हुए। जब मैं उन लोगों के बारे में सोचता हूँ तो मेरे जेहन में पाक 'कुरान' के बेहतरीन शब्द आते हैं- 'प्रकाश पर प्रकाश।

अल्लाह उन लोगों को ज्ञान की रोशनी देता है, जिस पर उसकी रहमत होगी।' मेरे निजी जीवन में भी इन पुस्तकों का विशेष प्रभाव रहा है। जीवन के टेढ़े-मेढ़े घुमावदार रास्तों में मुझे इन पुस्तकों ने सहारा दिया है।"

जिंदगी की सबसे बड़ी और कड़वी सच्चाई को डॉ. अब्दुल कलाम ने पुस्तकों के साथ जोड़ते हुए अपनी आत्मकथा में लिखा है -

"जब थोड़े समय के अंतराल में ही मेरे माता-पिता का देहांत हो गया, मैं रामेश्वरम की मस्जिद में दुःखी भाव से दुआ के लिए गया। मैं विचलित हो रहा था कि अपनी माँ की मौत से पहले मैं उनसे मिल भी नहीं सका। वे चल बसी थीं। लेकिन कुछ समय बाद 'कुरान' की सीख मुझे याद आई। वह सीख कहती है- 'जीवों का अंत तो तय है, लेकिन खुदा का वजूद हर समय बना रहता है। आपकी दौलत और बाल-बच्चे छलावा हैं, लेकिन खुदा का साथ हमेशा रहने वाला है।' मेरे निजी जीवन में भी इन पुस्तकों का विशेष प्रभाव रहा है। जीवन के टेढ़े-मेढ़े घुमावदार रास्तों में मुझे इन पुस्तकों ने सहारा दिया है।"

अब्दुल कलाम को सिर्फ लेख, कहानी, उपन्यास और धार्मिक साहित्य पढ़ने का शौक नहीं था बल्कि उन्हें कविताओं से भी बहुत प्यार रहा। साहित्य पढ़ने के साथ-साथ काव्य को भी उन्होंने एक महत्त्वपूर्ण स्थान दिया। टी.एस. इलियट, लुइस कैरोल तथा विलियम बटलर यीट्स आदि ने उनके जीवन पर सकारात्मक प्रभाव डाला। कवियों के जीवन के विभिन्न पहलुओं तथा घटनाओं ने अब्दुल कलाम पर गहरा असर छोड़ा।

डॉ. ए पी जे अब्दुल कलाम ने भले ही कुछ चुने हुए लेखकों को पढ़ा था। पर फिर भी इन चुनिंदा लेखकों और रचनाओं ने उनके अंतर्मन को गहराई से प्रभावित किया। पुस्तक प्रेमी डॉ. अब्दुल कलाम पुस्तकों से अपना संबंध बताते हुए लिखते हैं -

"ये मेरे पुराने मित्र व परिचित हैं। इनका सार्थक वजूद है, जो मुझे दिलासा देते हैं। ये जानते हैं कि मेरे दिलो-दिमाग में कब प्रवेश करना है, कब मैं दुविधा में होता हूँ या कौन से क्षण मेरे लिए विषाद भरे हैं। ये मेरे असीम आनंद के क्षणों में मेरे साथ रहते हैं। आज के तेजी से तथा सुगम संचारवाले युग में, जब सूचना बाइट के आकार में, अंशों में हम तक पहुँचती है, तब लिखित शब्दों का आकर्षण खोने नहीं देना है। मैंने पुस्तकों पर यह कविता लिखी है, जिसे मैं युवा जन को अकसर सुनाता हूँ।"

विमान का आकर्षण

बचपन में एक अध्यापक द्वारा पक्षियों के उड़ने की कला को उन्होंने समुद्र तट पर

समझा था। तभी से उनके दिल में यह बात घर कर गई थी कि एक दिन वह भी आकाश में स्वच्छंद विचरण करेंगे। जब उन्होंने एम.आई.टी. में दाखिला लिया तो सबसे ज्यादा उन दो विमानों ने आकर्षित किया जो वहाँ उड़ान संबंधी मशीनों की विभिन्न कार्यप्रणालियाँ समझाने के लिए प्रदर्शन के तौर पर रखे गए थे। इन विमानों के प्रति अब्दुल कलाम को गहरा लगाव हो गया। कक्षा समाप्त होने के बाद अन्य छात्र होस्टल लौट जाते लेकिन अब्दुल कलाम उसके बाद भी उन विमानों के पास बहुत देर तक बैठे रहते। हर हिस्से को समझने की कोशिश करते। कोशिश के अलावा वह यह भी विचार किया करते थे कि इन विमानों को और उन्नत किस्म का कैसे बनाया जाए।

यहां उन्हें प्रो. स्पांडर तकनीकी वैमानिकी गतिकी विषय पढ़ाया करते थे। वह ऑस्ट्रिया के थे और उन्हें वैमानिकी इंजीनियरिंग का उनको खासा अनुभव था। उनके लेक्चर अब्दुल कलाम ध्यान से सुनते। प्रयोगशाला में हर इंजन की तकनीक को आत्मसात करने में लगे रहते थे।

प्रो. के.ए.वी. पनदलाई ने उन्हें एयरो-स्ट्रक्चर डिजाइन एंड एनालिसिस विषय पढ़ाया था। वह एक बहुत ही खुशमिजाज, दोस्ताना और उत्साही शिक्षक थे। हर साल अपने अध्यापन के तरीके में एक नयापन लेकर आते थे। हर छात्र की समस्या को हल करने में तत्पर रहते थे। प्रो. पनदलाई ही थे, जिन्होंने स्ट्रक्चरल इंजीनियरिंग के छिपे हुए तथा गोपनीय पहलुओं को पूरी तरह खोलकर अपने विद्यार्थियों समक्ष रखा। शायद यही वह ज्ञानात्मक विश्लेषण था जिसने अब्दुल कलाम के सपने को साकार करने की दिशा में महत्वपूर्ण योगदान दिया।

प्रो. नरसिंह राव एक गणितज्ञ थे और उन्हें सैद्धांतिक वैमानिकी गतिकी पढ़ाया करते

थे। तरल गतिकी पढ़ाने का उनका जो तरीका था वह सभी छात्रों में उत्साह भर देता था। यही वजह थी कि अब्दुल कलाम उनकी उस अध्यापन कला को ताउम्र नहीं भूल पाए। यह होती है एक छात्र की अपने गुरु को सर्वक्षेष्ठ गुरु दक्षिणा। वैमानिकी डिजाइन के लिए गणित कितना महत्वपूर्ण विषय होता है यह रहस्य अब्दुल कलाम को समझ में आ गया था। प्रो नरसिंह राव की क्लास में पढ़ने के बाद उन्होंने गणितीय भौतिकी को दूसरा विषय बनाने का मन बनाया। कहते हैं कि शल्य चिकित्सा उपकरण सिर्फ चिकित्सकों के साथ ही नहीं होता बल्कि हर तकनीकी विशेषज्ञ के लिए यह अत्यंत आवश्यक है।

प्रोफेसर राव अकसर कहा करते थे कि अब्दुल कलाम वैमानिकी डिजाइनों की समीक्षा के लिए अपने नेफे में एक शल्य चिकित्सा औजार यानी सर्जिकल नाइफ रखते है ताकि वक्त आने पर उसका समुचित उपयोग किया जा सके। एक वक्तव्य में डॉ. ए पी जे अब्दुल कलाम ने यह बताया था कि -

> *"प्रो. राव की कृपा नहीं होती और वैमानिकी गतिकी के समीकरणों का हल निकालने के लिए वे मुझे प्रेरित नहीं करते तो मेरे पास यह विलक्षण औजार नहीं होता।"*

वैमानिकी विद्यार्थियों के लिए यह एक बहुत ही मजेदार एवं रुचिकर विषय है। जिसमें काम करने एक उन्मुक्तता है। आपने कौशल का प्रदर्शन करने की आजादी है। आजादी और पलायन, गति और हलचल तथा सरकने एवं प्रवाह के बीच एक बड़ा जो फर्क है, वही इस विज्ञान की गोपनीयता है। इसी के बल पर कोई भी विद्यार्थी अपनी कल्पनाओं को उड़ान दे सकता है। अपने इसी अनुभव को एक बार विद्यार्थियों के समूह के समक्ष साझा करते हुए उन्होंने अपने छात्र जीवन का वाकया सुनाया -

> *"रविवार था उस दिन। सुबह के वक्त मेरा काम पूरा होने के करीब ही था। तभी अचानक मुझे लगा कि मेरे कमरे में कोई है। प्रो. श्रीनिवासन दूर से खड़े मुझे देख रहे थे। वह सीधे जिमखाना से आ रहे थे। टेनिस के कपड़ों में थे। मेरा काम देखने के लिए ही यहाँ रुके थे। मेरा काम देखने के बाद उन्होंने मुझे अपने गले लगा लिया और तारीफ करते हुए मेरी पीठ थपथपाई। उन्होंने कहा, 'मुझे पता था कि तुम्हारे भीतर तनाव पैदा हो रहा है और काम पूरा करने के लिए मैं जो समय तुम्हें दे रहा हूँ, उसमें वह संभव नहीं होगा। मुझे जरा भी उम्मीद नहीं थी कि इतने भयंकर तनाव में भी तुम अपना काम पूरा कर लोगे।' उस रात मैंने खाना नहीं खाया और रात भर ड्राइंग बोर्ड पर काम करता रहा।"*

डॉ. ए पी जे अब्दुल कलाम ने विद्यार्थियों के समूह को कहा -

"शिक्षा, ज्ञान, योग्यता और परिश्रम कभी भी बेकार नहीं जाते। जो कार्य लगन के साथ पूरा किया जाता है उसमें सफलता अवश्य प्राप्त होती है। परिश्रम से कभी डरना नहीं चाहिए और लगन से कभी मुंह नहीं मोड़ना चाहिए। लालसा और ललक, जज़्बात और जुनून सफलता के श्रेष्ठ मार्ग हैं।"

एम.आई.टी. से शिक्षित होने के बाद अब्दुल कलाम प्रशिक्षु के रूप में हिंदुस्तान एयरोनॉटिक्स लिमिटेड, बंगलौर में चले गये। वहाँ उन्होंने एक टीम के सदस्य के रूप में इंजनों की मरम्मत का काम किया। हवाई जहाज के इंजन पर अपने हाथों से किया। इस काम से उन्होंने काफी कुछ सिखा। कक्षा में पढ़े गए सिद्धांत को जब व्यावहारिक अनुभव में उतारा जाता है तो यह एक प्रकार की अनूठी उत्तेजना पैदा करता है। एच.ए.एल. में उन्होंने दोनों तरह के इंजनों अर्थात पिस्टन इंजन एवं टरबाइन इंजन की मरम्मत का काम किया। यहीं उनके मस्तिष्क में 'दहन के बाद' यानी आफ्टर बर्निंग के सिद्धांत पर काम करते हुए गैस गतिकी एवं विसरण प्रक्रिया से संबंधित अस्पष्ट अवधारणाओं ने अपने भेद खोले। यहीं पर उन्हें रेडियल इंजन तथा ड्रम ऑपरेशनों का प्रशिक्षण भी प्राप्त हुआ।

डॉ. ए पी जे अब्दुल कलाम बताते हैं कि हिंदुस्तान एयरोनॉटिक्स लिमिटेड, बंगलौर में उन्होंने सीखा कि एक क्रैंकशॉफ्ट की जाँच किस तरह से की जाती है। इसी तरह घुमाव के लिए छड़ एवं फ्रैंकशॉफ्ट को जोड़ने का भी काम सीखा। यहीं पर सुपर इंजनों पर लगे पंखों के अंशांकन का भी काम किया। इसके अलावा उन्होंने दबाव प्रणाली एवं त्वरण सहगति नियंत्रण प्रणाली (एक्सेलरेशन-कम-स्पीड कंट्रोल सिस्टम) को समझा तथा टरबो इंजनों के वायु प्रवाह प्रणाली (एयर स्टार्टर सप्लाई सिस्टम) के बारे में भी जाना। पंखों से संबंधित प्रणालियाँ और प्रणोदक इंजनों के बारे में समझना उन्हें बहुत ही रुचिकर लगा। एच. ए. एल. के तकनीशियन जिस कुशलता एवं बारीकी के साथ ब्लेड एंगल नियंत्रण, यानी बीटा कला का प्रदर्शन करते थे वह उन्हें हमेशा स्मरण रहा। वहां के तकनीशियन न तो बड़े विश्वविद्यालयों में पढ़े थे और न हो वह सिर्फ अपने इंजीनियर के सुझावों को आँख मूँदकर मान लेते थे। वह खुद अपने हाथों से कई वर्षों से यहाँ काम कर रहे थे और इसी से उन्हें यहाँ काम करने की एक स्वतः अंत:प्रेरणा महसूस होती थी।

कलाम ने सन् 1955 में मद्रास इंस्टीट्यूट ऑफ टेक्नोलॉजी में एयरोस्पेस इंजीनियरिंग की पढ़ाई करने के लिए मद्रास चले गए। कलाम सीनियर क्लास प्रोजेक्ट पर जो काम कर रहे थे उससे डीन उनकी प्रगति की कमी से असंतुष्ट थे। डीन ने उन्होंने चेतावनी दी कि यदि अगले तीन दिनों के भीतर प्रोजेक्ट पूरा न होने पर उनकी छात्रवृत्ति रद्द की जा सकती है। चार छात्रों की उस टीम के कलाम इंचार्ज थे, जिसे प्रोफेसर श्रीनिवासन ने कम ऊंचाई पर

उड़ने वाले एक लड़ाकू विमान की डिजाइन तैयार करने की जिम्मेदारी सौंपी थी। कई दिनों की मेहनत के बाद इसे कलाम की टीम ने तैयार किया। प्रोफेसर को यह टीम अपने काम से प्रभावित करना चाहती थी, इसलिए हर पहलू पर काफी सोच-विचार और तैयारी के साथ डिजाइन पर काम किया गया था।

प्रोफेसर श्रीनिवासन की पारखी नजरों ने उसका परीक्षण किया। कलाम एक टक उन्हें निहार रहे थे। उनकी भौंहें सिकुड़ी। अगले शब्द कलाम के लिए विचलित करने वाले थे -

> *"यह इतना अच्छा डिजाइन नहीं है। मुझे तुमसे ज्यादा उम्मीद थी। यह निराशाजनक है। मुझे बहुत निराशा हुई। तुम्हारा जैसा होनहार छात्र और ऐसा काम।"*

एक मेधावी छात्र के रूप में शाबाशी पाने वाले कलाम के लिए किसी टीचर की फटकार का यह पहला अनुभव था। श्रीनिवासन यहीं नहीं रुके। उनकी अगली हिदायत चुनौती थी और चेतावनी भी -

> *"अभी शुक्रवार की दोपहर है। सोमवार की शाम तक पूरा नया डिजाइन देखूंगा। ऐसा नहीं कर सके तो तुम्हारी स्कॉलरशिप बंद कर दी जाएगी।"*

कलाम इसी स्कॉलरशिप की बदौलत संस्थान में एयरोनॉटिक्स की पढ़ाई कर रहे थे। प्रोफेसर की डांट की पीड़ा और स्कॉलरशिप बंद होने की आशंका ने कुछ क्षणों के लिए उन्हें मायूस किया। अगले ही पल वह निराशा से उबरे। काम में दृढ़ निश्चय के साथ जुट गए। खाने-पीने की भी सुध नहीं रही। उन्होंने अपनी आत्मकथा लिखा -

> *"पूरी रात मैं ड्राइंग बोर्ड पर काम करता रहा। इसके पहले मेरे डिजाइन के कल-पुर्जे मेरे मस्तिष्क में तैर रहे थे। अचानक वह इकट्ठे होके सामने आने लगे और ऐसी आकृति साफ दिखने लगी जिस पर मैं काम कर सकता था। मैंने अपने दिमाग के जाले साफ किए। अगली सुबह मेरी आत्मविश्वास और बढ़ा हुआ था। रविवार की शाम तक मेरा काम पूरा हो चुका था। एक साफ-सुथरा डिजाइन जिस पर मैं भरोसा कर सकता था। जब डिजाइन को मैं अंतिम रूप दे रहा था, मुझे लगा कि कमरे में कोई मौजूद है। मैं पलटा। वह प्रोफेसर विद्यानिवासन थे। मुझे नहीं पता चला कि वे कबसे कमरे में मेरा काम देख रहे थे। जैसे ही हमारी नजरें मिलीं। वे आगे आए। कुछ मिनट तक बारीकी से डिजाइन का मुआयना किया। फिर मुस्कराए। मैं हैरान था। फिर मुझे गले लगा लिया। पीठ थपथपाई। यह काम असाधारण कोटि का है। मैंने नामुमकिन*

समय सीमा तय कर दी थी। तुमने कर दिखाया। मैंने तुम्हारी सीमा से आगे का काम सौंपा। ताकि तुम अपनी क्षमता और संभावनाओं को समझ सको।"

डॉ. कलाम जानते थे कि एक अध्यापक समाज और देश को क्या दे सकता है? यही वजह थी कि वह आखिरी सांस तक अपनी इस भूमिका को निभाते रहे। उनके जीवन से जुड़ी हर बात रोमांच और जिज्ञासा जगाती है। कलाम जब रामेश्वरम में अपने गांव धनुषकोडी में प्राइमरी के छात्र थे तब उन्होंने अपने टीचर से पूछा था - पक्षी और हवाई जहाज कैसे उड़ते हैं? टीचर ने कलाम को बड़ी मासूमियत से देखा और बता दिया की हवाई जहाज और पक्षी कैसे उड़ते हैं। उनके इस उत्तर से कलाम को जीवन का लक्ष्य मिल गया।

प्रगति के पथ

एच.ए.एल. से एक वैमानिकी इंजीनियर बनकर निकलने के बाद उनके सामने नौकरी के दो बड़े अवसर थे। दोनों ही अवसर उनके वर्षों पुराने उड़ान के सपने को पूरे करने वाले थे। एक अवसर भारतीय वायुसेना का था और दूसरा रक्षा मंत्रालय के तकनीकी विकास एवं उत्पादन निदेशालय, डी.टी.डी. एंड पी. (एयर) का। उन्होंने दोनों नौकरियों के लिए आवेदन किया। दोनों ही जगह से साक्षात्कार के लिए बुलावा आया। वायुसेना में भरती होने के लिए उन्हें देहरादून पहुँचना था और डी.टी.डी. एंड पी. (एयर) में साक्षात्कार के लिए दिल्ली जाना था। दक्षिण भारतीय तटीय इलाके से निकल कर अब्दुल कलाम को देश के दूसरे क्षेत्र में जाने का यह पहला अवसर था। कलाम ने उत्तर दिशा में जाने के लिए ट्रेन पकड़ी। गंतव्य दो हजार किलोमीटर से ज्यादा दूर था। अपनी मातृभूमि की विशालता से यह उनका पहला सरोकार थी।

देहरादून में सब कुछ ठीक-ठाक रहा। उन्हें उम्मीद थी कि यहां उनका चयन हो जाएगा। बचपन का सपना पूरा होने में केवल कदम का फांसला था। आठ पायलटों का चयन होना था। चयन प्रक्रिया पूरी हुई। एक कदम का फांसला चार कदम की दूरी में बदल गया। नौवां नंबर था अब्दुल कलाम का। कोई उम्मीद नहीं थी कि चयनित उम्मीदवारों में से कोई एक अपना नाम वापस ले। अब्दुल कलाम निराश मन से ऋषिकेश चले आए। बहुत देर तक अविरल बहती गंगा नदी को निहारते रहे।

व्यक्तिगत अनुभव

ऋषिकेश में अब्दुल कलाम ने स्वामी शिवानंद से भेंट की। भगवान् बुद्ध की तरह दिखने वाले स्वामी शिवानंद श्वेत धवल धोती और पैरों में खड़ाऊँ पहने हुए थे। कलाम उनकी अत्यंत सम्मोहक, एकदम बच्चे जैसी मुसकान और कृपालु भाव देखकर दंग रह

गये। बहुत देर तक मंत्रमुग्ध से देखते रहे। स्वामी जी ने उन्हें बैठने को कहा तब तंद्रा टूटी। अब्दुल कलाम ने स्वामीजी को अपना परिचय दिया। उन्हें उम्मीद थी कि शायद स्वामी शिवानंद की प्रतिक्रिया कुछ अलग होगी लेकिन उनके मुस्लिम नाम की स्वामी जी में कोई भी प्रतिक्रिया नहीं हुई। बल्कि अब्दुल कलाम के चेहरे पर उदासी देखकर स्वामी शिवानंद ने पूछा - "तुम्हारे चेहरे पर उदासी क्यों है पुत्र?" कलाम कुछ कहते उससे पहले ही स्वामी शिवानंद ने कहा - "ये मत पूछना कि मैंने यह कैसे जाना कि तुम उदास हो।"

एक अच्छे शिष्य की भांति अब्दुल कलाम ने स्वामी जी से यह नहीं पूछा कैसे जान लिया? अपने चेहरे की उदासी की वजह बताते कहा - "स्वामी जी कल देहरादून में मैं भारतीय वायुसेना में पायलट भर्ती का साक्षात्कार देने गया था। दुर्भाग्यवश वहां मेरा चयन नहीं हुआ। बचपन का ख्वाब था कि एक दिन में आकाश में उड़ते हुए नयी ऊंचाई से धरती को देखूं। वो सपना कल टूट गया।" इतना कहकर कलाम चुप हो गए।

स्वामी शिवानंद ने मुस्कुराते हुए अब्दुल कलाम की सारी चिंताएँ दूर कर दीं और फिर धीमे तथा गहरे स्वर में कहा -

"इच्छा, जो तुम्हारे हृदय और अंतरात्मा से उत्पन्न होती है, जो शुद्ध और मन से की गई हो, एक विस्मित कर देने वाली विद्युत-चुंबकीय ऊर्जा लिए होती है। यही ऊर्जा हर रात को, जब मस्तिष्क सुषुप्त अवस्था में होता है, आकाश में चली जाती है। हर सुबह यह ऊर्जा ब्रह्मांडीय चेतना लिए वापस शरीर में प्रवेश करती है। जिसकी परिकल्पना की गई है, वह निश्चित रूप से प्रकट होता नजर आएगा। नौजवान, तुम इस तथ्य पर ठीक उसी तरह अनंत काल तक भरोसा कर सकते हो जैसे तुम हमेशा सूर्योदय के अकाट्य सत्य पर भरोसा करते हो।"

यह डॉ. ए पी जे अब्दुल कलाम का एक ऐसा व्यक्तिगत अनुभव था जिसने उनके हृदय में ऐसा हौसला पैदा किया जो ताउम्र उसके साथ रहा। विद्युत् चुंबकीय ऊर्जा और ब्रह्मांड सभी कुछ तो उनके पास। सूर्योदय एक नवीन चेतना का संचार करता है। एक ऐसी चेतना जो निरंतर गतिमान होने की शिक्षा देती है। उनके मन में एकाएक विचार आया कि जब गुरु चाहेगा शिष्य हाजिर होगा। कितना सच है यह! यहाँ गुरु अपने शिष्य को रास्ता दिखा रहा है, जो अपने रास्ते से थोड़ा भटक गया है। गुरु ने हौसला अफजाई करते हुए कहा -

"अपनी नियति को स्वीकार करो और जाकर अपना जीवन अच्छा बनाओ। नियति को मंजूर नहीं था कि तुम वायुसेना के पायलट बनो। नियति तुम्हें जो बनाना चाहती है, उसके बारे में अभी कोई नहीं बता सकता; लेकिन नियति

यह पहले ही तय कर चुकी है। अपनी इस असफलता को भूल जाओ, जैसे कि नियति को तुम्हें यहाँ लाना ही था। असमंजस से निकल अपने अस्तित्व के लिए सही उद्देश्य की तलाश करो। अपने को ईश्वर की इच्छा पर छोड़ दो।"

स्वामी शिवानंद जी के कहे शब्द डॉ. कलाम के कानों में गूंजते रहे। नियति को क्या मंजूर है? न तो स्वामी जी जानते थे और न देश के भविष्य का वह नौजवान जिसे नियति ने एक गौरवशाली इतिहास लिखने के लिए चयनित कर रखा है। ट्रेन दिल्ली की ओर गति पकड़ चुकी थी।

ए पी जे अब्दुल कलाम ऋषिकेश से दिल्ली लौट आये। ऋषिकेश से दिल्ली लौटते समय उनके दिमाग में आया कि वे एक हफ्ते सूफी संत हजरत निजामुद्दीन के शहर दिल्ली में रुके। इस दौरान दिल्ली स्थित डीटीडी एंड पी (एयर) में इंटरव्यू दिया। पता नहीं उसका परिणाम क्या रहेगा। उनसे साक्षात्कार में जो प्रश्न पूछे गए वह साधारण प्रकृति के आम सवाल थे। उनमें ऐसा कोई नहीं था, जो अब्दुल कलाम की योग्यता को चुनौती देने वाला हो। क्या होगा पता नहीं।

दिल्ली पहुंचने के बाद वह सीधे डी.टी.डी. एंड पी. (एयर) पहुंचे। वहां पहुंच कर उन्होंने अपने इंटरव्यू के नतीजे के बारे में पता लगाया। आश्चर्य हुआ जब उन्हें जवाब में नियुक्ति पत्र दे दिया गया। नियुक्ति हो चुकी है। नियति के निर्णय को स्वीकार करते हुए अब्दुल कलाम साहब ने अगले ही दिन दो सौ पचास रुपए के मूल वेतन पर वरिष्ठ वैज्ञानिक सहायक के पद पर काम सँभाल लिया। उनके मन में विचार आया कि अगर यही मेरी नियति है तो इसे होने दिया जाय। उन्हें मानसिक शांति मिली। उन्हें स्वामी जी के कहे शब्द याद हो आए - "नियति पहले ही तय कर चुकी है।"

यहां से योग्यताओं का सफर किस ओर निकलेगा मालूम नहीं था। एक पहचान बनाने का अवसर तो था ही। मार्ग खुल गया था। योग्यताओं का प्रदर्शन शेष था। यही सोच कर वायुसेना में चयन नहीं हो पाने का दुःख उन्होंने भुला दिया। सन् 1958 से शुरू हुआ डॉ. ए पी जे अब्दुल कलाम की सफलताओं का सफर जिसे आज हर हिन्दुस्तानी गर्व से एक दूसरे को सुनाता है।

निदेशालय में उन्हें तकनीकी केंद्र (उड्डयन) में लगाया गया। यह मात्र एक संयोग था या नियति का खेल कि अब्दुल कलाम हवाई जहाज उड़ा नहीं रहे थे तो कम-से-कम उन्हें उड़ान के लायक बनाने में तो मदद कर ही रहा था। ऐसे विचार मन में अक्सर आया करते थे। नौकरी के पहले साल में उन्हें एक सफलता मिली। उन्होंने प्रभारी अधिकारी यानी ऑफीसर इंचार्ज आर. वरदराजन की मदद से एक पराध्वनिक लक्ष्यभेदी विमान का डिजाइन करने

में सफलता हासिल कर ली। निदेशक डी. नीलकंठन ने इसकी काफी तारीफ की। शिक्षा समाप्त करने के बाद उन्होंने यह कामयाबी अपने वरिष्ठ सहकर्मी के साथ मिलकर हासिल की थी। उन्हें अपार हर्ष हुआ। निदेशक की प्रसंशा ने उनका हौसला बढ़ाया।

अब्दुल कलाम की काबिलियत निदेशालय में पहचानी जाने लगी थी। निदेशालय के प्रत्येक विभाग में कार्य अनुभव अत्यंत महत्वपूर्ण होता है। अतः विमानों के रख-रखाव का अनुभव हासिल करने के लिए उन्हें एयरक्रॉफ्ट एंड आर्मामेंट टेस्टिंग यूनिट यानी विमान एवं हथियार प्रशिक्षण इकाई ए. एंड ए.टी.यू.), कानपुर भेजा दिया गया। उस समय वहाँ एम.के.-1 विमान के परीक्षण का काम चल रहा था। इसकी कार्यप्रणालियों के मूल्यांकन को पूरा करने के काम में उन्होंने भी हिस्सा लिया।

कानपुर आने का यह पहला अवसर था। इससे पहले उन्होंने सिर्फ कानपुर के बारे में सुन रखा था कि कानपुर एक बड़ी आबादी वाला शहर था। यह एक औद्योगिक नगर है। शांत और सागर किनारे रहने वाले डॉ. ए पी जे अब्दुल कलाम के लिए किसी औद्योगिक शहर में रहने का यह पहला अनुभव था। जब अब्दुल कलाम कानपुर आए तब ठंड का मौसम था। अच्छी खासी सर्दी थी। शहर भीड़-भाड़ वाला है। चारों ओर दौड़ते-भागते लोग और शोर-शराबा यहां आम बात थी। कल-कारखानों वाले शहर में धुआँ न उठता हो ऐसा हो नहीं सकता। यहाँ यह सब एकदम रामेश्वरम् के माहौल से ठीक विपरीत था। ऐसा नगरीय वातावरण भला रामेश्वरम में कहां था। यहां 'आलू' अब्दुल कलाम के लिए एक विकट समस्या थे। आलू को लेकर उन्हें बड़ी दिक्कत थी। वजह? वजह थी यहां सुबह नाश्ते से लेकर रात के खाने तक हर सब्जी में आलू भरपूर होता था। आलू मटर, आलू गोभी, गाजर आलू आलू टमाटर, यानी हर सब्जी आलू के बिना अधूरी थी। अब्दुल कलाम ने महसूस किया कि अपनी मिट्टी की गंध और परिवार का संरक्षण छोड़कर यहाँ के कारखानों में अपना भविष्य तलाशने के लिए गाँवों से लोग आते हैं। इस आशा के साथ कि उन्हें यहां रोजगार मिलेगा। घर में चूल्हा जलेगा तो बच्चों का पेट भरेगा। बस काम मिल जाए। इसी उम्मीद में भटकते लोगों को देखकर उन्हें बड़ा दुःख होता था। लेकिन कर भी क्या सकते थे।

ऐसे ही अनुभव लिए अब्दुल कलाम विमानों के रख-रखाव का प्रशिक्षण पूरा कर वापस दिल्ली लौट आए। वापस निदेशालय में आने के बाद उन्हें पता चला कि डी.टी.डी. एंड पी. (एवर) ने 'डार्ट' लक्ष्य के डिजाइन का काम अपने हाथ में लिया है। इस काम को पूरा करने के लिए एक दल बनाया गया है। उस डिजाइन दल में उन्हें भी शामिल किया गया। अब्दुल कलाम ने डिजाइन का प्रारंभिक अध्ययन किया। उसके उपयोग की महत्ता को समझा। इसके बाद

डिजाइन तैयार किया। ऊर्ध्वाधर यानी नीचे से ऊपर उड़ान भरने और फिर ऊपर से नीचे की ओर विमान उतारने के प्लेटफॉर्म को भी विकसित किया। वे हॉट कॉकपिट के विकास एवं निर्माण के काम से भी जुड़े हुए था। धीरे-धीरे तीन साल गुजर गए।

भारत सरकार ने बंगलौर (बेंगलुरु) में वैमानिकी विकास प्रतिष्ठान की स्थापना की। वहां योग्य और अनुभवी लोगों की आवश्यकता को दृष्टिगत करते हुए डॉ. ए पी जे अब्दुल कलाम को इस नए प्रतिष्ठान में भेज दिया गया। यह दायित्व अब्दुल कलाम के लिए किसी चुनौती से कम नहीं था। जिस बालक ने अपने पिताजी को लकड़ी की नौकाएं बनाते देखा था। आज वही बालक देश को एक नये किस्म का वायुयान देने के कृत संकल्प है।

नौकाओं को आकार लेते वे काफी गौर से देखा करते थे। एक दिन सौ मील प्रति घंटे की रफ्तार से हवा चली और समुद्र में तूफान आ गया। उसमें कुछ लोग और अब्दुल कलाम के पिता की नौकाएं बह गईं। उसी में पामबान पुल भी टूट गया और यात्रियों से भरी एक ट्रेन दुर्घटनाग्रस्त हो गई। यह एक ऐसा दृश्य था जिसने बालक कलाम को पक्षियों की भांति आकाश में उड़ने की लालसा को जन्म दिया।

बंगलोर जाते समय उन्होंने रामेश्वरम से दिल्ली आते समय वह दृश्य याद आ गया जब उन्होंने रेल के डिब्बे की खिड़की से देश का देहाती रूप देखा। जो इससे पहले कभी नहीं देखा था। धान के खेतों में सफेद धोती और पगड़ी लगाए हुए काम कर रहे लोग तथा चमकीले रंग बिखरेती महिलाओं को देखकर ऐसा लगता था, जैसे यह कोई सुंदर पेंटिंग हो। कभी-कभार कोई बच्चा नजर आ जाता और ट्रेन की ओर हाथ हिलाता पीछे छूट जाता।

विचारों का समुद्री उफान रामेश्वरम सागर की भांति उमड़ रहा था। देहरादून की असफलता रह-रह कर दिमाग को झकझोर रही थी। देहरादून वायुसेना के चयन बोर्ड में व्यक्तित्व पर ज्यादा जोर था। भीतर की उत्तेजना के बावजूद अब्दुल कलाम शांत दिख रहा थे। वायुसेना के लिए पच्चीस में से जिन आठ उम्मीदवारों का कमीशन अधिकारी के लिए चयन हुआ, उसमें वे नौवें नंबर पर ही अटक गये। उनके भीतर एक गहरी हूक उठी। उन्हें यह समझने में थोड़ा वक्त लगा कि वायुसेना में नौकरी पाने का एक अवसर, जो उनके हाथों के करीब था और हाथ में आकर रेत की मानिंद फिसल गया। ऊहापोह में उलझा मैं ऋषिकेश आ गया। गंगा में स्नान किया और उसकी शुद्धता का आनंद लिया। ट्रेन बंगलोर रेलवे स्टेशन पर ठहर गई तब उनकी तंद्रा टूटी। "ओह! बंगलोर आ गया।" मन में बोलते हुए अब्दुल कलाम उठे और अपने गंतव्य की ओर चल दिए।

बंगलौर (बेंगलुरु) शहर कानपुर के मुकाबले ठीक उलटा था। कर्नाटक राज्य की राजधानी होने के नाते यह कानपुर में ज्यादा खूबसूरत नगर है। अब्दुल कलाम का मानना

था कि हमारे देश ने लोगों को बड़ा अतिवादी बना दिया है। यह इसलिए है, क्योंकि कई शताब्दियों तक विदेशी आक्रमणों के चलते इस देश में उजड़ने-बसने का लगभग अंतहीन सिलसिला चलता रहा और इसने हमारी एक साथ रहने की क्षमता को नष्ट कर दिया। बजाय विद्रोही हो जाने के हमने अपने भीतर जहाँ सहृदयता एवं दयालु बनने की असाधारण क्षमता विकसित कर ली, वहीं हम, कहीं भीतर, क्रूर संवेदनहीन और निर्दयी भी हो गए। साधारण दृष्टि से तो हम सजीव नजर आते हैं, परंतु यही दृष्टि आलोचनात्मक हो तो हम विलक्षण हो जाते हैं। कानपुर में उन्होंने लोगों को पान चबाने में वाजिद अली शाह की नकल करते देखा और बंगलौर में अंग्रेज साहबों की तरह लोगों को कुत्ते घुमाते पाया। यहाँ भी वे रामेश्वरम् जैसी शांति एवं निस्तब्धता के लिए तरस गए।

बंगलौर में वैमानिकी विकास प्रतिष्ठान में रहकर पंखों रहित, हलका और तीव्र मशीन वाला वाहन तैयार करने के उत्साह जनक उद्यम ने उनके दिमाग की खिड़कियां खोल दीं। अब वायुसेना में पायलट बनने का ख्वाब कहीं बहुत पीछे छूट गया था। उन्हें जल्द ही हॉवरक्राफ्ट और एयरक्राफ्ट के बीच कम-से-कम एक लाक्षणिक गुण दिख गया। आखिर राइट बंधुओं को भी पहला हवाई जहाज तैयार करने में सात साल लग गए थे।

ड्राइंग बोर्ड पर कुछ महीने काम करने के बाद अब्दुल कलाम और अन्य सहयोगी सीधे हार्डवेयर विकसित करने में जुट गए। कलाम को हमेशा यह लगता रहता था कि मेरे जैसे ग्रामीण, छोटे कस्बे की पृष्ठभूमि वाले व्यक्ति को कहीं किनारे तो नहीं कर दिया जाएगा। इस आशंका ने उन्हें और कर्मठ बना दिया। मेहनत और लगन में कोई कमी नहीं थी। फिर भी उन्होंने ठान लिया कि उन्हें अपने लिए अवसर खुद तैयार करने होंगे। बैंगलोर के वैमानिकी विकास प्रतिष्ठान (एडीई) के कुछ वरिष्ठ वैज्ञानिक उनके विरुद्ध जो टिप्पणियां करते थे। ऐसा हर संस्थान में होता है, वह इस तथ्य से वाकिफ थे। सुनते सभी की करते अपु मन की। अपनी आत्मकथा 'अग्नि की उड़ान' में बंगलोर कार्य स्थल का उल्लेख करते हुए डॉ. ए पी जे अब्दुल कलाम कहते हैं - "मुझे सन् 1896 में राइट बंधुओं पर लिखी जॉन ट्रॉब्रिज की कविता याद आ गई :

'बांस और सुतली से,
मोम से हथौड़े से,
कुंदों से पेंचों से,
जोड़कर जुगा डकर,
चमगादड़ से
डेरित दो भाई दीवाने,

झोंक रहे कोयला फूंक रहे धौंकनी,
बना रहे देखो तो
लकड़ी की एक परी!"

बंगलोर में काम शुरू हुआ। सभी वैज्ञानिक बडी शिद्दत के साथ काम करने में व्यस्त हो गए। एक वर्ष कब बीत गया किसी को पता ही नहीं चला। जब यह परियोजना एक साल पुरानी हो चली गई थी तब तत्कालीन केंद्रीय रक्षामंत्री कृष्णमेनन ए.डी.ई. के दौरे पर आए। अब्दुल कलाम उन्हें अपनी कार्यशाला में ले गए। अंदर एक टेबल पर जैम मॉडल अलग-अलग हिस्सों में रखा हुआ था। यह मॉडल युद्धक्षेत्र में प्रयोग में लाए जाने वाले व्यावहारिक हॉवरक्राफ्ट के विकास के लिए एक साल के अथक प्रयास को बयां कर रहा था। केंद्रीय रक्षा मंत्री कृष्णमेनन को आश्वासन करने के लिए कि अगले वर्ष यह परीक्षण उड़ान में शामिल कर लिया जाएगा। इसके बाद केंद्रीय रक्षा मंत्री ने अब्दुल कलाम से एक के बाद एक अनेक सवाल पूछे। रक्षा मंत्री ने डॉ. मेदीरत्ता से कहा - "कलाम की इस जुगत से जैम की परीक्षण उड़ान संभव है।" वे अपने रक्षा मंत्री की बात सुनकर खुश तो हुए साथ ही संकल्प लिया कि अगले वर्ष इसकी परिक्षण उड़ान सुनिश्चित की जाए।

भगवान् शिव के वाहन के प्रतीक रूप में इस हॉवरक्राफ्ट को 'नंदी' नाम दिया गया। इस मॉडल को संपूर्ण आकार एवं रंग-रूप दिया जाना उन सब की उम्मीदों से परे था, जो इस परियोजना का हिस्सा थे। उनके पास इसका केवल ढाँचा ही था। हॉवरक्राफ्ट 'नंदी' भारत का पहला स्वदेशी हॉवरक्राफ्ट है। इसे डॉ. ए पी जे अब्दुल कलाम ने डिजाइन और विकसित किया था।

यह परियोजना भारत के रक्षा अनुप्रयोगों के लिए शुरू की गई थी और यह शक्ति और नवीनता का प्रतीक है। अब्दुल कलाम ने अपने साथियों से कहा -

"यह उड़नेवाली मशीन है। सनकियों के समूह द्वारा बनाई गई नहीं बल्कि इंजीनियरों की योग्यता से तैयार मॉडल। इसकी तरफ मत देखिए। यह देखने के लिए नहीं बना है बल्कि इसके साथ उड़ान भरनी है।"

रक्षामंत्री कृष्णमेनन ने अपने साथ आए अधिकारियों द्वारा व्यक्त की गई सुरक्षा संबंधी चिंताओं को नजरअंदाज करते हुए 'नंदी' में उड़ान भरी। मंत्री के साथ आए एक ग्रुप कैप्टन ने, जिसे कई हजार घंटे की उड़ान का अनुभव था, अब्दुल कलाम जैसे अनुभवहीन एवं नागरिक पायलट से मंत्री महोदय को सुरक्षित रखने के लिए खुद विमान उड़ाने का प्रस्ताव रखा। पायलट ने उन्हें हॉवरक्राफ्ट से बाहर आ जाने का संकेत दिया। यह अजीब वाकिया था। जिस मॉडल को अब्दुल कलाम ने बनाया था उसे उड़ाने में उन्हें कोई शंका नहीं थी।

तब उन्हेंने 'नहीं' का इशारा करते हुए सिर हिला दिया। इस तरह संकेतों और उस ग्रुप कैप्टन के साथ अब्दुल कलाम के संवाद को देखते हुए रक्षा मंत्री कृष्णमेनन ने हँसकर उस ग्रुप कैप्टन के सुझाव को नकार दिया और उन्हें ही उड़ान भरने का संकेत दे दिया। रक्षा मंत्री बहुत खुश थे। उन्होंने अब्दुल कलाम से कहा - "तुमने (अब्दुल कलाम) दिखा दिया है कि हॉवरक्राफ्ट के विकास में जो बुनियादी समस्याएँ थीं, उन्हें दूर कर लिया गया है। इससे भी शक्तिशाली वाहन तैयार करो और मुझे दूसरी बार की सवारी के लिए बुलाओ।" ग्रुप कैप्टन गोले पदोन्नति कर कालांतर में एयर मार्शल बने। इसके बाद वह कलाम साहब के बहुत अच्छे दोस्त बन गए।

हॉवरक्राफ्ट का हिंदी में मतलब है हवाई गद्दे वाला वाहन या हवा के कुशन पर चलने वाला वाहन। यह एक उभयचर शिल्प है जो हवा के कुशन का उपयोग करके जल, जमीन, बर्फ और अन्य विभिन्न सतहों पर यात्रा कर सकता है। हॉवरक्राफ्ट में एक विशेष प्रकार का ब्लोअर होता है जो हवा को वाहन के नीचे की तरफ फेंकता है। यह हवा का कुशन बनाता है, जिससे हॉवरक्राफ्ट सतह से थोड़ा ऊपर उठ जाता है और कम घर्षण के साथ सतह पर चल सकता है। हॉवरक्राफ्ट एक उभयचर वाहन है, जिसका अर्थ हैयह कि यह जल और जमीन दोनों पर चल सकता है। इसके अलावा हॉवरक्राफ्ट को पानी, बर्फ, दलदल, और अन्य सतहों पर भी आसानी से चलाया जा सकता है। इसका उपयोग परिवहन, बचाव कार्य, और सैन्य उद्देश्यों के लिए किया जाता है।

हॉवरक्राफ्ट 'नंदी' परियोजना को रद्द कर दिया गया था। यह परियोजना भारत में एक ऐसी परियोजना थी जो मुंबई में गेटवे ऑफ इंडिया और नवी मुंबई में सीबीडी बेलापुर और वाशी के बीच हॉवरक्राफ्ट सेवा शुरू करने के बारे में थी। सन् 1994 और 1999 के बीच, इस मार्ग पर होवरक्राफ्ट चलते थे, लेकिन बाद में पर्याप्त जल परिवहन बुनियादी ढांचे की कमी के कारण सेवाएं बंद कर दी गईं।

हॉवरक्राफ्ट 'नंदी' परियोजना के रद्द होने पर डॉ. ए पी जे अब्दुल कलाम ने इस परियोजना के महत्व को दोहराया और कहा -

> *"एक महत्वपूर्ण परियोजना थी, जो भारत को स्वदेशी तकनीक से हॉवरक्राफ्ट विकसित करने में सक्षम बनाती।"*

उन्होंने निराशा व्यक्त की। साथ ही यह भी कहा कि उन्हें उम्मीद है कि भविष्य में इस तरह की परियोजनाएं फिर से शुरू होंगी और भारत में तकनीक का विकास होगा।

समय बहुत तेजी से बदलता है। अब्दुल कलाम का दिल और आत्मा तो 'नंदी' में बसी हुई थी। अब इसका कोई उपयोग नहीं होना है। इस वास्तविकता का सामना करने का

इच्छुक नहीं था। यह उनके अंतर्मन को पूर्णतः अस्वीकार्य था। वे निराश हो चुका थे और उनके भ्रम टूट चुके थे। उलझनों और अनिश्चितता के इस दौर में मुझमें मेरे बचपन की यादें लौट आई थीं और उन यादों में मैंने अब नए अर्थ खोजने शुरू किए। पक्षी शास्त्री कहा करते थे - "सत्य की तलाश करो और सत्य ही तुम्हें रास्ता दिखाएगा। जैसाकि बाइबिल में कहा गया है 'माँगो, तुम्हें मिलेगा।" बदलाव हुआ। कुछ दिनों बाद डॉ. ए पी जे अब्दुल कलाम को इंडियन कमेटी फॉर स्पेस रिसर्च की ओर से बुलावा आया। उन्हें वहां साक्षात्कार के लिए बुलाया गया। अब आकाश से अंतरिक्ष की उड़ान भरनी है। यह साक्षात्कार रॉकेट इंजीनियर पद के लिए था। वह बंबई पहुंच गए। इस सफर में एक बार फिर उनके कानों में लक्ष्मण शास्त्री द्वारा सुनाए गए 'श्रीमद्भगवद्गीता' के अंश गूंज रहे थे -

"तुम सब भ्रम की संतान हो। इच्छा और घृणा के छलावों से छलीं। देखो! उन कुछ सत्पुरुषों को जो पाप से परे छलावों से छूटे हैं। अपनी दृढ़ प्रतिज्ञा पर अडिग मेरी आस्था में।"

यानी आस्था और विश्वास ही मनुष्य को प्रेरणा देता है। अपनी इच्छाओं पर डिगे रहो। डगमगाओ मत। ऐसी दृढ़ इच्छा लेकर अब्दुल कलाम साक्षात्कार कक्ष में पहुंचे। उस समय वह सोच रहे थे किस तरह के प्रश्न पूछे जाएँगे? उन्हें कुछ पढ़ने या किसी अनुभवी व्यक्ति से बात करने का जरा भी समय नहीं मिला था। उस समय उन्हें याद आया कि विजयी होने के लिए सबसे अच्छा तरीका यह है कि विजयी होने की जरूरत नहीं है। जब आप भ्रमों से मुक्त एवं शांतचित्त होते हैं तभी किसी काम को पूरे बेहतर ढंग से कर पाते हैं। मैंने चीजों-घटनाओं को उसी तरह लेना शुरू कर दिया जैसे वे मेरे जीवन में आई। न तो प्रो. एम.जी.के. मेनन बंगलौर दौरे पर हमारे यहाँ आते, न ही मुझे यहाँ से साक्षात्कार के लिए बुलावा आता। मैंने तय किया कि इसी तरह का नजरिया होना सबसे अच्छा है। उनका साक्षात्कार प्रसिद्ध वैज्ञानिक डॉ. विक्रम साराभाई ने लिया। उनकी जिंदादिली देखकर वह दंग रह गए। डॉ. विक्रम साराभाई में कोई अहंकार या अक्खड़पन नहीं था। जैसाकि प्राय: साक्षात्कार लेने वाले वरिष्ठ अधिकारी नौजवान उम्मीदवार के सामने प्रदर्शित करते हैं।

डॉ. विक्रम साराभाई के साथ प्रो. एम.जी. के. मेनन और परमाणु ऊर्जा आयोग के तत्कालीन उपसचिव श्री सर्राफ भी थे। डॉ. ए पी जे अब्दुल कलाम अपनी आत्मकथा में वर्णन किया है -

"जैसे ही मैंने कमरे में प्रवेश किया, मुझे उत्साहवर्द्धक और दोस्तानापूर्ण माहौल महसूस हुआ। डॉ. साराभाई के प्रश्न मेरी मौजूदा योग्यता या कुशलता की परीक्षा लेने वाले नहीं थे, बल्कि वे उन संभावनाओं की तलाश से संबंधित

थे, जो मेरे भीतर थीं। वे मेरी ओर ऐसे देख रहे थे जैसे किसी व्यापक संदर्भ में परख रहे हों। पूरा साक्षात्कार उस सत्य के समान लगा, जिसमें उनके सपने को एक ज्यादा बड़े व्यक्ति के बड़े सपने में समाहित कर दिया है।"

साक्षात्कार हुआ। उन्हें दो दिन में वापस आने को कहा गया, लेकिन अगले दिन शाम को ही उन्हें चयन के बारे में बता दिया गया। उन्हें भारतीय अंतरिक्ष अनुसंधान समिति में रॉकेट इंजीनियर के पद पर रख लिया गया। नौजवान अब्दुल कलाम के लिए यह अपना सपना पूरा करने का एक बड़ा मौका था।

भारतीय अंतरिक्ष अनुसंधान समिति में उनका काम टी.आई.एफ.आर. कंप्यूटर केंद्र में कंप्यूटर प्रशिक्षण के रूप में शुरू हुआ। यहाँ का माहौल डी.टी.डी. एंड पी. (एयर) के माहौल से एकदम अलग था। यहाँ किसी को भी अपनी स्थिति को उचित ठहराने की आवश्यकता नहीं थी और न ही किसी के झगड़े सुलझाने की जरूरत थी।

सन् 1962 के मध्य में भारतीय अंतरिक्ष अनुसंधान समिति ने केरल में त्रिवेंद्रम (अब तिरुवनंतपुरम्) के पास थुंबा गाँव में रॉकेट प्रक्षेपण केंद्र स्थापित करने का फैसला किया। भौतिक अनुसंधान प्रयोगशाला, अहमदाबाद के डॉ. चिटनिस ने ही थुंबा को इस केंद्र के लिए सबसे उपयुक्त स्थान के रूप में चुना था, क्योंकि यह स्थान पृथ्वी के चुंबकीय अक्ष के सबसे करीब था। भारत में यह रॉकेट प्रौद्योगिकी पर आधुनिक शोध की शुरुआत थी। थुबा में रॉकेट प्रक्षेपण केंद्र के लिए जगह रेलवे लाइन और समुद्र तट के बीच चुनी गई।

व्यक्तिगत जीवन

उनके भाई कासिम मोहम्मद का इंतकाल सन् 1995 में हुआ। तब वह बहुत दुखी हुए। इसके बाद एक-एक करके सभी भाई-बहन दुनिया से रुखसत हो गए। साल 1997 में बहन असीम ज़ोहरा चल बसीं। फिर सन् 1999 में भाई मुस्तफा कलाम ने उन्हें झकझोर कर रख दिया। पांच वर्षों में अपने तीन भाई-बहनों को खो देने के बाद अविवाहित डॉ. कलाम जीवन का दंश झेल रहे थे।

सादा जीवन उच्च विचार के धनी कलाम साहब की जीवन शैली ईमानदारी के स्तंभ पर टिकी हुई थी। ताउम्र प्रतिदिन प्रातः छह बजे के आस-पास चारपाई छोड़ कुदरत के साथ रू-ब-रू होना दिनचर्या में शामिल रहा। उनकी कुछ निजी संपत्तियों में उनकी किताबें, उनकी वीणा, कपड़ों के कुछ सामान, एक सीडी प्लेयर और एक लैपटॉप शामिल थे। उनके पास कभी भी टेलीविजन नहीं रहा। सभी व्यसनों से वह दूर थे। यहां तक की उन्होंने अपने संपूर्ण जीवन में शराब का स्वाद तक नहीं चखा। अपनी मृत्यु के समय उन्होंने कोई वसीयत नहीं छोड़ी और उनकी सारी संपत्ति उनके सबसे बड़े भाई मोहम्मद मुथु मीरा लेब्बाई

मराईकयार के पास चली गई।

कलाम अपने व्यक्तिगत जीवन में पूरी तरह अनुशासन का पालन करने वालों में से थे। वे क़ुरान और भगवद् गीता दोनों का अध्ययन करते थे। कलाम ने कई स्थानों पर उल्लेख किया है कि वे तिरुक्कुरल का भी अनुसरण करते हैं, उनके भाषणों में कम से कम एक कुरल का उल्लेख अवश्य रहता था। राजनीतिक स्तर पर कलाम की चाहत थी कि अंतरर्राष्ट्रीय स्तर पर भारत की भूमिका का विस्तार हो और भारत ज्यादा से ज्यादा महत्त्वपूर्ण भूमिका निभाये। भारत को महाशक्ति बनने की दिशा में कदम बढाते देखना उनकी दिली चाहत थी। उन्होंने कई प्रेरणास्पद पुस्तकों की भी रचना की थी और वे तकनीक को भारत के जनसाधारण तक पहुँचाने की हमेशा वक़ालत करते रहते थे। बच्चों और युवाओं के बीच डाक्टर क़लाम जी अत्यधिक लोकप्रिय थे। वह भारतीय अन्तरिक्ष विज्ञान एवं प्रौद्योगिकी संस्थान के कुलपति भी थे। वे सदाय स्मित करते थे चाहे वो दफ्तर का नौकर ही क्यूँ न हो। वे जीवन भर शाकाहारी रहे।

अपने व्यक्तिगत जीवन और परिवार के विषय में उन्होंने अपनी आत्मकथा में लिखा है -

> *"मेरे पिताजी 102 वर्ष तक जीवित रहे। अपनी मौत के बाद वे अपने पीछे एक बड़ा परिवार छोड़कर गए थे, जिसमें उनके 15 पौत्र थे। उनकी मौत से मैं बहुत व्यथित हुआ था। मैं थुंबा से अपने घर को लौटा था, जहाँ मैं अपनी माँ के निकट काफी देर तक बैठा रहा। जब मैं वहाँ से जाने लगा, मेरी माँ ने भरी आवाज में मुझे आशीर्वाद दिया।"*

डॉ. कलाम ने अपने दोनों दायित्व बखूबी निभाते रहे। पिता के इंतकाल के बाद वह अत्यधिक व्यथित हो गए थे। उधर कर्म की सदा उनके कानों में गूंज रही थी। ऐसे सुविधापूर्ण माहौल में अपने आप को संतुलित रखना बेहद काम था। उन्होंने लिखा है -

> "मैं उस समय एस. एल. वी. -3 रॉकेट बनाने से जुटा हुआ था और वहाँ मुझे अपने काम पर दोबारा से लौटना था। मेरी माँ ने एक बार भी मुझे रुकने को नहीं कहा। अब मैं सोचता हूँ कि क्या मुझे अपनी माँ के पास नहीं रुकना चाहिए था? क्या मुझे अपने कार्य को इतना महत्त्व देना चाहिए था? क्या अपनी माँ को कुछ और समय नहीं देना चाहिए था? क्योंकि उसके बाद मैं उनसे कभी नहीं मिल सका। मैं अपने आपसे कई बार यह पूछता हूँ, पर मुझे इसका कोई जवाब नहीं मिलता। मेरी माँ भी मेरे पिता के देहांत के बाद जल्दी ही चल बसी थीं। वह मेरे पिता के साथ पूरी तरह से जुड़ी हुई थीं।"

पारिवारिक परिवेश मनुष्य को तथ्यात्मक प्रेरणा देता है। कर्म परिणाम मांगता है और अनुबंध को किसी भी भावनात्मक जुड़ाव से कोई सरोकार नहीं होता। जहां व्यक्ति काम

करता है वहां वह नियोक्ता के वश में होता है। यदि संकट में परम हितैषी का साथ मिल जाए तो मनुष्य का आत्मबल और आत्मविश्वास बढ़ जाता है। अपने संकटों को स्मरण करते हुए डॉ. अब्दुल कलाम लिखते हैं -

"मेरे जीवन में संकट के समय कुछ ऐसे खास लोग आए, जिन्होंने मेरे विचारों को नया मोड़ दिया। कभी-कभी तो उन्होंने मेरे जीवन की धारा ही बदल दी। मैं हमेशा उनका एहसानमंद रहूँगा और उन्हें रोज याद करता रहूँगा। अगर मैं संसार में पूरे समय तक रहूँगा तो मैं जानता हूँ कि मुझे क्या करना है! मैं इन लोगों की याद में अपना समय बिताऊँगा, जिन्होंने मेरे जीवन को आकार दिया। ये लोग मेरे जीवन में सूर्य के समान हैं, जो मेरे चेहरे पर खुशी लाए तथा हवा के झोंकों की तरह मुझे गले लगाया। मेरे जीवन में अहमद जलालुद्दीन ऐसे ही व्यक्ति थे।"

अहमद जलालुद्दीन उम्र में अब्दुल कलाम से बड़े थे लेकिन आत्मीय संबंध दोस्त की भांति थे। थे क्या? यह संबंध आजीवन बने रहे। अक्सर दोनों के चिंतन का एक प्रमुख विषय होता था कि हमारे व्यक्तित्व का सृजन कौन करता है? माहौल इसमें कैसी भूमिका अदा करता है और यह कितना सहज है? जब वह अपने अतीत को देखते तो इन बिंदुओं पर उँगली रखते जिनसे उन्हें प्रेरणा मिलती रही।

माता का जीवन के प्रति दृष्टिकोण, पिता का सामाजिक अनुभव एक छत के नीचे रहने वाली जिंदगियों को जो परिवेश देता है उसका प्रभाव जिंदगी भर रहता है। अब्दुल कलाम ने अपने माता-पिता से उन्होंने ईमानदारी सीखी। आत्म-संयम सीखा। भरोसा करना और दया-भाव रखना सीखा। परिवार के अलावा उन्होंने मेरे सबसे करीबी मित्र जलालुद्दीन और चचेरे भाई शम्सुद्दीन से उन्होंने यह पहचानना सीखा कि हर इनसान में कोई खास गुण होता है।

अपने व्यक्तिगत जीवन धारा को व्यक्त करते हुए उन्होंने लिखा -

"इन लोगों ने मुझमें काबिलियत देखी और मुझे प्रोत्साहित किया। वे जीवन के प्रति सरल व सहज दृष्टिकोण रखते थे। मैं उनके सामने खुद को, मन को, विचारों को खुलकर रखता था, परंतु वे इससे पहले ही मेरे प्रश्न और मेरी मशा भाँप लेते थे। बाद में वे मेरे मुँह से सबकुछ कहलवा लेते थे और जीवन का लक्ष्य पाने में मेरी मदद करते थे।"

जलालुद्दीन उन लोगों में से एक थे, जिन्होंने अब्दुल कलाम की काबिलियत को परखते हुए उन्हें रामेश्वरम से बाहर निकालने की योजना बनाई क्योंकि अब्दुल कलाम

अब अपना भला-बुरा समझने लगे थे। युवा कलाम के कमाल को बाहर लाने का एक मात्र उपाय यही था कि जैसे भी हो कलाम को उच्च शिक्षा के लिए रामेश्वरम से बाहर भेजा जाए। अब्दुल कलाम भी आगे पढ़ना और बढ़ना चाहते थे। यह तभी संभव था जब किसी अच्छे कॉलेज में प्रवेश लिया जाए। तब उनकी नजर में सिर्फ जलालुद्दीन ही थे जो कलाम की जिज्ञासा और भावनाओं को समझ सकते थे। जलालुद्दीन अब्दुल कलाम के साथ रामनाथपुरम गए और वहाँ उनका सारा इंतजाम किया।

जलालुद्दीन ने हमेशा अब्दुल कलाम का ध्यान रखा। हर जरूरत को पूरा करने की कोशिश की। उनके यथा संभव प्रयासों को याद करते हुए लिखते हैं -

> *"जब तक मैं वयस्क नहीं हो गया तब तक कोई था, जो मेरी क्रिया, प्रतिक्रिया, अनुक्रिया पर नियंत्रण रखता था। वह हमेशा मेरे साथ चलता। जब भी मैं डगमगाने लगता, वह मुझे सँभालता। जब भी मैं महसूस करता कि मैं लगातार ऐसा नहीं कर सकता, बाहरी संसार की ओर अपने कदम नहीं उठा सकता, तब वह व्यक्ति मेरा मनोबल बढ़ाता। मैं उस दिन को कैसे भूल सकता हूँ, जब वह व्यक्ति और शम्सुद्दीन बंबई के सांताक्रूज एयरपोर्ट पर मेरे साथ थे, क्योंकि मैं कुछ ऐसा करने जा रहा था, जिसकी रामेश्वरम में 20 साल पहले किसी ने कल्पना तक नहीं की थी। मैं छह महीने के लिए प्रशिक्षण कार्यक्रम में भाग लेने के लिए अमेरिका में 'नासा' जा रहा था। मैं अब इंजीनियर बन चुका था और 'भारतीय अंतरिक्ष अनुसंधान संगठन' 'इसरो' मुझे रॉकेट इंजीनियर के तौर पर अमेरिका भेज रहा था।"*

पारिवारिक सदस्य हो, मित्र हो, सहकर्मी हो या हो कोई अजनबी डॉ. ए पी जे अब्दुल कलाम ने सभी को अपने ज़हन में रखा। जब भी उन्हें मौका मिलता वह सार्वजनिक रूप से उन सभी का उल्लेख करना नहीं भूलते थे। मुंबई हवाई अड्डे का उल्लेख करते हुए उन्होंने लिखा है -

"जलालुद्दीन और शम्सुद्दीन ने मुझे सांताक्रूज एयरपोर्ट पर छोड़ा। बंबई जैसे शहर से मेरी विदेश यात्रा को लेकर होनेवाली घबराहट देखकर वे चिंतित थे। अभी वे गरिमा का भाव ओढ़ते हुए मुझे संभाल रहे थे। मैं एयरपोर्ट की ओर जाते हुए उन्हें याद कर रहा था। उनकी सही सोच की ताकत तथा आशावाद लहर की तरह मेरे पास पहुँच रहे थे। वहाँ खड़े-खड़े उनके प्रति अपने मन में उमड़ रहे प्रेम-भाव को मैं रोक नहीं पाया और मेरी आँखों में आँसू उमड़ आए। आँसुओं से मेरी दृष्टि धुँधली पड़ रही थी। मैंने उन्हें थाम लिया। तब जलालुद्दीन ने कहा -

"अब्दुल! हम हमेशा तुमसे प्रेम करते रहे हैं, भरोसा करते रहे हैं। हमें तुम पर गर्व है और हमेशा रहेगा।" मैं उनके प्रोत्साहन से भरे वे शब्द कैसे भूल सकता हूँ! अब मैं सोचता हूँ कि जलालुद्दीन ने सिर्फ मेरे हाथ ही नहीं अनुसंधान संगठन 'इसरो' के लिए एस.एल.वी.-3 रॉकेट की परियोजना पर कार्य कर रहा था।"

जलालुद्दीन एक अच्छे दोस्त थे और कालांतर में वह अब्दुल कलाम के बहनोई बन गए। एक दिन अब्दुल कलाम को खबर मिली कि उनके मित्र और मार्गदर्शक उनके जीजा जी जलालुद्दीन नहीं रहे। उन्हें गहरा आघात लगा। जलालुद्दीन की ज्यादा उम्र नहीं थी। कैसे हो सकता है? हम सब जिंदा हैं, लेकिन वे अब नहीं हैं। सदमे में जो शब्द बोल अब्दुल कलाम के मुख से निकल रहे थे उनका कोई खास अर्थ नहीं था, क्योंकि जो व्यक्ति सदमे में होता है वह क्या बड़बड़ाता कोई उम्मीद नहीं कर सकता। दिल पर लगा सदमा सहना मुश्किल होता है। उस समय वह व्यक्ति जड़ हो जाता है। सोचने-समझने की क्षमता न के बराबर हो जाती है। वह वर्तमान में रहते हुए भूतकाल में खो जाता है। कमोबेश यही हालत थी कलाम की। वह कुछ देर के लिए चल नहीं सके। जड़ हो गया था शरीर। कुछ भी महसूस नहीं कर पा रहे थे। अंततः तंद्रा टूटी। वर्तमान में लौटते हुए अपने साथियों को आवश्यक निर्देश दिए और रामेश्वरम जाने की तैयारी करने के लिए अपने आवास पर पहुंच गए। ज़हन में चल रहा था -

"अगर उन्होंने मुझे जीवन जीने के तरीके सिखाए तब यह कैसे हो सकता है कि वे मुझे जीवन और मृत्यु के कठोर, कटु एवं अटल सत्य को नहीं सिखाते।"

"एक लेक्चर ने उनकी जिंदगी की दिशा बदल दी। मेरे शिक्षक ने मुझे जीवन का उद्देश्य दे दिया। मुझे भौतिक विज्ञान के अध्ययन का महत्व समझ में आ गया। मैंने भौतिकी को चुना। मैंने एरोनॉटिकल इंजीनियरिंग को प्राथमिकता दी और फिर रॉकेट इंजीनियर बना। उसके बाद अंतरिक्ष वैज्ञानिक।"

– डॉ ए पी जे अब्दुल कलाम

कृतित्व

किसी भी मनुष्य को उसके कार्यों से पहचाना जाता है। कृतित्व ही व्यक्तित्व की वास्तविक पहचान है। गीता में भी उल्लेख किया गया है कि मनुष्य को धर्म है कर्म। जो जितना कर्म करता है उसी के अनुरूप फल मिलता है। विज्ञान पुत्र कलाम विश्व मानव जगत को जो प्रदान किया वह उस समय तक याद रखा जाएगा जब तक धरती पर मनुष्य जीवित है। यही कृतित्व का अमृत्व है।

वैज्ञानिक जीवन

यह उनके वैज्ञानिक जीवन का पहला चरण था। जिसमें तीन महान शिक्षकों - डॉ विक्रम साराभाई, प्रोफेसर सतीश धवन और डॉ ब्रह्म प्रकाश से नेतृत्व सीखा। यह उनके लिए सीखने और ज्ञान अर्जित करने का समय था।

डॉ ए पी जे अब्दुल कलाम अपनी पढ़ाई पूरी करने के बाद 'रक्षा अनुसंधान और विकास संगठन' 'इसरो' में एक वैज्ञानिक के रूप में शामिल हुए। जहां उन्होंने 'हावरक्राफ्ट परियोजना' पर काम किया। डॉ कलाम ने कुछ समय तक प्रसिद्ध वैज्ञानिक 'विक्रम साराभाई' के साथ भी काम किया था। इसके बाद वह वर्ष 1962 में 'भारतीय अंतरिक्ष अनुसंधान संगठन' में आ गए, यहाँ उन्होंने प्रोजेक्ट डायरेक्टर रहते हुए सफलतापूर्वक कई उपग्रह प्रक्षेपण परियोजनाओं में अपनी अहम भूमिका निभाई थी।

वह उपग्रह प्रक्षेपण यान और रणनीतिक मिसाइलों के स्वदेशी विकास के वास्तुकार थे।

'एस. एल. वी. – 3','अग्नि' और 'पृथ्वी' उनकी मेधा और नेतृत्व क्षमता के प्रमाण हैं। उनके अथक प्रयासों से भारत रक्षा तथा वायु आकाश प्रणालियों में आत्मनिर्भर बना।

सन् 1960 में मद्रास इंस्टीट्यूट ऑफ टेक्नोलॉजी से स्नातक होने के बाद कलाम रक्षा अनुसंधान एवं विकास सेवा के सदस्य बनने के बाद एक वैज्ञानिक के रूप में रक्षा अनुसंधान एवं विकास संगठन के वैमानिकी विकास प्रतिष्ठान में शामिल हो गए। उन्होंने एक छोटे होवरक्राफ्ट को डिजाइन करके अपना करियर शुरू किया लेकिन डी आर डी ओ में नौकरी के अपने चुनाव से आश्वस्त नहीं थे। कलाम प्रसिद्ध अंतरिक्ष वैज्ञानिक विक्रम साराभाई के अधीन काम करते हुए आई एन सी ओ एस पी ए आर में शामिल हो गए। थुम्बा इक्वेटोरियल रॉकेट लॉन्चिंग स्टेशन के पहले निदेशक एच जीए स मूर्ति ने उनका साक्षात्कार लिया और उन्हें इसरो में भर्ती कर लिया। सन् 1969 में कलाम को भारतीय अंतरिक्ष अनुसंधान संगठन (इसरो) में स्थानांतरित कर दिया गया।

कलाम ने पहली बार सन् 1965 में डीआरडीओ में स्वतंत्र रूप से एक विस्तार योग्य रॉकेट परियोजना पर काम शुरू किया था। सन् 1969 में, कलाम को सरकार की मंजूरी मिली और उन्होंने अधिक इंजीनियरों को शामिल करने के लिए कार्यक्रम का विस्तार किया।

सन् 1963 से 1964 में, उन्होंने हैम्पटन, वर्जीनिया में नासा के लैंगली रिसर्च सेंटर, ग्रीनबेल्ट, मैरीलैंड में गोडार्ड स्पेस फ़्लाइट सेंटर और वॉलॉप्स फ़्लाइट फैसिलिटी का दौरा किया। सन् 1970 और 1990 के दशक के बीच, कलाम ने पोलर सैटेलाइट लॉन्च व्हीकल और एस एल वी 3 परियोजनाओं को विकसित करने का प्रयास किया और दोनों सफल साबित हुए।

राजा रमन्ना ने कलाम को टी बी आर एल के प्रतिनिधि के रूप में देश के पहले परमाणु परीक्षण स्माइलिंग बुद्धा को देखने के लिए आमंत्रित किया था। हालांकि उन्होंने इसके विकास में भाग नहीं लिया था। सन् 1970 के दशक में कलाम ने दो परियोजनाओं, प्रोजेक्ट डेविल और प्रोजेक्ट वैलिएंट का भी निर्देशन किया। जिसका उद्देश्य सफल एसएलवी कार्यक्रम की तकनीक से बैलिस्टिक मिसाइलों का विकास करना था। केंद्रीय मंत्रिमंडल की अस्वीकृति के बावजूद प्रधानमंत्री श्रीमती इंदिरा गांधी ने कलाम के निदेशक के तहत अपनी विवेकाधीन शक्तियों के माध्यम से इन एयरोस्पेस परियोजनाओं के लिए गुप्त धन आवंटित किया। कलाम ने इन वर्गीकृत एयरोस्पेस परियोजनाओं की वास्तविक प्रकृति को छिपाने के लिए केंद्रीय मंत्रिमंडल को समझाने में एक अभिन्न भूमिका निभाई। उनके शोध और शैक्षिक नेतृत्व ने उन्हें सन् 1980 के दशक में बहुत प्रशंसा और प्रतिष्ठा दिलाई। कलाम और रक्षा मंत्री के धातुविज्ञानी और वैज्ञानिक सलाहकार डॉ. वी एस अरुणाचलम ने एक के बाद एक योजनाबद्ध मिसाइलों के बजाय मिसाइलों के एक साथ विकास के प्रस्ताव पर तत्कालीन रक्षा मंत्री आर वेंकटरमन के सुझाव पर काम किया। आर वेंकटरमन ने मिशन के लिए ₹ 3.88 बिलियन आवंटित करने के लिए कैबिनेट की मंजूरी प्राप्त करने में महत्वपूर्ण भूमिका निभाई। जिसे एकीकृत निर्देशित मिसाइल विकास कार्यक्रम नाम दिया गया और कलाम को मुख्य कार्यकारी नियुक्त किया गया। कलाम ने मिशन के तहत कई मिसाइलों को विकसित करने में प्रमुख भूमिका निभाई, जिसमें अग्नि, एक मध्यम दूरी की बैलिस्टिक मिसाइल और पृथ्वी सामरिक सतह से सतह पर मार करने वाली मिसाइल शामिल है। परियोजनाओं की कुप्रबंधन और लागत और समय की अधिकता के लिए आलोचना की गई है।

कलाम ने जुलाई 1992 से दिसंबर 1999 तक प्रधानमंत्री के मुख्य वैज्ञानिक सलाहकार और रक्षा अनुसंधान एवं विकास संगठन के सचिव के रूप में कार्य किया। इस अवधि के दौरान पोखरण-II परमाणु परीक्षण किए गए। जिसमें उन्होंने एक गहन राजनीतिक और तकनीकी भूमिका निभाई। कलाम ने परीक्षण चरण के दौरान राजगोपाला चिदंबरम के साथ मुख्य परियोजना समन्वयक के रूप में कार्य किया। इस अवधि के दौरान

कलाम के मीडिया कवरेज ने उन्हें देश का सबसे प्रसिद्ध परमाणु वैज्ञानिक बना दिया। साइट परीक्षण के निदेशक के संथानम ने कहा - "थर्मोन्यूक्लियर बम एक 'विफल' था।" गलत रिपोर्ट जारी करने के लिए कलाम की आलोचना की। कलाम और चिदंबरम दोनों ने दावों को खारिज कर दिया।

'इन्कोस्पार के बाद डॉ अब्दुल कलाम 'इसरो' में गये। वहाँ उन्हें विभिन्न प्रकार के रॉकेट के विकास का कार्य सौंपा गया था। इसके अलावा उन्हें अंतरिक्ष वाहन को एक रॉकेट से दूसरे रॉकेट के चारों ओर की दूरी की पहुँच तक उपग्रह के वाहन को पहुँचाने का कार्य दिया गया। वह डॉ. साराभाई ही थे, जिनकी देख-रेख में भारत के अंतरिक्ष कार्यक्रम के विकास और विभिन्न विकासात्मक कार्य साथ-साथ हो रहे थे। वह अपने आप को सौभाग्यशाली समझ रहे थे क्योंकि उन्हें इस परियोजना से जुड़ने का सुनहरा अवसर मिला था। इस विषय में उन्होंने एक बार कहा था -

"मैं मानता था कि एस.एल. वी. में बहुत जटिल चुनौती सामने आई थी। मैं उपग्रहों को कक्षा में भेजनेवाले लॉञ्च व्हीकल के विकास की बड़ी परियोजना को निर्देशित कर रहा था।"

उन्होंने आगे कहा -

"अगर मैं आज पूछता हूँ कि सबसे बड़ी सीख क्या थी, जो मैंने एस.एल.वी. के विकास से सीखी है, तो मैं कहूँगा कि यहाँ तीन कारण हैं- पहला, जब मुझे देश के विकास में विज्ञान, तकनीकी खोज और इंजीनियरिंग की भूमिका नजर आती थी। एस.एल.वी. पर वैज्ञानिकों, शोधकर्ताओं और इंजीनियरों के कई दल कार्यरत थे। एक टीम लीडर के रूप में मेरा कार्य रेखाओं को बनाना और निर्देशन देने जैसा था। मैंने सीखा कि विज्ञान असीमित तथा गवेषणात्मक है। इसमें उत्तर ढूँढ़ना यात्रा कर रहे यात्री के समान है, इसमें यात्रा करते हुए सबका विश्लेषण करके एक दिन सब संभव हो जाएगा।"

विज्ञान एक आनंद और जुनून है। दूसरी ओर विकास एक बंद फंदा है। यह वैज्ञानिकों द्वारा किया गया कार्य है और यह कुछ कदम आगे की ओर ले जाता है। यह गलतियों की अनुमति नहीं देता। सुधार और प्रोन्नति में गलतियों से सीखता है। तब जहाँ वैज्ञानिक हमें राह दिखाता है और संभावनाओं को खोलता है, हम स्वदेशी लांच व्हीकल के विकास में सफल होते हैं। एक परियोजना की सफलता व्यावहारिक होती है। यह जरूरी होता है कि सभी भागों को आगे-पीछे और केंद्रित करके ऑरकेस्ट्रा के समान कार्य किया जाए।

दूसरा सबक के विषय में उन्होंने लिखा है -

"मुझे यह मिला कि प्रतिबद्धता के साथ काम करना। उन दिनों, जब वह परियोजना के अलावा अपने आप में कुछ अन्य सोच रहा था, यहाँ मेरी तरह अन्य भी थे, जो कड़ी मेहनत में वही विश्वास और उत्साह रखते थे। अब मेरे लिए कभी भी यह नहीं कहा जा सकता कि बुद्धिमानी के शब्द अधिक मूल्यवान् हैं, जिसे वेर्नहर वॉन ब्राउन द्वारा कहा गया। रॉकेट के क्षेत्र में वॉन ने वी-2 मिसाइल तैयार की, जिसने द्वितीय विश्व युद्ध के समय लंदन का विनाश किया था। बाद में उन्होंने नासा (NASA) के रॉकेट कार्यक्रम में प्रवेश किया, जहाँ वे जुपिटर मिसाइल बनाते थे, जो पहली लंबी दूरी की मिसाइल थी। वे वैज्ञानिक, डिजाइनर, इंजीनियर, प्रशासक और एक प्रौद्योगिकी प्रबंधक थे। वे 'आधुनिक रॉकेट की दुनिया के जनक' माने जाते थे। जब वे भारत आए, मुझे उनके साथ उस समय उड़ान भरने का सौभाग्य प्राप्त हुआ, जब मैं उन्हें लेने चेन्नई गया और धुंबा तक साथ रहा।"

रॉकेट के क्षेत्र में कड़ी मेहनत ही काफी नहीं है। यह एक खेल नहीं है, जहाँ वह सिर्फ कुछ घंटों में ही कड़ी मेहनत ले आएँ। यहाँ उनके पास सिर्फ एक लक्ष्य नहीं है, बल्कि जल्दी-से-जल्दी अपना लक्ष्य प्राप्त करने के लिए सही नीति की आवश्यकता है।

डॉ विक्रम साराभाई के बारे में डॉ अब्दुल कलाम ने लिखा है -

"वे मुझसे कहते थे कि कार्य की प्रकृति की गहराई दिमाग में स्थिर है। तुम्हें हमेशा यह याद रखना चाहिए कि हमें सिर्फ सफलता के लिए ही निर्माण नहीं करना है, हमें असफलता पर भी कार्य करना है।" वैज्ञानिक के पेशे के लिए बहुत कड़ी मेहनत और समर्पण की आवश्यकता होती है। वे कहते हैं, "रॉकेट के क्षेत्र में कड़ी मेहनत ही काफी नहीं है। यह एक खेल नहीं है, जहाँ हम सिर्फ कुछ घंटों में ही कड़ी मेहनत ले आएँ। यहाँ तुम्हारे पास सिर्फ एक लक्ष्य नहीं है, बल्कि तुम्हें जल्द-से-जल्द अपना लक्ष्य प्राप्त करने के लिए सही नीति की आवश्यकता है।"

वैज्ञानिक जीवन

सन् 1972 में वे भारतीय अंतरिक्ष अनुसंधान संगठन से जुड़े। अब्दुल कलाम को परियोजना महानिदेशक के रूप में भारत का पहला स्वदेशी उपग्रह (एस.एल.वी. तृतीय) प्रक्षेपास्त्र बनाने का श्रेय हासिल हुआ।

सन् 1980 में इन्होंने रोहिणी उपग्रह को पृथ्वी की कक्षा के निकट स्थापित किया था। इस प्रकार भारत भी अंतरराष्ट्रीय अंतरिक्ष क्लब का सदस्य बन गया। इसरो लॉन्च व्हीकल प्रोग्राम को परवान चढ़ाने का श्रेय भी इन्हें प्रदान किया जाता है। कलाम ने स्वदेशी लक्ष्य भेदी नियंत्रित प्रक्षेपास्त्र (गाइडेड मिसाइल्स) को डिजाइन किया। इन्होंने अग्नि एवं पृथ्वी जैसे प्रक्षेपास्त्रों को स्वदेशी तकनीक से बनाया था। कलाम जुलाई 1992 से दिसम्बर 1999 तक रक्षा मंत्री के विज्ञान सलाहकार तथा सुरक्षा शोध और विकास विभाग के सचिव थे। उन्होंने रणनीतिक प्रक्षेपास्त्र प्रणाली का उपयोग आग्नेयास्त्रों के रूप में किया। इसी प्रकार पोखरण में दूसरी बार परमाणु परीक्षण भी परमाणु ऊर्जा के साथ मिलाकर किया। इस तरह भारत ने परमाणु हथियार के निर्माण की क्षमता प्राप्त करने में सफलता अर्जित की। कलाम ने भारत के विकासस्तर को 2020 तक विज्ञान के क्षेत्र में अत्याधुनिक करने के लिए एक विशिष्ट सोच प्रदान की। यह भारत सरकार के मुख्य वैज्ञानिक सलाहकार भी रहे। 1982 में वे भारतीय रक्षा अनुसंधान एवं विकास संस्थान में वापस निदेशक के तौर पर आये और उन्होंने अपना सारा ध्यान "गाइडेड मिसाइल" के विकास पर केन्द्रित किया। अग्नि मिसाइल और पृथ्वी मिसाइल का सफल परीक्षण का श्रेय काफी कुछ उन्हीं को है। जुलाई 1992 में वे भारतीय रक्षा मंत्रालय में वैज्ञानिक सलाहकार नियुक्त हुये। उनकी देखरेख में भारत ने 1998 में पोखरण में अपना दूसरा सफल परमाणु परीक्षण किया और परमाणु शक्ति से संपन्न राष्ट्रों की सूची में शामिल हुआ।

डॉ ए पी जे अब्दुल कलाम ने कई मिसाइलों के विकास में अहम भूमिका निभाई थी। इनमें पृथ्वी, अग्नि, आकाश, नाग, और त्रिशूल जैसी मिसाइलें शामिल हैं।

पृथ्वी मिसाइल-1

यह मिसाइल 500 से 1,000 किलोग्राम वज़न तक के हथियार ले जा सकती है। इसका पहला परीक्षण 25 फ़रवरी, 1988 को किया गया था।

अग्नि मिसाइल-1

यह मिसाइल स्वदेशी तकनीक से विकसित की गई थी। इसका परीक्षण 25 जनवरी, 2002 को किया गया था।

त्रिशूल मिसाइल

यह मिसाइल सतह से हवा में मार करने वाली मिसाइल है।

आकाश मिसाइल

यह मिसाइल स्वदेशी तकनीक से बनाई गई थी। इसे कम दूरी से हवा में छोड़ा जा सकता है।

नाग मिसाइल

यह तीसरी पीढ़ी की मिसाइल है।

डॉ ए पी जे अब्दुल कलाम के काल में भारत अनेक मिसाइल अस्तित्व में आई। इसमें सतह से सतह में मार करने वाले मिसाइल और कम दूरी की बैलिस्टिक मिसाइलें शामिल हैं। मुख्य रूप से निम्नलिखित मिसाइलें आज भारत के पास हैं।

पृथ्वी 1, पृथ्वी 2, पृथ्वी 3

प्रहार

मध्यम दूरी की बैलिस्टिक मिसाइल

अग्नि-1

मिसाइल स्वदेशी तकनीक से विकसित सतह से सतह पर मार करने वाली परमाणु सक्षम मिसाइल है। इसकी मारक क्षमता सात सौ किलोमीटर है।

अग्नि-2

भारत की मध्यवर्ती दुरी बैलिस्टिक प्रक्षेपास्त्र है। इसे रक्षा अनुसंधान एवं विकास संगठन ने विकसित किया है। यह अत्याधुनिक तकनीक से बनी 21 मीटर लंबी और 1.3 मीटर चौड़ी अग्नि- 2 मिसाइल परमाणु हथियारों से लैस होकर 1 टन पेलोड ले जाने में सक्षम है।

इंटरमीडिएट दूरी की बैलिस्टिक मिसाइल

इंटरमीडिएट दूरी की बैलिस्टिक मिसाइल एक बैलिस्टिक मिसाइल है जो 3,000 से 5,500 किलोमीटर के बीच की दूरी तय करती है। इसे मध्यम दूरी की बैलिस्टिक मिसाइल और अंतरमहाद्वीपीय बैलिस्टिक मिसाइल के बीच वर्गीकृत किया गया है। यह मध्यम दूरी के प्रक्षेपास्त्र हैं। इनकी मारक क्षमता कम होती है।

अग्नि-3

अग्नि- 2 के सफल प्रक्षेपण के बाद भारत द्वारा विकसित मध्यवर्ती दुरी बैलिस्टिक प्रक्षेपास्त्र है। इसे रक्षा अनुसंधान एवं विकास संगठन ने विकसित किया है। जिसकी मारक क्षमता 5000 किलोमीटर से 5500 किलोमीटर तक है।

अग्नि-4

एक इंटरमीडिएट रेंज बैलिस्टिक मिसाइल है। जिसे भारतीय सशस्त्र बलों के इस्तेमाल के लिए रक्षा अनुसंधान एवं विकास संगठन द्वारा विकसित किया गया है।

अन्तरमहाद्वीपीय दूरी की बैलिस्टिक मिसाइल

अंतरमहाद्वीपीय बैलिस्टिक मिसाइल यह लंबी दूरी की मिसाइलें हैं जो महाद्वीपों के पार परमाणु हथियार पहुंचाने में सक्षम हैं। यह भारत के परमाणु त्रय का एक हिस्सा है। रक्षा अनुसंधान एवं विकास संगठन द्वारा विकसित यह प्रक्षेपास्त्र अन्तरमहाद्वीपीय दूर तक मारक क्षमता वाला है।

अग्नि-5

भारत की अन्तरमहाद्वीपीय बैलिस्टिक प्रक्षेपास्त्र है। इसे रक्षा अनुसंधान एवं विकास संगठन ने विकसित किया है। यह अत्याधुनिक तकनीक से बनी 17 मीटर लंबी और दो मीटर चौड़ी अग्नि-5 मिसाइल परमाणु हथियारों से लैस होकर 1 टन पेलोड ले जाने में सक्षम है। 5 हजार किलोमीटर तक के दायरे में इस्तेमाल की जाने वाली इस मिसाइल में तीन चरणों का प्रोपल्शन सिस्टम लगाया गया है।

अग्नि-6

एक अंतरमहाद्वीपीय बैलिस्टिक मिसाइल है। जिसे भारतीय सशस्त्र बलों के इस्तेमाल के लिए रक्षा अनुसंधान एवं विकास संगठन द्वारा विकसित की जा रही है।

सूर्या

सूर्या भारत का विकसित किया जा रहा प्रथम अन्तरमहाद्वीपीय प्राक्षेपिक प्रक्षेपास्त्र का कूटनाम है। माना जाता है कि रक्षा अनुसंधान एवं विकास संगठन (डी.आर.डी.ओ) ने 1994 में इस परियोजना को आरम्भ कर दिया था।

पनडुब्बी प्रक्षेपित बैलिस्टिक मिसाइल

पनडुब्बी प्रक्षेपित बैलिस्टिक मिसाइल एक बैलिस्टिक मिसाइल है जिसे पनडुब्बी से प्रक्षेपित किया जाता है। यह एक ऐसी हथियार प्रणाली है जो पनडुब्बियों से परमाणु हथियार पहुंचाने में सक्षम है, जो परमाणु निरोध रणनीति का एक महत्वपूर्ण हिस्सा है।

के-15 सागारिका

सागारिका भारतीय सेना में शामिल एक परमाणु हथियारों का वहन करने में सक्षम प्रक्षेपास्त्र है जिसे पनडुब्बी से प्रक्षेपित किया जा सकता है। इसकी सीमा 700 किलोमीटर यानी 435 मील है।

के-4 एसएलबीएम

के-4 एक परमाणु क्षमता सम्पन्न मध्यम दूरी का पनडुब्बी से प्रक्षेपित किया जाने

वाला प्रक्षेपास्त्र है जिसे भारत सरकार के रक्षा अनुसंधान एवं विकास संगठन के द्वारा बनाया जा रहा है। यह प्रक्षेपास्त्र मुख्यत: अरिहंत श्रेणी की परमाणु पनडुब्बियों का हथियार होगा। इस प्रक्षेपास्त्र की मारक क्षमता 3500 किलोमीटर है।

के-5 एसएलबीएम

के-5 मिसाइल कथित तौर पर भारतीय सामरिक बलों के लिए रक्षा अनुसंधान एवं विकास संगठन (डीआरडीओ) द्वारा विकासाधीन पानी के नीचे प्लेटफार्मों से लांच होने वाली मिसाइल है।

सामरिक मिसाइल

सामरिक मिसाइल एक प्रकार की मिसाइल है जिसका उपयोग युद्ध के मैदान में या उसके आसपास के क्षेत्रों में दुश्मन के लक्ष्यों को नष्ट करने के लिए किया जाता है। इसे आमतौर पर कम दूरी की मिसाइल कहा जाता है।

शौर्य

शौर्य प्रक्षेपास्त्र एक कनस्तर से प्रक्षेपित सतह से सतह पर मार करने वाला सामरिक प्रक्षेपास्त्र है जिसे भारतीय रक्षा अनुसंधान एवं विकास संगठन ने भारतीय सशस्त्र बलों के उपयोग के लिए विकसित किया है। इसकी मारक सीमा 750-1900 किलोमीटर है।

प्रहार

प्रहार एक ठोस इंधन की सतह-से-सतह तक मार करने में सक्षम कम दुरी की सामरिक बैलिस्टिक मिसाइल है। यह मिसाइल भारत के रक्षा अनुसंधान एवं विकास संगठन द्वारा विकसित की गई है।

क्रूज़ मिसाइल

क्रूज मिसाइल एक निर्देशित, मानव रहित मिसाइल है जो अपने उड़ान पथ के अधिकांश भाग के लिए वायुगतिकीय लिफ्ट के माध्यम से उड़ान को बनाए रखती है। इसे लंबी दूरी पर बड़े पेलोड को उच्च सटीकता के साथ पहुंचाने के लिए डिज़ाइन किया गया है।

ब्रह्मोस-1

ब्रह्मोस एक कम दूरी की रैमजेट, सुपरसॉनिक क्रूज मिसाइल है। इसे पनडुब्बी से, पानी के जहाज से, विमान से या जमीन से भी छोड़ा जा सकता है। रूस की एन पी ओ मशीनोस्ट्रोयेनिया तथा भारत के रक्षा अनुसंधान एवं विकास संगठन ने संयुक्त रूप से

इसका विकास किया है। यह रूस की पी-800 ओंकिस क्रूज मिसाइल की प्रौद्योगिकी पर आधारित है।

ब्रह्मोस 2

रूस की एन पी ओ मशीनोस्त्रोयेनिया और भारत की रक्षा अनुसंधान एवं विकास संगठन द्वारा वर्तमान में संयुक्त रूप से विकासाधीन एक हाइपरसोनिक क्रूज मिसाइल है।

भारतीय हाइपरसोनिक मिसाइल

हाइपरसोनिक प्रौद्योगिकी प्रदर्शक वाहन एक मानव रहित इस्क्रेमजेट प्रदर्शन विमान है। इसे हाइपरसोनिक गति उड़ान के लिए विकसित किया जा रहा है। इसका विकास रक्षा अनुसंधान और विकास संगठन द्वारा किया जा रहे हैं। भारतीय हाइपरसोनिक मिसाइल का अर्थ है एक मिसाइल जो ध्वनि की गति से पाँच गुना या उससे अधिक की गति से यात्रा करती है। यह तकनीक भारत में विकसित की जा रही है और वर्तमान में कई सफल परीक्षण किए जा चुके हैं।

तेज गति: ध्वनि की गति से पांच गुना या उससे अधिक की गति इसे पारंपरिक मिसाइलों की तुलना में अधिक खतरनाक बनाती है।

कम ऊंचाई पर उड़ान: यह कम ऊंचाई पर उड़ान भर सकती है, जिससे इसे रडार के लिए ट्रैक करना मुश्किल हो जाता है।

दिशा बदलने की क्षमता: उड़ान भरने के दौरान दिशा बदलने की क्षमता इसे इंटरसेप्ट करना और भी कठिन बनाती है।

विभिन्न प्रकार के पेलोड: यह विभिन्न प्रकार के पेलोड ले जा सकती है, जो इसे भारतीय सशस्त्र बलों के लिए एक बहुमुखी हथियार बनाता है।

सटीकता: यह मिसाइल अपने लक्ष्य पर सटीक रूप से वार करने में सक्षम है।

निर्भय

निर्भय अर्थात बिना भय के एक लंबी दूरी की सबसॉनिक क्रूज मिसाइल है। इसे भारत में रक्षा अनुसंधान एवं विकास संगठन द्वारा विकसित किया गया है।

शिप लांच बैलिस्टिक मिसाइल

समुद्र आधारित बैलिस्टिक मिसाइल है, जो देश की परमाणु क्षमता का एक महत्वपूर्ण हिस्सा है। यह पृथ्वी-III मिसाइल का नौसैनिक वर्जन है, जिसे विशेष रूप से भारतीय नौसेना के जहाजों से लॉन्च करने के लिए डिजाइन किया गया है। धनुष मिसाइल भारत की सामरिक रक्षा और समुद्री शक्ति को मजबूत करती है।

धनुष

धनुष मिसाइल स्वदेशी तकनीक से निर्मित पृथ्वी प्रक्षेपास्त्र का नौसैनिक संस्करण है। यह 8.56 मीटर लंबा है। यह प्रक्षेपास्त्र परमाणु हथियारों को ले जाने की क्षमता रखता है।

टैंक भेदी मिसाइल

एंटी टैंक मिसाइल, एंटी टैंक गाइडेड हथियार या एंटी आर्मर गाइडेड हथियार एक गाइडेड मिसाइल है जिसे मुख्य रूप से भारी बख्तरबंद सैन्य वाहनों को मारने और नष्ट करने के लिए डिज़ाइन किया गया है।

नाग मिसाइल

नाग प्रक्षेपास्त्र एक तीसरी पीढ़ी का भारत द्वारा स्वदेशीय निर्मित, टैंक भेदी प्रक्षेपास्त्र है। यह उन पाँच मिसाइल प्रणालियों में से एक है जो भारत के रक्षा अनुसंधान और विकास संगठन द्वारा एकीकृत निर्देशित मिसाइल विकास कार्यक्रम के तहत विकसित की गई है।

अमोघा मिसाइल

दूसरी पीढ़ी की टैंक रोधी गाइडेड मिसाइल है। जो 2.8 किलोमीटर तक की सीमा में बिंदु पिन सटीकता से वार कर सकती है।

सतह से हवा में मार करने वाले मिसाइल

सतह से हवा में मार करने वाली मिसाइल, जिसे जमीन से हवा में मार करने वाली मिसाइल या सतह से हवा में मार करने वाले निर्देशित हथियार के रूप में भी जाना जाता है। यह एक वह मिसाइल है जिसे विमान या अन्य मिसाइलों को नष्ट करने के लिए जमीन या समुद्र से लॉन्च करने के लिए डिज़ाइन किया गया है।

कम दूरी की मिसाइल

एक बैलिस्टिक मिसाइल है जिसकी मारक क्षमता 300 किलोमीटर यानी 190 मील से 1,000 किलोमीटर यानी 620 मील तक होती है।

आकाश

आकाश प्रक्षेपास्त्र भारत द्वारा स्वदेशीय निर्मित, ज़मीन से हवा में निकट दूरी पर मार करने वाला प्रक्षेपास्त्र है।

त्रिशूल

त्रिशूल मिसाइल कम दूरी का जमीन से हवा में मार करने वाला प्रक्षेपास्त्र है, जिसकी मारक क्षमता 9 किलोमीटर है।

मध्यम दूरी की मिसाइल

मध्यम दूरी की मिसाइल को मिसाइलों के वर्गीकरण में 1,000 से 3,000 किलोमीटर की दूरी तय करने वाली मिसाइलों के रूप में परिभाषित किया जाता है. इसे "थिएटर" बैलिस्टिक मिसाइल के नाम से भी जाना जाता है।

बराक 8

बराक 8 एक भारतीय-इजरायली लंबी दूरी वाली सतह से हवा में मार करने वाली मिसाइल है।

एंटी बैलिस्टिक मिसाइल

एंटी-बैलिस्टिक मिसाइल एक सतह से हवा में मार करने वाली मिसाइल है जिसे उड़ान के दौरान बैलिस्टिक मिसाइलों को नष्ट करने के लिए डिज़ाइन किया गया है। वह इसे विस्फोटक रासायनिक या परमाणु या हिट-टू-किल काइनेटिक वाहनों के माध्यम से प्राप्त करते हैं, जिनमें स्व-चालन भी हो सकता है।

पृथ्वी एयर डिफेंस

पृथ्वी एयर डिफेंस वायुमंडल के बाहर आने वाली बैलिस्टिक मिसाइलों को अवरोधन करने के लिए विकसित एक एंटी-बैलिस्टिक मिसाइल है। यह पृथ्वी मिसाइल के आधार पर बनायीं गयी है।

एडवांस एयर डिफेंस

एडवांस एयर डिफेंस 30 किलोमीटर यानी 19 मील की ऊँचाई पर इंडो-वायुमंडल में आने वाली बैलिस्टिक मिसाइलों अवरोधन करने के लिए बनायीं गयी एक एंटी-बैलिस्टिक मिसाइल है।

हवा से हवा में मार करने वाले मिसाइल

हवा से हवा में मार करने वाले मिसाइल। यह एक ऐसी मिसाइल है जिसे एक विमान से दूसरे विमान पर दागने के लिए डिज़ाइन किया जाता है। यह मिसाइल एक विमान से दूसरे विमान को नष्ट करने के लिए इस्तेमाल होती है।

अस्त्र-अस्त्र दृश्य सीमा से परे हवा से हवा में मार करने वाला प्रक्षेपास्त्र है जिसे रक्षा अनुसंधान और विकास संगठन, भारत ने विकसित किया है। यह हवा से हवा में मार करने वाला भारत द्वारा विकसित पहला प्रक्षेपास्त्र है।

हवा से सतह में मार करने वाले मिसाइल

हवा से सतह में मार करने वाले मिसाइल को हवा से सतह पर मार करने वाली मिसाइल या हवा से जमीन पर मार करने वाली मिसाइल कहा जाता है। इसे सैन्य विमान से जमीन या समुद्र पर लक्ष्य को भेदने के लिए डिजाइन किया जाता है।

डीआरडीओ एंटी रेडिएशन मिसाइल

जिसे रुद्रम मिसाइल भी कहा जाता है। यह एक स्वदेशी रूप से विकसित हवा से सतह पर मार करने वाली मिसाइल है जिसे दुश्मन के रडार सिस्टम और अन्य वायु रक्षा प्रणालियों को नष्ट करने के लिए डिज़ाइन किया गया है। यह मिसाइल दुश्मन के वायु रक्षा को दबाने के लिए उपयोग की जाती है, जिसे SEAD यानी शत्रु की वायु रक्षा का दमन भी कहा जाता है। रुद्रम मिसाइल को रक्षा अनुसंधान और विकास संगठन द्वारा विकसित किया गया है।

डीआरडीओ एंटी रेडिएशन मिसाइल रक्षा अनुसंधान एवं विकास संगठन द्वारा विकसित की जा रही एंटी रेडिएशन मिसाइल है। यह भारत की पहली एंटी रेडिएशन मिसाइल है। यह मिसाइल दुश्मन के राडार व ट्रांसिमट सिग्नलों को खराब कर देती है।

डॉ अब्दुल कलाम के अन्य अन्वेषण

डॉ ए पी जे अब्दुल कलाम ने प्रक्षेपास्त्र के अलावा भी अन्य कर अपने सपनों के भारत को विकसित करने में मदद की।

कलाम-राजू स्टेंट

सन् 1998 में, कलाम ने हृदय रोग विशेषज्ञ भूपतिराजू सोमाराजू के साथ मिलकर एक कम लागत वाला कोरोनरी स्टेंट विकसित किया। जिसका नाम "कलाम-राजू स्टेंट" रखा गया।

कलाम-राजू टैबलेट

सन् 2012 में दोनों ने ग्रामीण क्षेत्रों में स्वास्थ्य सेवा कार्यकर्ताओं द्वारा उपयोग के लिए "कलाम-राजू टैबलेट" नामक एक टैबलेट कंप्यूटर डिज़ाइन किया।

ऑर्थोसिस कैलिपर्स

भारत को डब्ल्यूएचओ द्वारा पोलियो मुक्त घोषित किया गया। सन् 1995 और 1996 में डॉ एपीजे अब्दुल कलाम और उनकी टीम ने ऑर्थोसिस कैलिपर्स का उत्पादन करने के लिए अंतहीन काम किया, जो बाजार में उपलब्ध वजन के 1/10 वें वजन का था। इन फ्लोर रिएक्शन कैलीपर्स ने स्पीड और चलने को कम दर्दनाक और बोझिल बना दिया, जिससे बच्चों को मदद के बिना अधिक स्वतंत्र रूप से और आसानी से चलने में आसानी हुई।

लड़ाकू विमान और डॉ कलाम

डॉ. कलाम एक लड़ाकू विमान उड़ाने वाले नेतृत्व की स्थिति में पहले भारतीय बने। मद्रास इंस्टीट्यूट ऑफ टेक्नोलॉजी से वैमानिकी इंजीनियरिंग में विशेषज्ञता के बाद, उन्होंने भारत के हल्के लड़ाकू विमान परियोजना के साथ गहराई से जुड़े रहे। वह लड़ाकू विमान उड़ाने वाले पहले भारतीय राष्ट्राध्यक्ष भी बने।

मिसाइल मैन डॉ ए पी जे अब्दुल कलाम

प्रक्षेपास्त्र पुरुष यानी मिसाइल मैन डॉक्टर ए पी जे अब्दुल कलाम को बैलेस्टिक मिसाइल के लिए प्रोजेक्ट डेविल और प्रोजेक्ट वैलिएंट की जिम्मेदारियां सौंपी गई थीं। इतना ही नहीं, कलाम के नेतृत्व में ही भारत ने कई मिसाइलें जैसे पृथ्वी, अग्नि, आकाश, नाग और त्रिशूल।

एकीकृत निर्देशित मिसाइल विकास कार्यक्रम पृथ्वी का विकास 1983 में शुरू हुआ और इसका पहला परीक्षण 25 फरवरी 1988 को श्रीहरिकोटा, शार सेंटर, पोट्टिसरेमुलु नेल्लोर जिले, आंध्र प्रदेश से किया गया था। इसकी मारक क्षमता 150 से 300 किलोमीटर तक है।

डॉ ए पी जे अब्दुल कलाम को भारत के मिसाइल विकास कार्यक्रमों में उनके महत्वपूर्ण योगदान के कारण 'भारत का मिसाइल मैन' कहा जाता है। उन्होंने अग्नि और पृथ्वी मिसाइलों के विकास में महत्वपूर्ण भूमिका निभाई।

द्वितीय पोखरण परमाणु परीक्षण में दिया अहम योगदान

इसके बाद डॉ कलाम ने वर्ष 1992 से 1999 तक 'रक्षा अनुसंधान एवं विकास संगठन' में सेक्रेटरी के रूप में कार्य किया। वह प्रधानमंत्री के मुख्य वैज्ञानिक सलाहकार भी थे। वर्ष 1998 में दूसरे परमाणु परीक्षण में डॉ कलाम ने महत्वपूर्ण तकनीकी और राजनीतिक भूमिका निभाई थी। इस सफल परमाणु परिक्षण के बाद ही तत्कालीन प्रधानमंत्री अटल बिहारी वाजपेयी ने भारत को एक पूर्ण विकसित परमाणु देश घोषित किया और भारत विश्व में एक महाशक्ति के रूप में उभरा।

आजीविका

शिक्षा समाप्त होने से पहले ही हर विद्यार्थी अपने सुनहरे जीवन की कल्पना करने लगता है। उसी कल्पना को साकार करने के लिए परिश्रम भी करता है। ईश्वर हर इनसान को एक खास मकसद पूरा करने को पृथ्वी पर भेजता है। उसी दिशा में शिक्षा-दीक्षा की व्यवस्था भी ईश्वर ही करता है। भटकाता भी वही है और राह भी वही दिखाता है। सक्षम और शक्तिशाली बनाने को परिश्रम भी कराता है। जब भगवान अपने काम में सफल होता है तो इनसान उस मुकाम पर पहुंच जाता है जिसकी कल्पना वह स्वयं नहीं कर पाता लेकिन ईश्वर पहले से ही नियत कर इत्मीनान से बैठा उसकी सफलता पर इतराता है। वही भाग्यविधाता है। यही भाग्य है। होए वही जो राम रची राखा।

अगली असफलता एक बार फिर कलाम का इंतजार कर रही थी। एयरोनॉटिकल इंजिनियरिंग की पढ़ाई पूरी करने के बाद वे एच ए एल बेंगलूर में काम करने लगे थे। तय किया था कि फ्लाइंग के क्षेत्र में करियर बनाना है। लड़ाकू विमान उड़ाना उनका सपना था। इस मुकाम पर उन्हें नौकरी के दो अवसर मिले। एक वायु सेना से और दूसरा रक्षा मंत्रालय के तकनीकी विकास एवं उत्पादन निदेशालय से। दोनों इंटरव्यू की कॉल आई। उत्पादन निदेशालय का इंटरव्यू दिल्ली में हुआ। आत्मविश्वास से भरे कलाम को यह इंटरव्यू काफी आसान लगा और वह अपने चयन के प्रति आश्वस्त थे।

एक सामान्य युवक की भांति उनकी भी हार्दिक इच्छा थी कि वह भारतीय वायुसेना में बतौर पायलट बनकर देश की सेवा करें। इसके लिए उन्होंने परिश्रम किया। कलाम की प्राथमिकता में वायु सेना चयन बोर्ड का वह इंटरव्यू था। जिसकी कामयाबी उन्हें बचपन से देखे जा रहे सपने को सच कर सकती थी। उन्होंने मद्रास प्रोद्योगिकी संस्थान के निकट अपने साथियों सहित पहली बार विमान देखा था। वहां छात्रों को विमान के सब सिस्टम दिखाने के लिए दो विमान रखे गए थे। उनके प्रति कलाम के मन में गहरा आकर्षण था। उन्होंने लिखा -

"वे मुझे बार-बार अपनी ओर खींचते थे। मुझे अपनी सीमाओं से परे मनुष्य की सोचने की शक्ति की जानकारी देते थे। मेरे सपनों को पंख लगाते थे। मैंने एयरोनॉटिकल इंजीनियरिंग को उड़ान भरने के अपने आकर्षण के कारण ही

चुना था। बचपन से उड़ने की अभिलाषा मुझमें पलती रही। मेरा सबसे प्यारा सपना यही था कि सुदूर आकाश में ऊंची और ऊंची उड़ान भरती मशीन को हैंडिल किया जाए।"

वायुसेना पायलट का इंटरव्यू देहरादून में था। तामिलनाडु से देहरादून की यात्रा काफी लंबी थी। लेकिन कलाम खुशियों से भरे थे। वे उस मंजिल की ओर बढ़ रहे थे। जो अब तक उनके सपनों में दिखती थी। अब वह सच में पायलट बनने की दहलीज पर खड़े थे।

पायलट

भाग्य को तो कुछ और ही मंजूर था। वह लड़ाकू पायलट बनने के अपने सपने को पूरा करने से चूक गए। कलाम अथक प्रयास के बावजूद नौवें स्थान पर रहे। उस समय भारतीय वायुसेना में पायलट के केवल आठ पद उपलब्ध थे। पच्चीस ने इंटरव्यू दिया। कलाम नौवें स्थान पर थे। यह उनके जीवन में बहुत निराशाजनक समय था। मायूस हो घर वापस आए। बड़े भाई ने हौसला-अफजाई करते हुए कहा - *"तुम्हारी किस्मत में इससे ज्यादा लिखा है। निराशा मत हो और अपने अगले कदम की तैयारी में जुट जाओ।"*

उनके पूर्व वैज्ञानिक सलाहकार सृजन पाल सिंह उन्हें सलाह दी कि वह रोबोटिक्स, एयरोनॉटिक्स, न्यूरोसाइंसेज, पैथोलॉजी, पेलेन्टोलॉजी और मटीरियल साइंसेज जैसे क्षेत्रों में करियर बनाने का प्रयास करें।

एक अवसर पर डॉ कलाम का कहना था - *"जब वह छोटे थे, तब उन्हें पायलट, हवाई जहाजों की कहानियां अच्छी लगती थीं। विमानों के बारे में जानने के लिए वह हमेशा उत्सुक रहते थे और वह खुद पायलट बनना चाहते थे।"*

उन्होंने अपनी आत्मकथा में लिखा -

"मेरे गांव में तो गिने-चुने लोग ही विमानों पर चर्चा कर सकते थे। मेरे परिवार के लोग पढ़े-लिखे नहीं थे, लेकिन मुझे मेरे शिक्षकों से बहुत मदद मिली। मेरी जिज्ञासा एक शिक्षक ने शांत की। तब मैं 10 साल का था और पांचवी कक्षा में था। इससे मेरे जीवन की दिशा ही बदल गई।"

कलाम ने अपनी आत्मकथा में एक अन्य स्थान पर लिखा है -

"मेरे शिक्षक का नाम शिव सुब्रमण्यम अय्यर था। एक दिन 65 छात्रों की कक्षा में उन्होंने ब्लैकबोर्ड पर चित्र बना कर बताया कि पक्षी कैसे उड़ते हैं। उसी दिन वह हमें रामेश्वरम के समुद्र तट पर ले गए जहां समुद्री पक्षी उड़ रहे थे।"

इस किताब में पूर्व राष्ट्रपति कलाम ने आगे लिखा - *"हमारे शिक्षक ने बताया कि पक्षी कैसे अपने पंख फैलाते हैं, अपने पंखों और पूंछ का उपयोग कर दिशा बदलते हैं और उड़ान के पीछे क्या बल होता है... यह पक्षी के जीवन की ऊर्जा।"*

कलाम के अनुसार शिक्षक ने बताया कि विमान इसी सिद्धांत के आधार पर उड़ता है। एक घंटे के इस सबक के बाद कलाम को पक्षी की उड़ान का रहस्य समझ में आ गया। कलाम ने उल्लेख किया है -

> *"एक लेक्चर ने उनकी जिंदगी की दिशा बदल दी। मेरे शिक्षक ने मुझे जीवन का उद्देश्य दे दिया। मुझे भौतिक विज्ञान के अध्ययन का महत्व समझ में आ गया। मैंने भौतिकी को चुना। मैंने एरोनॉटिकल इंजीनियरिंग को प्राथमिकता दी और फिर रॉकेट इंजीनियर बना। उसके बाद अंतरिक्ष वैज्ञानिक।"*

जब टूट गया था डॉ अब्दुल कलाम का सबसे बड़ा सपना तब डॉ अब्दुल कलाम ने अपनी हर असफलता को एक नसीहत के तौर पर लिया। वह इनके कारणों की तह तक गए और उनकी सीख से आगे की राह चुनी। उनकी सोच थी कि निराशा से उबरने के बाद नए रास्ते खुलेंगे।

विफलताओं से सीख लेकर जो व्यक्ति आगे बढ़ता है उस सफलता निश्चित रूप से मिलती है। उनका मानना था कि जब तक विफलता की कड़वी गोली नहीं चखता, तब तक सफलता के लिए पूरे समर्पण के साथ जुट नहीं पाता।

स्वदेशी विकास के वास्तुकार डॉ कलाम मानते हैं - *"सपने वे नहीं हैं जो हम नींद में देखते हैं, बल्कि सपने वे होते हैं, जो हमें सोने नहीं देते।"*

तकनीकी विकास और उत्पादन निदेशालय में वरिष्ठ सहायक वैज्ञानिक के पद पर उनका चयन हो गया। उन्होंने फाइटर प्लेन उड़ाने का सपना टूटने के मातम की जगह नई जिम्मेदारी से जुड़े सपने देखने और उन्हें सच में बदलने के लिए खुद को समर्पित कर दिया।

कलाम ने अपनी हर असफलता को एक नसीहत के तौर पर लिया। उजाले की उम्मीद हमेशा कायम रखी।

भारतीय अंतरिक्ष अनुसंधान संगठन

पायलट बनने की ख्वाहिश रखने वाले कलाम ने हताश हुए बिना वर्ष 1962 में इसरो में अपना कदम रखा और फिर कभी भी पीछे मुड़कर नहीं देखा। इस दौरान उन्होंने कई उपग्रह प्रक्षेपण परियोजनाओं पर कार्य किया। कई परियोजनाओं पर सफलतापूर्वक कार्य करते हुए उन्होंने अग्नि और पृथ्वी नामक मिसाइलों को विकसित किया जो पूर्णतया

भारतीय तकनीक के बल पर विकसित की गई थी। अपनी आत्मकथा 'विंग्स ऑफ फायर' में उन्होंने इन सभी का विस्तार से वर्णन किया है।

सन् 1962 में वे भारतीय अंतरिक्ष अनुसंधान संगठन में आये जहाँ उन्होंने सफलतापूर्वक कई उपग्रह प्रक्षेपण परियोजनाओं में अपनी भूमिका निभाई। परियोजना निदेशक के रूप में भारत के पहले स्वदेशी उपग्रह प्रक्षेपण यान एसएलवी 3 के निर्माण में महत्त्वपूर्ण भूमिका निभाई जिससे जुलाई 1982 में रोहिणी उपग्रह सफलतापूर्वक अंतरिक्ष में प्रक्षेपित किया गया था।

डॉ ए पी जे अब्दुल कलाम की डॉ साराभाई से पहली मुलाकात 1960 के दशक में, टाटा इंस्टीट्यूट ऑफ फंडामेंटल रिसर्च के प्रोफेसर एम जी के मेनन के माध्यम से हुई थी। तब डॉ अब्दुल कलाम को इंडियन नेशनल कमेटी फॉर स्पेस रिसर्च में रॉकेट इंजीनियर के रूप में नियुक्त किया गया था। डॉ साराभाई ने डॉ अब्दुल कलाम को न केवल रॉकेट इंजीनियरिंग के क्षेत्र में उनका काम शुरू करने में मदद की, बल्कि देश के अंतरिक्ष कार्यक्रम के लिए उनकी क्षमताओं और विचारों को भी पहचाना और शामिल किया। डॉ साराभाई ने डॉ अब्दुल कलाम को न केवल तकनीकी मार्गदर्शन प्रदान किया, बल्कि उनके आत्मविश्वास को बढ़ाने में भी महत्वपूर्ण भूमिका निभाई। डॉ अब्दुल कलाम ने एक बार कहा था - *"डॉ साराभाई ने उन्हें उस समय पर जिम्मेदारी दी जब वे अपने आत्मविश्वास के निचले स्तर पर थे।"* डॉ कलाम ने डॉ साराभाई को अपने जीवन में एक प्रेरणा के रूप में माना और उनके मार्गदर्शन को अपने करियर में महत्वपूर्ण मानते थे।

डॉ साराभाई और डॉ कलाम दोनों ही देश को वैज्ञानिक और तकनीकी रूप से मजबूत बनाने के लक्ष्य से प्रेरित थे। डॉ साराभाई ने भारत को अंतरिक्ष कार्यक्रम में आगे बढ़ाने और डॉ कलाम ने भारत के मिसाइल कार्यक्रम को विकसित करने में महत्वपूर्ण भूमिका निभाई।

अपने बचपन और शिक्षकों के विषय में उन्होंने बहुत सार्थक विचार व्यक्त करते हुए अपनी आत्मकथा में लिखा है -

> *"हम सबके जीवन में अनेक अध्यापक व मार्गदर्शक आते हैं। मैं अगर बचपन में अपने माता-पिता को देखूँ तथा अपने अध्यापकों को देखूँ, तब मेरे दोस्त एवं जीजा अहमद जलालुद्दीन ने मेरे जीवन के कठिन वर्षों में मार्गदर्शन किया और मैं एक अबोध बालक से परिपक्व व्यक्ति बना। जब मैं अपने कॅरियर की दहलीज पर था, उस समय अत्यंत भाग्यशाली रहा, क्योंकि मैं डॉ विक्रम साराभाई जैसे पुरुष की छत्रच्छाया में काम कर रहा था।"*

वे एक वैज्ञानिक, शिक्षाविद्, संस्थाओं को बनानेवाले तथा दूरदर्शी व्यक्ति थे। उन्होंने आधुनिक भारत के उत्थान के लिए अथक मेहनत की तथा इस क्षेत्र में वह एक महान् चिंतक रहे। उन्होंने एक योग्य लीडर तथा बुद्धिमान व्यक्ति के बीच संतुलन बनाए रखा। यह हमारे देश का सौभाग्य था कि उन्हें आजादी के बाद अंतरिक्ष से जुड़े कार्यक्रमों का संचालन दिया गया। उनके बारे में तथा उनकी उपलब्धियों के बारे में बहुत कुछ लिखा गया। इसरो में मिली उनकी उपलब्धियों के अलावा भारतीय अंतरिक्ष मिशन के सुगठित वक्ता के साथ-साथ वह परमाणु ऊर्जा आयोग के अध्यक्ष भी रहे। इसके अतिरिक्त, उन्होंने अनेक संस्थानों की स्थापना की। इनमें से एक इंडियन इंस्टीट्यूट ऑफ मैनेजमेंट, अहमदाबाद था। मैं उन्हें जिस दृष्टि से देखता था, उनकी छवि एक उच्च श्रेणी के नायक जैसी दिखाई दी, जिन्होंने अपने कार्यक्षेत्र में उत्कृष्ट स्थान बनाया था और हम जैसे रॉकेट इंजीनियर की नजर में वे इससे भी कहीं आगे थे।

राकेट इंजीनियरिंग के एक साक्षात्कार का उल्लेख करते हुए उन्होंने लिखा है -

"मेरा साक्षात्कार डॉ विक्रम साराभाई, प्रो मेनन तथा श्री श्राफ ने लिया, जो परमाणु ऊर्जा आयोग में उप-सचिव थे। वे सभी वैज्ञानिक विषयों के माहिर थे, सब ज्ञान के भंडार थे। मैंने उस कमरे में एक अलग तरह की गर्मजोशी व शालीनता महसूस की थी। इस साक्षात्कार ने मेरे तथा डॉ विक्रम साराभाई के बीच भावी संबंधों की नींव रखी। उन्होंने मेरे बारे में पूरा विश्लेषण कर लिया था। मेरे जीवन के विभिन्न विषयों, जैसे मेरे ज्ञान की जानकारी न लेकर उन्होंने मेरे व्यक्तित्व, मेरे जीवन के लक्ष्यों के बारे में जानकारी प्राप्त की थी। मेरे जीवन में विकास की क्या सीमाएँ हैं, न केवल व्यापारिक विषयों से संबंधित, बल्कि एक सफल मनुष्य के बारे में भी जानकारी ले ली थी। वे प्रोत्साहित करनेवाले तथा मधुर भाषी थे और मेरी बातों को ध्यान से सुन रहे थे। मुझे ऐसा प्रतीत हो रहा था कि वे मेरा चयन एक इंजीनियर के लिए नहीं कर रहे हैं, बल्कि मेरी भावी सक्षमता व सामर्थ्य को देख रहे थे। वे अपना कीमती समय मेरे बारे में जानने के लिए लगा रहे थे। वे मेरा पूरा खयाल रख रहे थे। यह मेरे प्रोफेशनल जीवन में पहला अनुभव था कि किसी महान् व्यक्ति ने मेरी सोच को तथा मेरे सपनों के बारे में जानने की कोशिश की, जो देश के अंतरिक्ष ज्ञान से संबंधित थे।"

"मैं जब उनसे पहली बार मिला, मुझे साक्षात्कार के लिए 'इन्कोस्पार' में एक रॉकेट इंजीनियर के लिए बुलाया गया था। वह आमंत्रण मुझे अचानक

ही मिला था, जिसकी मुझे कोई आशा नहीं थी। हॉवरक्राफ्ट पर किए गए मेरे काम को देखा था, अतः मुझे इस साक्षात्कार में क्या पूछा जाएगा, उसका अंदाजा हो गया था। उसमें मुझसे क्या उम्मीद रखेंगे तथा उसमें भाग लेनेवाले कौन व्यक्ति हो सकते हैं, इसका मुझे थोड़ा अंदाजा था।"

"मेरे जीवन के विभिन्न विषयों, जैसे मेरे ज्ञान की जानकारी न लेकर उन्होंने मेरे व्यक्तित्व, मेरे जीवन के लक्ष्यों के बारे में जानकारी प्राप्त की थी। मेरे जीवन में विकास की क्या सीमाएँ हैं, न केवल व्यापारिक विषयों से संबंधित, बल्कि एक सफल मनुष्य के बारे में भी जानकारी ले ली थी।"

इन्कोस्पार में अपनी नियुक्ति पर वह बहुत खुश हुए। इस खुशी को उन्होंने इस प्रकार बयां किया है - "मैं 'इन्कोस्पार' में नियुक्त हो गया था। मेरे लिए वह ऐसा था, मानो मेरा सपना साकार हो गया हो! यह मेरे लिए बहुत बड़े पेशे की अच्छी शुरुआत थी। जैसे ही मैं अपने नए क्षेत्र में आया था, मैंने उस संस्थान, उसके कार्य-स्तर तथा उससे संबंधित लोगों की जानकारी प्राप्त की। मैं अपने पुराने कार्यालय से इस संस्थान की तुलना कर रहा था, जो एकदम अलग था। यहाँ का माहौल तनाव-मुक्त था। वहाँ वरीयता तथा पदों में भेदभाव नहीं बरता जाता था।"

डॉ अब्दुल कलाम में एक खास बात यह थी कि वह हर छोटी-छोटी बातों को गौर किया करते थे। उनके मूल तत्वों को समझने की कोशिश करते थे। उन्होंने डॉ विक्रम साराभाई के प्रयासों के विषय में लिखा है -

"मैंने डॉ. साराभाई की कहानी सुनी थी कि किस तरह उन्होंने 'थुंबा इक्वेटोरियल रॉकेट लॉञ्चिग स्टेशन' की स्थापना की थी। यह कहानी सुनने से मैं थका नहीं था, क्योंकि मेरा मानना था यह विज्ञान तथा आध्यात्मिक विषयों का आपस में मिलना था। ये दोनों ही विकास की मजबूत ताकत हैं। यह वर्ष 1962 की बात है। डॉ विक्रम साराभाई अंतरिक्ष अनुसंधान केंद्र की स्थापना के लिए स्थान की खोज में थे। वह अलग-अलग क्षेत्रों का भ्रमण कर रहे थे। वह केरल में धुंबा गए। यह दक्षिण भारत में भूमध्य रेखा क्षेत्र में था तथा इस कार्य के लिए उत्तम स्थान था और आयनमंडल अनुसंधान के लिए अच्छा वातावरण था। जब डॉ साराभाई थुबा गए, वहाँ बहुत से गाँव तथा हजारों मछुआरों के घर थे। उस क्षेत्र में एक पुराना सुंदर चर्च था। उसके पास ही सेंट मेरी मागडेलेन चर्च तथा बिशप का निवास था।

डॉ साराभाई ने बहुत से राजनीतिज्ञों तथा बड़े अफसरों से मिलकर शोध-कार्य के लिए उपलब्धियों को साकार किया, जो थुबा से इस प्रोग्राम को सफल बनाने से आरंभ हुई थीं। यह सपना 'एस.एल.वी.' के रूप में आकर साकार हुआ। इसी समय भारत ने अपना 'रॉकेट सहायक टेक ऑफ सिस्टम' शुरू किया, जिसे सेना के विमानों को गुप्त रूप से उड़ाने के लिए इस्तेमाल किया जा सकता था। मैं उनके काम करने के तरीके तथा उनकी दिमाग की सोच का कायल था। उनके दिमाग में डॉ साराभाई में एक अच्छे नेता व नायक होने के सभी गुण मौजूद थे, जिनके कारण वह साधारण से व्यक्ति को भी प्रभावित कर सकते थे। मेरा मानना है कि उनमें एक अच्छे लीडर के सभी महत्त्वपूर्ण गुण मौजूद थे। मैं यहाँ एक-एक करके उनके सभी गुणों की समीक्षा कर रहा हूँ।"

उठनेवाले भाव तथा अपने लक्ष्य पर पहुँचने की भरपूर क्षमता थी। दुनिया के दूसरे देश जिस लक्ष्य को हासिल करने के बारे में सोच भी नहीं सकते थे, वे उसे प्राप्त करने का हौसला रखते थे। डॉ विक्रम साराभाई से उन्होंने बहुत कुछ सीखा। डॉ विक्रम साराभाई में दूसरों को सुनने व समझने की क्षमता थी। वह हर किसी के सुझाव को ध्यान से सुनते थे। भारतीय संस्थाओं में कार्यरत उच्च अधिकारी अपने अधीन कार्मिकों को अकसर नहीं सुनते हैं, जिससे विकास की गति में रुकावट आती है। इस बारे में एक मत बन गया है कि निर्णय उच्च शिखर से नीचे तक आते हैं।

'इन्कोस्पार' में हम युवकों का समूह कम अनुभववाले इंजीनियरों का समूह था, जो उत्साह से भरे थे तथा कुछ नया करने का हौसला रखते थे। वह उनकी भावनाओं तथा उत्साह को प्रोत्साहित करते थे, ताकि सभी की सोच को नई दिशा मिल सके और यह विश्वास हो कि सब एक बड़ी संस्था के हिस्से हैं। उनके धुंबा के दौरे से पहले हम सब युवकों में एक नया उत्साह था।

डॉ अब्दुल कलाम तन्मयता से प्रयोगशाला में सावधानी से कार्य में जुट गये थे। व्यापक अर्थों में डॉ साराभाई ने भारत अंतरिक्ष के कार्यक्रम को एकीकृत रूप में एवं विनिर्माण रूप में देखा था, जिसमें रॉकेट का निर्माण, उपग्रह लॉञ्च व्हीकल तथा लांच सुविधा स्थल शामिल थे। इसके अलावा रॉकेट के ईंधन विकास से जुड़ा व्यापक कार्यक्रम प्रणोदन प्रणाली, एरोनॉटिक्स एवं एरोस्पेस सामान, ट्रेकिंग सिस्टम एवं उपकरण तथा स्पेस साइंस एवं टेक्नोलॉजी सेंटर और फिजिकल रिसर्च लैबोरेटरी, अहमदाबाद में एकत्रित किए गए। जब डॉ. साराभाई ने इस सपने को साकार करने के बारे में सोचा था, उन पर कई तरह, के प्रश्न उठाए गए थे कि क्या भारत जैसे देश के लिए रॉकेट जैसे विषयों पर कार्य करना उचित होगा,

जबकि देश की अधिकतर जनता भूख व गरीबी की समस्याओं से जूझ रही थी ?

जवाहरलाल नेहरू के साथ एक समझौता हुआ था कि अगर भारत को आत्मनिर्भर होना है या फिर विश्व में अपना स्थान बनाना है तो हमें सभी क्षेत्रों में आधुनिक एवं उन्नत प्रौद्योगिकी को अपनाना होगा, जिनसे असल जिंदगी की समस्याओं से जूझा जा सकता है। इसलिए अंतरिक्ष से जुड़ा कार्यक्रम विकसित देशों की तरह कोई नया प्रोग्राम नहीं था तथा दूसरे देशों की दौड़ में साथ रहना नहीं था, बल्कि यह समय की माँग थी कि किस तरह से इस तकनीक को अपनाकर दूरसंचार, मौसम विज्ञान तथा शिक्षा के क्षेत्र में सफलता प्राप्त की जाए।

डॉ. साराभाई की तीसरी विशेषता का उल्लेख करते हुए उन्होंने लिखा है -

"जिसे मैंने महसूस किया और अपने जीवन में भी अपनाया कि उनमें टीम बनाकर काम करने की निपुणता थी। डॉ साराभाई में यह विचित्र गुण था। वे निश्चित कार्य के लिए सही व्यक्ति का चयन करना जानते थे। उसके बाद उस व्यक्ति को हर मोड़ पर प्रोत्साहित करते थे। भले ही उसमें अनुभव की कमी हो, वे उसे हर तरह से सहायता देते थे। अपनी टीम का हौसला बढ़ाने का उनका अपना ही तरीका था, जो एक सफल तथा निपुण टीम लीडर और अंत में, उनकी सबसे अलग विशेषता थी - वह असफलता मिलने पर उससे आगे सोचते थे। मुझे याद है कि थुंबा में हम एस.एल.वी. की कार्य-प्रणाली तथा प्रौद्योगिकी पर कार्य कर रहे थे। यान के 'नोस कॉन-सिस्टम' के बारे में प्रयोग कर रहे थे, जब डॉ. साराभाई को बटन दबाना था, जो टाइमर सर्किट से जुड़े होने के कारण - जिससे पाइरो सिस्टम अपने आप काम करने लगता - लेकिन जब उन्होंने बटन दबाया तो कुछ भी नहीं हुआ।"

डॉ विक्रम साराभाई की सबसे अलग विशेषता के बारे में लिखना डॉ अब्दुल कलाम नहीं भूले। उन्होंने लिखा है -

"वह असफलता मिलने पर उससे आगे सोचते थे। मुझे याद है कि धुंबा में हम एस.एल.वी. की कार्य-प्रणाली तथा प्रौद्योगिकी पर कार्य कर रहे थे। यान के 'नोस कॉन-सिस्टम' के बारे में प्रयोग कर रहे थे, जब डॉ साराभाई को बटन दबाना था, जो टाइमर सर्किट से जुड़े होने के कारण-जिससे पाइरो सिस्टम अपने आप काम करने में पाया जाता है, विशेषतः हमारे कार्यक्षेत्र में, जिसमें असफलताएँ हर समय जुड़ी रहती हैं। वे जब समझते थे कि परिस्थितियाँ कठिन हो सकती हैं, ऐसे वक्त में भी वे हमारी हिम्मत बढ़ाते थे तथा यह जानते

हुए भी कि हमने अपने ध्येय को प्राप्त नहीं किया है, वे ऐसे में हमें तनाव-मुक्त रखने के लिए माहौल को खुशनुमा बना देते थे। उनकी इस भावना के कारण सभी सदस्य उनके साथ ईमानदारी से खड़े रहते थे तथा उनके लक्ष्य की प्राप्ति में पूरा सहयोग देते थे। हर कोई यह जानता था कि उसे पूरा सहयोग मिलेगा तथा उसकी मेहनत को पूरा महत्त्व दिया जाएगा।"

एक शाम डॉ साराभाई ने डॉ अब्दुल कलाम को कोवलम पैलेस होटल, त्रिवेंद्रम में बुलाया। डॉ अब्दुल कलाम के मन में उस समय चिंता का भाव था। किंतु डॉ विक्रम साराभाई उनसे अपने पुराने अंदाज में ही मिले। दोनों ने रॉकेट लांच स्टेशन के बारे में बातचीत की। उसके बाद वह दोनों सुबह की घटना के बारे में बात करने लगे। डॉ अब्दुल कलाम समझ गये कि उन्हें इस बारे में विरोध को सुनना पड़ेगा। डॉ साराभाई उससे जुड़े विषय पर विस्तृत चर्चा करने लगे- क्या हम अपने कार्य के लिए उत्साहित नहीं हैं या फिर यह कार्य हमारे लिए चुनौतीपूर्ण है ? उनसे बात करके डॉ विक्रम साराभाई सुबह की घटना की तह तक पहुँच गए थे।

अपने परम शुभचिंतक डॉ साराभाई की मृत्यु की सूचना मिलते ही डॉ कलाम को बड़ा आघात लगा। उनकी मौत अचानक ही हुई थी। सन् 1971 में डॉ अब्दुल कलाम डॉ विक्रम साराभाई से दिल्ली से बात की थी। जिसमें डॉ कलाम ने उन्हें मिसाइल पैनल की मीटिंग के बारे में जानकारी दी थी। उस पैनल में डॉ अब्दुल कलाम कुछ दिन पहले ही में शामिल हुए थे। डॉ विक्रम साराभाई ने उन्हें तिरुवनंतपुरम एयरपोर्ट पर मिलने के लिए कहा। वह दिल्ली से बंबई की यात्रा पर थे। दुर्भाग्य से मुलाकात न हो सकी। डॉ अब्दुल कलाम लिखते हैं -

"तिरुवनंतपुरम एयरपोर्ट पर कुछ घंटों के बाद मुझे यह समाचार मिला कि डॉ विक्रम साराभाई दिल के दौरे के बाद दुनिया छोड़ गए हैं। मुझे यह ज्ञात हुआ कि उनकी मौत मुझसे बात करने के लगभग एक घंटे बाद हुई थी। वह व्यक्ति, जिसने देश के विकास के लिए वैज्ञानिकों एवं इंजीनियरों को तैयार किया था, वे सबके महत्त्वपूर्ण पदों पर आसीन होकर अपनी जिम्मेदारी निभा रहे थे; लेकिन वह महान् व्यक्ति, जो एक महान् वैज्ञानिक तथा श्रेष्ठ नेतृत्वकर्ता था, आज हमारे साथ नहीं था। वह हमें अकेला छोड़ गया था। लेकिन जाने से पहले वह हम सबमें ज्ञान का भंडार भर गया था, हमें धैर्यवान् व दूरदर्शी बना गया था। उनके प्रति हमारी सच्ची श्रद्धांजलि यही हो सकती है कि हम उनके विश्वास को कायम रखें तथा हम सब में जो काबिलियत थी, जिसे उन्होंने

पहली ही मीटिंग में परखा था, उस पर हम सब खरे उतरें।"

अपना एक प्रसंग साझा करते हुए डॉ कलाम ने लिखा है -

"शायद मेरे साथ यह अनहोनी होती रही है। मैं जिसके बहुत नजदीक आता था, वह बिना किसी संदेश के अचानक मुझे छोड़कर चला जाता था और हर बिछुड़नेवाले इनसान को लेकर मुझे एक अजीब दुःख की लहर से होकर गुजरना पड़ता था। हर समय उस व्यक्तित्व के गुणों को मैं अपने में आत्मसात् करने की कोशिश करता था। मैं अपने में उनके अच्छे गुण समा लेता था - भले ही वह बिना मतलब का प्यार हो, उनकी सज्जनता का भाव हो, धर्म-निष्ठा हो। डॉ. साराभाई में अपने लक्ष्य की ओर आगे देखने की शक्ति थी। योजनाओं की रूपरेखा बनाना, उन्हें तैयार करना तथा उनका सृजन करना। अगर मैं उन सब में थोड़े से गुणों को भी अपने कार्यक्षेत्र में कार्यान्वित कर सकूँ या अपने जीवन में प्राप्त कर सकूँ तथा उनके सपनों को साकार कर सकूँ तो मैं स्वयं को भाग्यशाली मानूँगा।"

डॉ ए पी जे अब्दुल कलाम ने अपनी आत्मकथा में हर छोटे-बड़े अनुभवों को साझा किया है। आत्मकथा लिखने वाला जब अपने बारे में सच्चाई को बयां करता है तभी उसके सफल होने की सीख युवाओं को मिलती है। डॉ कलाम ने 'नासा' के अनुभव को इन शब्दों में बयां किया है -

"नासा में मैंने अपना काम लैंगले रिसर्च सेंटर से शुरू किया। 'नासा' का यह संस्थान वर्जीनिया राज्य के हैंपटन शहर के पास है। एल.आर.सी. अत्याधुनिक एयरो स्पेस टेक्नोलॉजी के लिए शोध एवं विकास का प्राथमिक केंद्र है। एल.आर.सी. की यादों में मुझे एक बात आज भी याद है। यहाँ एक अद्भुत मूर्ति रखी हुई है। इस मूर्ति में एक सारथि दो घोड़ों को हाँकते हुए दिखाया गया है। इन दो घोड़ों में एक घोड़ा वैज्ञानिक शोध को प्रदर्शित कर

रहा है और दूसरा तकनीकी विकास को। कुल मिलाकर यह मूर्ति शोध एवं विकास के बीच अंतः संबंध को प्रदर्शित कर रही है। एल. आर. सी. से मैं मेरीलैंड में ग्रीनबेल्ट स्थित गॉडर्ड स्पेस फ्लाइट सेंटर चला गया। यह केंद्र 'नासा' के ज्यादातर उपग्रहों का विकास करता है और उनके प्रबंधन का काम देखता है। ये ज्यादातर उपग्रह विज्ञान एवं अनुप्रयोगों से संबंधित होते हैं। यह केंद्र नासा के सभी अंतरिक्ष मिशनों के नेटवर्क का संचालन करता है। अपने अमेरिकी दौरे के अंत में मैं वर्जीनिया के पूर्वी तटीय द्वीप वैलप स्थित वैलप फ्लाइट फैसेलिटी गया। यह स्थान नासा के रॉकेट कार्यक्रमों का मुख्य आधार था। यहाँ मैंने स्वागतकक्ष में विशेष रूप से लगाई गई एक पेंटिंग देखी। उस पेंटिंग में एक युद्ध के दृश्य को चित्रित किया गया था और इस युद्ध दृश्य की पृष्ठभूमि में कुछ रॉकेट उड़ते हुए दिखाए गए थे। एक फ्लाइट फैसेलिटी में इस तरह की पेंटिंग बहुत ही मामूली वस्तु की तरह होनी चाहिए; लेकिन इसपर मेरी निगाहें ठहर गई थीं, क्योंकि इसमें रॉकेट छोड़े जानेवाली जगह पर खड़े जो सैनिक दिखाए गए थे वे श्वेत नहीं बल्कि अश्वेत थे। ठीक उसी वर्ण के जैसे दक्षिण एशिया में होते हैं।"

परियोजना महानिदेशक

भारतीय अंतरिक्ष अनुसंधान संगठन के परियोजना महानिदेशक के रूप में अब्दुल कलाम ने भारत का पहला स्वदेशी उपग्रह (एस.एल.वी. तृतीय) प्रक्षेपास्त्र बनाने का श्रेय हासिल किया। सन् 1980 में इन्होंने रोहिणी उपग्रह को पृथ्वी की कक्षा के निकट स्थापित किया था। इस प्रकार भारत भी अंतर्राष्ट्रीय अंतरिक्ष क्लब का सदस्य बन गया।

इसरो लॉन्च व्हीकल प्रोग्राम को परवान चढ़ाने का श्रेय भी इन्हें प्रदान किया जाता है। कलाम ने स्वदेशी लक्ष्य भेदी नियंत्रित प्रक्षेपास्त्र (गाइडेड मिसाइल्स) को डिजाइन किया। डॉ कलाम ने देश को अनेक प्रक्षेपास्त्र दे कर सुरक्षित भारत बनाया।

पृथ्वी मिसाइल

पृथ्वी एक सामरिक सतह से सतह पर मार करने वाली कम दूरी की बैलिस्टिक मिसाइल है जिसे भारत के रक्षा अनुसंधान एवं विकास संगठन ने एकीकृत निर्देशित मिसाइल विकास कार्यक्रम के तहत विकसित किया है। इसे भारत के सामरिक बल कमान द्वारा तैनात किया जाता है।

पृथ्वी I : सेना संस्करण, 1,000 किलोग्राम यानी 2,200 पाउंड के पेलोड के साथ 150 किलोमीटर यानी 93 मील की मारक क्षमता है।

पृथ्वी II : वायु सेना संस्करण,350 किलोग्राम यानी 220 मील दूर की मारक क्षमता, 500 किलोग्राम यानी 1,100 पाउंड के पेलोड के साथ।

पृथ्वी III : नौसैनिक संस्करण, 1,000 किलोग्राम यानी 2,200 पाउंड के पेलोड के साथ 350 किलोमीटर यानी 220 मील की मारक क्षमता।

इन्होंने अग्नि एवं पृथ्वी जैसे प्रक्षेपास्त्रों को स्वदेशी तकनीक से बनाया था। कलाम जुलाई 1992 से दिसम्बर 1999 तक रक्षा मंत्री के विज्ञान सलाहकार तथा सुरक्षा शोध और विकास विभाग के सचिव थे। उन्होंने रणनीतिक प्रक्षेपास्त्र प्रणाली का उपयोग आग्नेयास्त्रों के रूप में किया। इसी प्रकार पोखरण में दूसरी बार परमाणु परीक्षण भी परमाणु ऊर्जा के साथ मिलाकर किया। इस तरह भारत ने परमाणु हथियार के निर्माण की क्षमता प्राप्त करने में सफलता अर्जित की। कलाम ने भारत के विकासस्तर को 2020 तक विज्ञान के क्षेत्र में अत्याधुनिक करने के लिए एक विशिष्ट सोच प्रदान की। यह भारत सरकार के मुख्य वैज्ञानिक सलाहकार भी रहे। सन् 1982 में वे भारतीय रक्षा अनुसंधान एवं विकास संस्थान में वापस निदेशक के तौर पर आये और उन्होंने अपना सारा ध्यान "गाइडेड मिसाइल" के विकास पर केन्द्रित किया। अग्नि मिसाइल और पृथ्वी मिसाइल का सफल परीक्षण का श्रेय काफी कुछ उन्हीं को है। जुलाई 1992 में वे भारतीय रक्षा मंत्रालय में वैज्ञानिक सलाहकार नियुक्त हुये। उनकी देखरेख में भारत ने 1998 में पोखरण में अपना दूसरा सफल परमाणु परीक्षण किया और परमाणु शक्ति से संपन्न राष्ट्रों की सूची में शामिल हुआ।

प्रभावशाली प्रसंग

एक महान वैज्ञानिक के सभी प्रसंगों का वर्णन करना बहुत मुश्किल काम है। अतः उनके अनुभव उन्हीं के शब्दों में पढ़ना अधिक प्रेरणादायक है। उन्होंने लिखा -

> "मैं आज भी कुछ ऐसी घटनाओं को याद करता हूँ, जिनका मेरे जीवन पर गहरा प्रभाव पड़ा। जब मैं एस.एल.वी.-3 सैटेलाइट लॉन्च व्हीकल तथा पहली स्वदेशी मिसाइल 'अग्नि' की प्रोजेक्ट टीम का प्रमुख था, तब सरकार और जनता दोनों ने मुझसे एवं मेरी टीम से काफी आशाएँ लगा रखी थीं। उस समय मीडिया इतनी बारीकी और गहराई से जाँच कर रहा था कि आज तो ऐसा लगभग नहीं के बराबर है। एस.एल.वी. पहले ही चरण में असफल रहा तथा इसी तरह से 'अग्नि' का परीक्षण कठिन परिस्थितियों से गुजर रहा था। इसमें भी कई उतार-चढ़ाव देखे जा रहे थे तथा इसके लॉन्च से पहले की

कठिनाइयाँ नजर आ रही थीं। इन दोनों ही विसंगतियों के कारण मैं और मेरी पूरी टीम चिंता में थी।"

"हम पर काफी दबाव बना हुआ था, क्योंकि इससे काफी उम्मीदें बँधी थीं। इन दोनों शोध कार्यों में आई कठिनाइयों के कारण हमें कई नकारात्मक असर देखने को मिल रहे थे। इस माहौल में अनेक कठिनाइयों से गुजरने के बाद मिली हमारी सफलताएँ भी धूमिल दिखाई दे रही थीं। हमारे अंतरावलोकन तथा कमियों की समीक्षा करने की यादें अब तक मेरे साथ बनी हुई हैं। जिस बात ने मुझ पर सबसे ज्यादा असर डाला, वह थी उन सहयोगियों के विचार, जो इसके डिजाइन से जुडे थे, जिनमें समर्पण का कुछ अलग सा भाव था। ये लोग इस प्रक्रिया में कई तकलीफों से गुजरे थे। मैंने अपने जीवन-काल में हर समय इसे महसूस किया तथा मैं उन अनुभूतियों को शब्दों में बयान नहीं कर सका।"

"सन् 1960 तथा 1970 के दशक में मैं 'थुंबा इक्वेटोरियल रॉकेट लॉचिंग स्टेशन' में कार्य कर रहा था। डॉ विक्रम साराभाई के अधीन हम अपने रॉकेट, एस.एल.वी. तथा सैटेलाइट बना रहे थे। इसके अलावा हम कुछ प्रयोगशालाओं में भी कार्य कर रहे थे, जिससे ध्वनि रॉकेट के लिए पेलोड तैयार किया जा सके। अधिकतर सभी भौतिक प्रयोगशालाएँ ध्वनि रॉकेट के पेलोड के प्रोग्रामों से जुड़ी हुई थीं। सभी के पास अपना मिशन तथा पेलोड था। इन पेलोड को रॉकेट के ढाँचे के साथ एकीकृत करना था। मेरा एक साथी, जो कि पेलोड तैयार करने की लैब से जुड़ा था, उसका नाम सुधाकर था। एक बार हम लॉञ्च के पहले की प्रक्रिया में एक खतरनाक प्रयोग के लिए तैयार हो रहे थे, जिसमें सोडियम एवं थरमाइट का मिश्रण भरना था। यह प्रयोग थुंबा में किया जा रहा था, जो पूर्वी तट पर स्थित है, जहाँ बहुत गरमी तथा उमस का माहौल था। सुधाकर और मैं बहुत देर तक कार्य में व्यस्त रहे। वहाँ बहुत गरमी थी, जिससे हम अनभिज्ञ थे। लगभग छह मिश्रणों के बाद हम लैब में निरीक्षण के लिए अंदर चले गए कि क्या उसमें मिश्रण ठीक से भरा गया है। हम विज्ञान के मुख्य सिद्धांत को भूल गए थे कि शुद्ध सोडियम जब पानी से मिलता है तो उसका स्वरूप खतरनाक हो सकता है। मैं और सुधाकर जब निरीक्षण के लिए झुके, सुधाकर के माथे पर आई पसीने की बूँद उसपर गिर गई। इसके बाद जब तक हम कुछ समझ पाते, एक भारी विस्फोट ने हमें पीछे की ओर धकेल दिया।"

"कुछ क्षणों के लिए उस सदमे ने मुझे पंगु बना दिया। उस धमाके ने सारे कमरे को हिला दिया तथा हम दोनों नीचे गिर गए। कुछ ही देर के बाद उस धमाके के बाद वहाँ आग लग चुकी थी। हमारे सामने वह सारी प्रयोगशाला बुरी तरह जलने लगी। वह आग सोडियम के कारण लगी थी, इसलिए उसपर पानी का भी असर नहीं हो सकता था। सोडियम के कारण लगी थी, इसलिए उसपर पानी का भी असर नहीं हो सकता था। इससे वह कुछ और भयानक रूप ले सकती थी। अब वह सारी लैब एक भयंकर आग का रूप ले चुकी थी। बाद में, मैं जब उस घटना से उबर पाया, वह सारी घटना मेरे सामने धीमे क्रम से चलने लगी। एक-एक करके यह दुर्घटना धमाका तथा बाद में भयंकर आग के रूप में सामने आने लगी। अगर यथार्थ में देखा जाता, वह सबकुछ क्षणों में ही घटित हो गया था। जब तक मैं अपने पैरों पर खड़ा होता, सुधाकर ने अपने चौकन्ने दिमाग का परिचय दिया। उसने अपने हाथों से खिड़की के शीशों को तोड़ दिया। इसके बाद बिना किसी हिचकिचाहट के वह मेरी तरफ मुड़ा तथा मुझे बाहर धकेल दिया। वहाँ से कूदने से पहले, यह सबकुछ ही देर में ही घटित हुआ था। अगर कोई इस आग की भयंकरता को देखता तो यह अंदाजा लगाना मुश्किल था कि कोई उस आग से कैसे बचकर आ सकता है।"

इस घटना का उल्लेख करते हुए डॉ अब्दुल कलाम ने आगे लिखा है -

"मुझे बचाने के कारण सुधाकर बुरी तरह से जख्मी हो गया था। वह बुरी तरह से जला तो था ही इसके साथ ही उसके द्वारा शीशे तोड़ने के कारण उसके हाथ भी बुरी तरह से खून से भर गए थे। हम उस कमरे से दूर जा चुके थे, जो अब बुरी तरह से आग की लपटों के सुपुर्द हो गया था। मैं सुधाकर के पास गया तथा उसे मेरी जिंदगी बचाने के लिए धन्यवाद दिया। वह बुरी तरह से दर्द से पीड़ित होने के बावजूद मुसकरा रहा था, पर उसने मेरी भावनाओं को सम्मान दिया। इसके बाद उसे उन जख्मों व चोटों के कारण हफ्तों अस्पताल में रहना पड़ा।अस्पताल में रहना पड़ा। मेरे लिए वह दुर्घटना बहुत भयंकर थी, बल्कि मैं इतने बड़े खतरे से निकलने के बाद जीवित रहने के भाव को महसूस कर रहा था। यह जानते हुए कि कोई तुम्हारी जान को बचाने के लिए किस तरह से आश्चर्यजनक रूप से तथा सादगी से अपनी जान को दाँव पर

लगा सकता है - यह अनुभव मेरे लिए अनोखा ही था। वे लोग, जो बच जाते हैं अगर सुधाकर की बहादुरी की घटना को देखा जाए, वह स्थायी प्रेरणा का स्रोत बन रही थी। मैं जब भी अपनी छोटी-छोटी उपलब्धियों को प्राप्त करने के लिए स्वयं को महत्त्व देता हूँ, अपने को बड़े परिवेश या आकार में देखता हूँ तो मुझे यह अहसास होता है कि मैं इस संसार में करोड़ों लोगों में से एक हूँ, उसी समय मैं इस महान् व्यक्ति को याद करना नहीं भूलता तथा खतरनाक हालात से निकल जाते हैं, उनके साथ कई तरह के भाव जुड़ जाते हैं- खतरे से बाहर आने का भाव, दोष तथा कृतज्ञता के भाव उमड़ने लगते हैं। अगर सुधाकर यह महसूस करता है कि मेरी जिंदगी ज्यादा कीमती थी, इसलिए उसने अपनी जिंदगी की परवाह न करके मुझे बचाया तो मुझे भी उससे अधिक सोचे बिना उस काम में जुट जाना चाहिए, जिसे हम सब मिलकर कर रहे थे। अगर सुधाकर की बहादुरी की घटना को देखा जाए, वह स्थायी प्रेरणा का स्रोत बन रही थी। मैं जब भी अपनी छोटी-छोटी उपलब्धियों को प्राप्त करने के लिए स्वयं को महत्त्व देता हूँ, अपने को बड़े परिवेश या आकार में देखता हूँ तो मुझे यह अहसास होता है कि मैं इस संसार में करोड़ों लोगों में से एक हूँ, उसी समय मैं इस महान् व्यक्ति को याद करना वह दिखने में हम जैसा एक वैज्ञानिक लगता था, जो कि नौकरी कर रहा था। फिर भी वह हम सबसे आगे निकल चुका था, क्योंकि उसके मन से डर का भाव समाप्त हो गया था। उसने अपनी जिंदगी की परवाह किए बिना एक वीरतापूर्ण कार्य किया था।"

जैसा पहले भी उनके शब्दों में लिखा है कि डॉ कलाम के साथ अनेक घटनाएं होती रहती थी। ऐसी ही एक और घटना का उल्लेख करते हुए लिखा है -

"एक और घटना मुझे याद आ रही है, जिसने मेरे मन पर दर्द की गहरी छाप छोड़ी थी। यह घटना सन् 1999 की अरक्कोनम दुर्घटना थी। उस घटना ने मुझे अपार पीड़ा दी थी, मेरे अहं को सदा के लिए बदल दिया था। यह अनुभव मुझमें घर कर गया था। इसके साथ ही इस घटना की यादें मेरे दिल में मेरे काम के साथ बस चुकी थीं। कुछ वर्षों पहले जब मैं अपने दोस्त के साथ पुस्तक लिखने में लगा हुआ था, मैं दर्द व भावनाओं में न डूबकर इस घटना को पूरी तरह से बयान कर सका।"

डॉ ए पी जे अब्दुल कलाम अपने काम और सामाजिक दायित्वों को पूरा करना कभी नहीं भूलते थे। एक घटना का उल्लेख करते डॉ कलाम ने अपनी आत्मकथा में वर्णन किया है -

"11 जनवरी, 1999; दो वायुयान बंगलौर से अरक्कोनम-चेन्नई समुद्र तट पर वैज्ञानिक मिशन 'आकाशीय निगरानी प्लेटफॉर्म' के लिए भेजे गए, जिनमें एयरक्राफ्ट निगरानी व्यवस्था की गई थी। उसमें मोटोडोम के रूप में सबसे ऊपर वायुयान निगरानी प्रणाली के साथ एवरो था, जिसके विमान की बॉडी पर तश्तरी या डिश जैसा ढाँचा था। वह 10,000 फीट तक उड़ान भर सकता था तथा उसे रडार के प्रयोग के लिए उतारा गया था। एवरो के उड़ान भरने के 15 मिनट पहले ए एन-32 ने बंगलौर से उड़ान भरी थी। यह रडार टेस्टिंग का टारगेट विमान था। इस प्रयोग की प्रक्रिया लगभग डेढ़ घंटे तक ठीक-ठाक चलती रही। यह यान रडार की परिधि में रहा, जिससे हम सब बहुत खुश थे। ए एन-32 अरक्कोनम तट पर 4 बजे पहुँचा। एवरो ए.एस.पी. इसी समय अरक्कोनम के लिए उड़ाया गया। जब यह 10,000 फीट की ऊँचाई से 5,000 फीट तक पहुँचा, तब तक सब सामान्य ही चल रहा था, लेकिन एवरो जब एयरफील्ड से 5 नॉटिकल मील दूर था तथा 3,000 और 5,000 फीट के बीच ऊँचाई पर था, तब वह मोटोडोम नीचे गिर गया। संतुलन के बिगड़ने से एयरक्रॉफ्ट डगमगाने लगा और दुर्घटनाग्रस्त हो गया। दुर्भाग्यवश उस यान में बैठे सभी 8 लोग मारे गए। जब यह सूचना मुझे दी गई, मैं साउथ ब्लॉक में रक्षा अनुसंधान परिषद् की मीटिंग में था। मैंने मीटिंग बीच में छोड़ दी और एयर चीफ मार्शल ए.वाई. टिपनिस के साथ बंगलौर की ओर रवाना हो गया था। आगामी दिन बहुत कारुणिक थे। मैं शहीद परिवारवालों से मिला था, जिनमें कुछ जवान विधवाएँ थीं, जिनके पति उस दुर्घटना में शहीद हो गए थे। आगामी दिन बहुत कारुणिक थे। मैं शहीद परिवारवालों से मिला था, जिनमें कुछ जवान विधवाएँ थीं, जिनके पति उस दुर्घटना में शहीद हो गए थे। कुछ के पास उनके छोटे बच्चे थे। मुझे समझ में नहीं आ रहा था कि मैं उन सबको कैसे दिलासा दूँ, जिनके प्रिय पति तथा बेटे इस रक्षा के परीक्षण में अपनी जान दे चुके थे? क्या उन लोगों को धीरज दिया जा सकता था, जिनका भयानक डर सच बनकर सामने आया था? मैं उस समय बिल्कुल निःशब्द हो चुका था तथा मानसिक रूप से खामोश हो गया था, जब एक माँ अपने बच्चे की तरफ इशारा

करके कहने लगी, "अब इस छोटे बच्चे की देखभाल कौन करेगा?" एक और माँ ने भी कुछ ऐसा ही कहा, जो मेरे दिल को छू गया- "आपने हमारे साथ ऐसा क्यों किया ?"

वह विस्फोट इतना भयानक था कि दुर्घटना के बाद आठों मृतकों का कोई निशान नहीं मिला था। कुछ ताबूत परिजनों की तसल्ली के लिए बनवाए थे। इनको वायुसेना के मुख्य हॉल में रखा। डॉ अब्दुल कलाम ने उन शहीदों को श्रद्धांजलि देते हुए उनके लिए एक भाषण दिया। उन्होंने अपनी आत्म वेदना को बयां करते हुए लिखा है - *"मैं जब अपने कमरे में वापस आया तो दुःख में डुबा हुआ था। मैं स्वयं को कसूरवार समझ रहा था। मैंने अपनी डायरी में लिखा-*

चिराग अलग-अलग हैं,
पर
नूर तो एक है
लौटा दी
संसार को खुशियाँ
मेरी आत्मा में
बस तेरी ही
टेक है।

"इस घटना के कई वर्ष गुजरने के बाद मैं अपने दफ्तर साउथ ब्लॉक से राष्ट्रपति भवन में चला गया था, लेकिन मेरे साथ उन विधवाओं की चीखें थीं। इसके साथ ही उजड़े हुए शहीदों के निराश्रित अभिभावक थे तथा छोटे बच्चों की किलकारियाँ थीं, जो मेरे मन में आज भी मौजूद थीं। यह सच था कि वे सब अपने चहेतों को दोबारा नहीं देख सकते थे, जो उन सबको इस हाल में छोड़कर जा चुके थे और सिर्फ ताबूत के चिह्न बनकर रह गए थे। यह सब सोचने मात्र से मेरा दिल टूट जाता था। जब वैज्ञानिक एवं रक्षा तकनीकों के नए आविष्कारों की चर्चा होगी, क्या राज करनेवाले लोग इन्हें याद करेंगे कि प्रयोगशालाओं में तथा मैदानों में इन लोगों ने अपना बलिदान दिया? राजनीति से जुड़े लोग शायद इन बलिदानों, परिश्रमों तथा नैतिक गुणों के बिना इस देश का निर्माण नहीं कर सकते थे। यही वास्तव में देश-निर्माण है।"

ज्यादातर दूसरे से ज्यादा शक्ति हासिल कर लेते हैं तो सोचते हैं कि उन्नति के शिखर पर पहुँच गए हैं। ऐसे समय में ही पीछे मुड़कर देखना चाहिए और पता होना चाहिए कि किन व्यक्तियों के कठिन परिश्रम तथा बलिदान से हमने अपने किले बनाए हैं। इस मसले पर अपने

विचार व्यक्त करते हुए डॉ अब्दुल कलाम ने लिखा है - *"जब मैं अपने मित्र श्री अरुण तिवारी से ऐसे ही एक मुद्दे में बात कर रहा था तो उन्होंने मुझसे पूछा - इसका क्या संदेश है?"*

मेरा जवाब था–

"अपने को एक मोमबत्ती न समझकर खुद को एक पतंगे की तरह मान लो। भाव को छिपी हुई शक्ति समझो। हम सिर्फ राजनीतिक घटनाओं को ही देश-निर्माण समझते हैं; परंतु बलिदान, परिश्रम तथा निर्भयता ही सही अर्थों में देश बनाते हैं।"

आत्मीय क्षण

वाजपेयी की कलाम से पहली मुलाकात अगस्त, 1980 में हुई थी जब तत्कालीन प्रधानमंत्री इंदिरा गाँधी ने उन्हें और प्रोफ़ेसर सतीश धवन को एसएलवी 3 के सफलतापूर्ण प्रक्षेपण के बाद प्रमुख साँसदों से मिलने के लिए बुलवाया था।

कलाम को जब इस आमंत्रण की भनक मिली तो वो घबरा गए और धवन से बोले, सर मेरे पास न तो सूट है और न ही जूते। मेरे पास ले दे के मेरी चेर्पू है (चप्पल के लिए तमिल शब्द)। तब सतीश धवन ने मुस्कराते हुए उनसे कहा था, 'कलाम तुम पहले से ही सफलता का सूट पहने हुए हो। इसलिए हर हालत में वहाँ पहुंचो।'

मशहूर पत्रकार राज चेंगप्पा अपनी किताब 'वेपेंस ऑफ़ पीस' में लिखते हैं, 'उस बैठक में जब इंदिरा गाँधी ने कलाम का अटल बिहारी वाजपेयी से परिचय कराया तो उन्होंने कलाम से हाथ मिलाने की बजाए उन्हें गले लगा लिया। यह देखते ही इंदिरा गाँधी शरारती ढंग से मुस्कराई और उन्होंने वाजपेयी की चुटकी लेते हुए कहा - *"अटलजी लेकिन कलाम मुसलमान हैं।"* तब वाजपेयी ने जवाब दिया - *"जी हाँ लेकिन वो भारतीय पहले हैं और एक महान वैज्ञानिक हैं।"*

18 दिन बाद जब वाजपेयी दूसरी बार प्रधानमंत्री बने तो उन्होंने कलाम को अपने मंत्रिमंडल में शामिल होने का न्योता दिया। अगर कलाम इसके लिए राज़ी हो जाते तो वाजपेयी को न सिर्फ़ एक काबिल मंत्री मिलता बल्कि पूरे भारत के मुसलमानों को यह संदेश जाता कि उनकी बीजेपी की सरकार में अनदेखी नहीं की जाएगी।

कलाम ने इस प्रस्ताव पर पूरे एक दिन विचार किया। अगले दिन उन्होंने वाजपेयी से मिल कर बहुत विनम्रतापूर्वक इस पद को अस्वीकार कर दिया। उन्होंने कहा - *"रक्षा शोध और परमाणु परीक्षण कार्यक्रम अपने अंतिम चरण में पहुंच रहा है। वह अपनी वर्तमान ज़िम्मेदारियों को निभा कर देश की बेहतर सेवा कर सकते हैं।"*

उत्तरदायित्व क्या होता है वह अच्छी तरह से जानते थे। पद की अभिलाषा नहीं

दायित्व विशेष है क्योंकि पद से तो कभी भी हटाया जा सकता है लेकिन जो दायित्व सौंपा गया है उसे वही व्यक्ति पूरा कर सकता है जिसे दायित्व सौंपा गया है। यही सोच डॉ अब्दुल कलाम को औरों से अलग करती है।

दो महीने बाद पोखरण में परमाणु विस्फोट के बाद यह स्पष्ट हो गया कि कलाम ने वह पद क्यों नहीं स्वीकार किया था। तब देशवासियों को समझ में आया कि डॉ अब्दुल कलाम को अपना देश और दुनिया में उसकी साख बनना प्राथमिकता दी मंत्री पद नहीं। कालांतर में अटल बिहारी वाजपेयी ने ही कलाम को राष्ट्रपति पद के लिए चुना।

कलाम के सपनों का भारत

हम इतिहास के पन्ने पलटें तो हमें ज्ञात होगा कि भारत विश्व के चंद सभ्य तथा संपन्न देशों में से एक था। सिंधु घाटी सभ्यता तथा मोहन-जो-दड़ो तथा हड़प्पा के अवशेष इस बात के प्रमाण हैं कि 2500 ई.पू. में ही भारत कृषि, मिट्टी के बरतन बनाने की कला, औजार, आभूषण, मानव-निर्मित वस्तुओं तथा मिश्रित धातु की मूर्तियों के निर्माण का कौशल विकसित कर चुका था। बाद में, लगभग छठी शताब्दी ईसवी में, मगध साम्राज्य में शहरों का विकास तथा सिक्कों का इस्तेमाल आरंभ हुआ। इसके बाद, मौर्य काल में कौटिल्य-रचित 'अर्थशास्त्र' जैसे ग्रंथ लिखे गए। सम्राट् अशोक के शासन में समृद्धि तथा प्रगति जारी रही और मौर्य साम्राज्य ने अपना राज दूर-दूर तक फैलाया। भारत को समय-समय पर विदेशी आक्रमणों का सामना करना पड़ा, जो उसके विकास में अड़चन बने। देश ने औद्योगिक क्रांति की कमी महसूस की जिसने पश्चिम को एक आर्थिक शक्ति बना दिया। बढ़ती जनसंख्या, अकाल तथा गरीबी के साथ कभी एक संपन्न देश रहा भारत अनुक्रमी विदेशी शासकों द्वारा दमन तथा दरिद्रता का शिकार बना दिया गया।

सन् 1857 में आजादी के पहले स्वप्न ने परिवर्तन की प्रक्रिया को उकसा दिया। बाद में स्वतंत्रता आंदोलन ने राजनीति, जनजीवन, संगीत, कविता, साहित्य तथा विज्ञान में बेहतरीन नेताओं को उभारा। यह आंदोलन मन तथा उद्देश्य की एकता के साथ देशभक्ति और समर्पण द्वारा प्रेरित था। कई भारतीयों में जीवन के प्रत्येक क्षेत्र में विदेशियों से आगे निकलने की कामना थी। इसने कई भारतीयों को अपनी व्यक्तिगत प्रतिभा को प्रदर्शित करने के लिए प्रेरित किया। कामेश्वर बाली द्वारा लिखित प्रसिद्ध खगोल-भौतिकविद् श्री एस. चंद्रशेखर की जीवनी में उल्लेख किया गया है- 'सन् 1910 से पहले अंतरराष्ट्रीय ख्याति का कोई भारतीय वैज्ञानिक नहीं था, परंतु प्रथम विश्व युद्ध के बाद, सन् 1920 से 1925 के बीच, अचानक अंतरराष्ट्रीय ख्याति के पाँच वैज्ञानिक उभरे - सर्वश्री जे सी बोस, सी वी रमन, मेघनाद साहा, श्रीनिवास रामानुजन और प्रो चंद्रशेखर।

डॉ ए पी जे अब्दुल कलाम को भारतीय इतिहास का ज्ञान था और अपने पूर्व के सभी भारतीय वैज्ञानिकों के प्रति आदर भाव था। उन्होंने युवाओं को संबोधित करते हुए एक

बार कहा था -

"मैंने इस उल्लेखनीय घटना को आत्माभिव्यक्ति की आवश्यकता के साथ संबद्ध किया है, जो राष्ट्रीय आंदोलन के दौरान युवाओं के बीच एक प्रबल अभिप्रेरक बन गया था। स्वयं को प्रमाणित करना राष्ट्रीय आंदोलन का एक हिस्सा था। हम पश्चिम को उनके ही क्षेत्र में दिखा सकते थे कि हम उनके बराबर हैं। 'विज्ञान की तरह स्वतंत्रता आंदोलन के पहले स्वप्न ने जीवन के प्रत्येक क्षेत्र में सर्वश्रेष्ठ नेताओं को उत्पन्न किया। अब भारत के पास विशाल पैमाने पर कुशल और दक्ष मानव संसाधन हैं।"

सरकार द्वारा आरंभ पंचवर्षीय योजनाओं तथा केंद्रित मिशन मोड कार्यक्रमों के कारण मानव संसाधन का बड़े पैमाने पर विकास हुआ। अब भी वर्तमान सकल घरेलू उत्पाद विकास दर केवल 4.5 प्रतिशत है, गरीबी रेखा के नीचे 26 प्रतिशत जनसंख्या है और बेरोजगारी 30 प्रतिशत है। इस परिस्थिति में परिवर्तन की आवश्यकता है। देश के विकास की दूसरी अंतर्दृष्टि, यानी वर्ष 2020 तक विकसित भारत के स्वप्न से ही एक सकारात्मक आंदोलन शुरू हो सकता है।

2000 वर्षों के इतिहास में भारत पर 600 वर्षों तक विभिन्न शासकों ने शासन किया है। विकास के लिए देश में शांति होना आवश्यक है और शांति की स्थापना शक्ति से होती है। इसी कारण प्रक्षेपास्त्रों को विकसित किया गया ताकि देश शक्ति सम्पन्न हो। कुछ ऐसे ही विचार डॉ कलाम के थे।

अब्दुल कलाम राजनीतिक व्यक्ति नहीं थे लेकिन राष्ट्रवादी सोच और राष्ट्रपति बनने के बाद भारत की कल्याण संबंधी नीतियों के कारण इन्हें कुछ हद तक राजनीतिक दृष्टि से सम्पन्न माना जा सकता है। उन्होंने अपनी पुस्तक 'इण्डिया 2020' में अपना दृष्टिकोण स्पष्ट किया है। वह भारत को अंतरिक्ष विज्ञान के क्षेत्र में दुनिया का सिरमौर राष्ट्र बनते देखना चाहते थे। इसके लिए इनके पास एक कार्य योजना भी थी। परमाणु हथियारों के क्षेत्र में वह भारत को सुपर पॉवर बनाने की बात सोचते रहे थे। वह विज्ञान के अन्य क्षेत्रों में भी तकनीकी विकास चाहते थे। कलाम का कहना था - *"सॉफ़्टवेयर का क्षेत्र सभी वर्जनाओं से मुक्त होना चाहिए ताकि अधिकाधिक लोग इसकी उपयोगिता से लाभांवित हो सकें। ऐसे में सूचना तकनीक का तीव्र गति से विकास हो सकेगा।"*

डॉ कलाम ने अपनी पुस्तक 'इंडिया 2020 : अ विज़न फॉर न्यू मिलेनियम' में अपने सपनों के भारत का उल्लेख करते हुए वह निष्पक्ष रूप से लिखते हैं - *"यह पुस्तक लिखने की प्रेरणा एक छोटी बच्ची से मिली।"*

उन्होंने उस बालिका से पूछा था - *"उसके जीवन का क्या लक्ष्य है?"*

बालिका ने सहज भाव से जवाब दिया था - *"विकसित भारत में जीवन यापन करना।"*

यहीं से डॉ कलाम ने विचार किया कि केवल अंतरिक्ष विज्ञान ही नहीं बल्कि प्रत्येक महत्वपूर्ण क्षेत्र में भारत को विकसित होना चाहिए। यही उनका सपना था। अपने सपनों का भारत विकसित करने के लिए उन्होंने एक कार्य योजना बनाई। वह अपने सपने को सन् 2020 तक पूरा करना चाहते थे। उनका यह भी मानना था कि सॉफ्टवेयर के क्षेत्र को हर बाधाओं से मुक्ति मिलनी चाहिए ताकि इसकी उपयोगिता का लाभ प्रत्येक व्यक्ति को मिले। डॉ कलाम वर्ष 2020 तक भारत को विश्व की चार महाशक्तियों की कतार में खड़ा देखना चाहते थे। वह कहते थे - *"प्राचीन काल से भारत ज्ञान के क्षेत्र में एक महाशक्ति रहा है पर अब समय आ गया है कि ज्ञान की इस शक्ति और सामर्थ्य का उपयोग करते हुए भारत का चहुंमुखी विकास किया जाए।"*

उनका मत था कि इसके लिए हर भारतीय को संकल्प करना होगा। देश के विकास का सपना देखना होगा। अकेले तो चना भी भाड़ नहीं फोड़ सकता। यही वजह है कि उन्होंने कहा - *"केवल मेरे अकेले के स्वप्न से यह कार्य संभव नहीं है। यह स्वप्न प्रत्येक भारतीय को देखना होगा। उसे पूरा करने के लिए योगदान देना होगा।"*

इस पुस्तक में डॉ ए पी जे अब्दुल कलाम ने 12 महत्वपूर्ण पहलुओं पर प्रकाश डाला है। यथा -

1. अन्य देशों ने अपने लिए क्या लक्ष्य निर्धारित किए हैं,
2. प्रौद्योगिकी का क्रमिक विकास - विज़न 2020,
3. खाद्य, कृषि एवं संसाधन,
4. सामग्रियां और इनका भावी उपयोग,
5. रसायन संपदा,
6. रसायन उद्योग और हमारा जैविक स्वास्थ्य,
7. भविष्य के लिए विनिर्माण,
8. जनसेवाएं : एक अमूल्य संपदा,
9. सामरिक उद्योग,
10. सभी के लिए स्वास्थ्य सुविधाएं,
11. अवसंरचनात्मक क्षमता, और
12. गहन अध्ययन कैसे करें।

डॉ ए पी जे अब्दुल कलाम अपने देश के भविष्य के लिए क्या दृष्टिकोण लेकर चल रहे थे यह अत्यंत महत्वपूर्ण है। इसके साथ-साथ शेष विश्व की गति और प्रगति को भी ध्यान रखना होगा। हमें दुनिया के साथ कदमताल करते रहना जरूरी है।

प्रौद्योगिकी का क्रमिक विकास - विज़न 2020

प्रौद्योगिकी विजन 2020 पर बनाए गए टास्क फोर्स ने इच्छित लक्ष्यों के साथ देश की केंद्रीय क्षमताओं को मिलाने का सुझाव दिया है। देश की क्षमताएँ मुख्यतः उसके प्राकृतिक तथा जन संसाधनों में निहित हैं।

भारत के पास विस्तृत तटरेखा और समुद्री संसाधन तथा तेल संपदा है। यह ज्ञात है कि पारंपरिक खनिज संसाधनों के साथ भारत के पास टिटेनियम, बेरिलियम तथा टंगस्टन के सबसे बड़े भंडार हैं। भारत विश्व के प्रमुख मेगा बायोडाइवर्स देशों में से एक है। विशेषकर हर्बल क्षेत्र में, पोषण तथा रोगों के उपचार के लिए विविध उत्पाद विकसित किए जाने की बहुत संभावना है। वर्तमान में 61 अरब डॉलरों के वैश्विक हर्बल उत्पाद बाजार में चीन की 3 अरब डॉलरों की भागीदारी है, जबकि भारत की भागीदारी 10 करोड़ डॉलर भी नहीं है। इसलिए इस क्षेत्र में विकास के भारी अवसर हैं। भारत के पास फ्लोरीकल्चर यानी फूलों की खेती तथा एक्वाकल्चर के क्षेत्र को बड़े पैमाने पर विकसित करने की भी क्षमता है। इन प्राकृतिक संसाधनों के लिए ज्ञान आधारित मूल्य संवर्धन का अर्थ होगा केवल अपरिष्कृत सामग्री के बजाय मूल्य-संवर्द्धित उत्पादों का निर्यात।

व्यवसायीकरण तथा विपणन के लिए सूचना प्रौद्योगिकी का इस्तेमाल हमारी पहुँच तथा गति को काफी बढ़ा सकता है। हमारा प्राचीन ज्ञान एक अनूठा संसाधन है, क्योंकि उसमें लगभग पाँच हजार वर्षों की सभ्यता का भंडार है। राष्ट्रीय कल्याण तथा विश्व के मानचित्र पर देश के लिए एक सही स्थान बनाने के लिए इस संपदा का लाभ उठाना जरूरी है।

जन संसाधन, विशेषकर युवाओं की विशाल जनसंख्या, देश की अनूठी केंद्रीय शक्ति है। विभिन्न शैक्षिक तथा प्रशिक्षण कार्यक्रमों के द्वारा इस संसाधन को मजबूत किया जा सकता है। दक्ष, अपरिष्कृत तथा रचनात्मक जन-शक्ति को संपत्ति-उत्पादकों में परिणत किया जा सकता है, विशेषकर सेवा क्षेत्र तथा कृषि संबंधी उद्योगों में। उच्च स्तरीय सॉफ्टवेयर तथा हार्डवेयर की माँग को शामिल करते हुए विद्यमान उद्योगों से ज्ञान-आधारित उद्योगों को उत्पन्न किया जा सकता है। कहा गया है, 'किसी कंपनी या देश की सबसे मूल्यवान् संपदा है उसके लोगों का कौशल, प्रतिभा तथा कल्पना।' भूमंडलीकरण के साथ यह अधिक महत्त्वपूर्ण हो जाएगा, क्योंकि हर किसी की विश्व स्तरीय प्रौद्योगिकी

तक पहुँच होगी और मुख्य अंतर विभिन्न देशों के लोगों की इस योग्यता में होगा कि वह प्रौद्योगिकी का बेहतरीन इस्तेमाल करने के लिए अपनी कल्पना को किस प्रकार प्रयोग में लाते हैं। वास्तव में, पारदर्शी प्रबंधन संरचनाओं तथा सूचना प्रौद्योगिकी सक्षम वातावरण के साथ विभिन्न प्रौद्योगिकियों का विकास और नए प्रकार से उनका प्रयोग भारत को एक बौद्धिक महाशक्ति के क्षेत्र में स्थापित कर देगा। यह विचार डॉ ए पी जे अब्दुल कलाम ने अपनी पुस्तक 'मेरे सपनों का भारत' में किया है।

सरल शब्दों में समझाते हुए उन्होंने लिखा है कि सभ्यता के विकास तथा जीवन-स्तर के सुधार में प्रौद्योगिकी एक महत्त्वपूर्ण कारक साबित हुआ है। आने वाले वर्षों में प्रौद्योगिकी जीवन के सभी क्षेत्रों में हावी होगी। भारत वर्ष 2020 तक एक विकसित देश बनने के लिए प्रतिबद्ध है और इसमें प्रौद्योगिकी की महत्त्वपूर्ण भूमिका होगी। प्रौद्योगिकी विजन 2020 दस्तावेजों ने उन क्षेत्रों की पहचान कर ली है जिन पर इस स्वप्न को साकार करने के लिए जोर देना आवश्यक है। अपने स्वप्न को साकार करने के लिए भारत को प्राकृतिक तथा जन-संसाधनों के रूप में अपनी केंद्रीय क्षमताओं का पूरा सदुपयोग करने में कोई कसर नहीं छोड़ना चाहिए। हमने स्वप्नों तथा मिशनों के निर्माताओं को देखा और उनके साथ कार्य किया है। एक सशक्त स्वप्न युवा मस्तिष्कों को सक्रिय करता है। 'योगसूत्र' में महर्षि पतंजलि ने कहा है- "जब आप किसी महान् उद्देश्य, किसी असाधारण कल्पना से प्रेरित होते हैं तो आपके सभी विचार अपनी सीमाएँ तोड़ देते हैं। आपका मस्तिष्क सीमाओं के परे निकल जाता है। आपकी चेतनता प्रत्येक दिशा में विस्तृत होती है और आप खुद को एक नए, महान् और आश्चर्यजनक दुनिया में पाते हैं। प्रसुप्त शक्तियाँ, क्षमताएँ और प्रतिभाएँ सक्रिय हो जाती हैं और आप खुद को उससे अधिक महान् व्यक्ति पाते हैं, जितनी आपने कभी अपने बारे में कल्पना की थी।"

यह पवित्र कथन भारत के युवाओं के दिमाग में प्रवेश करके उन्हें परिवर्तित करे ताकि वे दो दशकों में 'विकसित भारत' के निर्माण के लिए पसीना बहा सकें। इस लक्ष्य को प्राप्त करने के लिए प्रौद्योगिकी सबसे महत्त्वपूर्ण कारक है। इसलिए अब प्रौद्योगिकी के आयामों पर चर्चा करते हैं।

पहली हरित क्रांति

पहली हरित क्रांति ने भारत को 'शिप टू माउथ' (60 के दशक में खाद्य अभाव के दौरान भारत खाद्य-सामग्री के लिए गेहूँ से लदे जहाजों की प्रतीक्षा कर रहा था) की स्थिति से आत्मनिर्भरता की स्थिति में पहुँचा दिया; दूसरी हरित क्रांति में हम कई देशों को अनाज तथा उत्पादों का निर्यात करते देखेंगे।

कुछ समय पहले भारत की पहली हरित क्रांति के साथ जुड़े रहे नोबल पुरस्कार से सम्मानित प्रो. नॉर्मन बोरलॉग ने नई दिल्ली के विज्ञान भवन में भाषण दिया। उन्होंने अगले दो दशकों के लिए विश्व की जनसंख्या के लिए गेहूँ उत्पादन के अपने विजन को स्पष्ट किया। आज विश्व की जनसंख्या 6 अरब है। बीस वर्षों में बढ़कर यह 8 अरब हो जाएगी। इस बढ़ती संख्या के लिए खाद्य उत्पादन को दुगुना करना होगा; परंतु उतनी ही उपलब्ध भूमि तथा पानी के साथ, या हो सकता है, उससे भी कम के साथ। केवल प्रौद्योगिकी तथा सक्षम प्रबंधन से ही विद्यमान कृषि व्यवहारों में सुधार लाकर तथा जल और जैवीय एवं अजैविक उर्वरकों का उपयुक्त तरीके से लाभ उठाते हुए खाद्य उत्पादन को दुगुना किया जा सकता है। जैव-प्रौद्योगिकी से कीट-प्रतिरोधी बीज विकसित करने में भी मदद मिलेगी, जिससे उत्पादकता में 10 प्रतिशत की वृद्धि होगी।

दूसरी हरित क्रांति

इस प्रस्तावित दूसरी हरित क्रांति की मुख्य अवधारणाएँ हैं, बीजों के अनुकूल भूमि विशिष्टीकरण, हाइब्रिड बीज विकसित करना तथा उपयुक्त बीज चयन, उपयुक्त उर्वरक, जल प्रबंधन, कृषक प्रशिक्षण, फसल प्रबंधन, पोस्ट हारवेस्ट यानी कटाई के बाद प्रबंधन, खाद्य प्रसंस्करण तथा विपणन। इस लक्ष्य में सफलता शोध वैज्ञानिकों, जल प्रबंधन प्राधिकरणों तथा कृषकों के सहयोगी प्रयासों द्वारा प्राप्त की जा सकती है। कृषकों को नए प्रयोगों के प्रति खुली मानसिकता रखनी होगी और सभी संबद्ध क्षेत्रों में उन्नत प्रौद्योगिकी तथा प्रशिक्षण के प्रति ग्रहणशील होना होगा।

कृषि विज्ञान के प्रति भी डॉ अब्दुल कलाम जागरूक थे। उन्होंने अपने विचार रखते हुए लिखा है -

> *"भारत का आर्थिक विकास अब भी बड़े पैमाने पर कृषि पर आधारित है। कृषि तथा कृषि-खाद्य उद्योग के साथ आधुनिक प्रौद्योगिकियों का समन्वय इस क्षेत्र में क्रांति ले आएगा और बड़े पैमाने पर रोजगार तथा आर्थिक विकास को प्रेरित करेगा। कहा जाता है कि 'जब उपभोक्ता, कार्यान्वयक तथा ज्ञान व कौशल धारक एक-दूसरे से जुड़े होते हैं तो सफलता प्रभावपूर्ण तरीके से और कई रूपों में मिलती है।' कृषकों को प्रशिक्षण तथा प्रौद्योगिकी के साथ दूसरी हरित क्रांति कृषि उत्पादन को वर्ष 2020 तक 360 मिलियन टन तक बढ़ा देगी। स्टोरेज तथा वितरण में सुधार और पोस्ट हारवेस्ट प्रबंधन रणनीति द्वारा नुकसान में कमी से गरीबी को समाप्त करके प्रत्येक नागरिक को भोजन*

उपलब्ध कराना संभव होगा। हमें विश्वास है कि हमारे युवा इस चुनौती को स्वीकार करने के लिए तैयार हैं। अब ज्ञान युग में निर्माण क्षेत्र का विश्लेषण करते हैं।"

भविष्य के लिए विनिर्माण

सूचना तथा संचार प्रौद्योगिकी के आविष्कार के साथ हालिया सफलताओं की रोशनी में निर्माण क्षेत्र में हुई प्रगति पर प्रकाश डालते हुए वह लिखते हैं -

"कंप्यूटर ऐडेड डिजाइन तथा कंप्यूटर ऐडेड मैन्युफैक्चरिंग ने निर्माण क्षेत्र में क्रांति ला दी है और तीव्र प्रारूपी प्रौद्योगिकियों तथा उपभोक्तापरक निर्माण को प्रेरित किया है। ऑटोमेटिक मैटीरियल्स हैंडलिंग प्रणाली, ऑटोमेटेड गाइडेड वेइकल्स, इंडस्ट्रियल रोबोट, फ्लेक्सिबल मैन्युफैक्चरिंग सिस्टम यानी लचीली निर्माण प्रणाली जैसी तकनीकों को लगातार प्रयोग में लाया जा रहा है। अंत में भारत में औद्योगिक स्थिति पर चर्चा की गई है, जिसमें लघु स्तरीय उद्योगों द्वारा निभाई जा रही महत्त्वपूर्ण भूमिका पर विशेष जोर दिया गया है।"

'निर्माण क्षेत्र को प्रौद्योगिकियों, पूँजी तथा नवीन विपणन व्यवहारों के इस्तेमाल द्वारा हमारे पारंपरिक कौशल तथा ज्ञान के बल पर विकसित किया जा सकता है।'

निर्माण तथा सूक्ष्म इलेक्ट्रॉनिकी में प्रगति

विद्युत तथा अन्य नई तकनीकों के आविष्कार के कारण पिछले एक सौ पचास वर्षों में निर्माण क्षेत्र में तीव्र बदलाव देखा गया है। यह क्रांति न्यूमेरिकली कंट्रोल्ड रोबोटिक्स के प्रवेश के साथ जारी रही। निर्माण क्षेत्र को भूमंडलीकरण की उभरती चुनौतियों से लड़ने में सक्षम बनाने के लिए हमें एक सुरक्षित वातावरण बनाना होगा। उनके मुताबिक इसमें निम्नांकित उपाय शामिल हो सकते हैं-

पहले अध्याय में प्रौद्य

मौजूद इकाइयों के आधुनिकीकरण तथा प्रौद्योगिकी अपग्रेडेशन पर विशेष बल

छोटे तथा ग्रामीण उद्यमों को प्रोत्साहन देने तथा उनके विकास के लिए विशेष पैकेज

डिजाइन विकास के लिए भारतीय अनुसंधान तथा विकास प्रयोगशालाओं और उद्योगों का संकाय

प्रौद्योगिकी सहयोग, विपणन सहयोग, ऋण सहयोग, उद्यमता विकास, स्व-रोजगार को प्रोत्साहन, आधारभूत तंत्र, सरलीकरण।

ग्रामीण विकास तथा रोजगार प्रावधान में विशाल संभावना के कारण हमने लघु उद्योग क्षेत्र पर विस्तार से चर्चा की। बड़े उद्योग छोटे उद्योगों के जनक हैं और वे राष्ट्रीय विकास में मदद करते हैं। एक विकसित भारत बनाने के लिए हमारे पास प्रचुर मात्रा में उपलब्ध संसाधनों तथा मानवशक्ति के अलावा हमें युवा नेतृत्व की आवश्यकता है, जो बदलाव को प्रेरित कर सके। नेता नए उत्कृष्ट संगठनों के निर्माता हैं। अच्छे नेता चुंबक की तरह हैं, जो संगठन के लिए टीम बनाने में बेहतरीन लोगों को आकर्षित करेंगे तथा विपरीत परिस्थितियों के दौरान भी प्रेरक नेतृत्व प्रदान करेंगे। और वह जोखिम से नहीं डरते। निर्माण क्षेत्र की तरह स्वास्थ्य के क्षेत्र में भी क्रांति देखी जा रही है।

सामरिक उद्योग

सामरिक उद्योगों के प्रति उनका स्पष्ट नजरिया था। प्रौद्योगिकी नाजुक प्रणालियों के विकास में एक महत्त्वपूर्ण भूमिका निभाती है। यह अध्याय वैमानिकी, अंतरिक्ष, रक्षा तथा परमाणु ऊर्जा समेत संपूर्ण रणनीतिक क्षेत्र में वर्तमान प्रौद्योगिकी स्तर अब तक हुई प्रगति तथा भविष्य में प्रभावी होने वाली प्रणालियों पर प्रकाश डालता है। यह विभिन्न ऐरोस्पेस कार्यक्रमों के क्रम में भारत द्वारा विकसित विभिन्न उत्कृष्ट प्रौद्योगिकियों की भी चर्चा करता है। वर्ष 2020 के लिए भावी ऐरोस्पेस प्रोफाइल जैसे पैसेंजर एयरक्राफ्ट, उन्नत जी.एस.एल.वी. तथा पी.एस.एल.वी., अतिध्वनिक यानी हाइपरसोनिक, रियूजेबल (पुनः इस्तेमाल किए जाने योग्य) यानों, ग्रहों के मिशन इत्यादि के विषय में भी चर्चा की गई है। उनका विचार था कि 'अपनी सुरक्षा सुनिश्चित करने तथा एक स्वतंत्र विदेश नीति बनाने की किसी देश की क्षमता, रक्षा तथा रक्षा-प्रणालियों में उसकी आत्मनिर्भरता के स्तर पर निर्भर करती है।'

युगों के दौरान युद्ध

भारतीय सभ्यता को सदियों तक आंतरिक संघर्षों तथा बाहरी आक्रमणों को झेलना पड़ा है। कुछ आक्रमणकारी यहाँ से हमारी धन-संपदा ले गए, कुछ हमारी संस्कृति ले गए तथा कुछ ने नई संस्कृतियाँ हम पर थोपीं। यह एक आश्चर्यजनक बात है कि भारतीय सभ्यता इन सभी युद्धों से जूझते हुए गतिशीलता से अपना पुनरुत्थान करती रही है। र भारतीय समाज की महानता रही है कि भारत विविध जीवन-शैलियों तथा विचारधाराओं को अपनाता रहा है। तीन हजार वर्षों के हमारे इतिहास में ऐसा कोई भारतीय सम्राट् नहीं रहा है जिसने दूसरे देशों पर चढ़ाई करके उन पर शासन किया हो। भारत ने किसी देश को अपने अधीन नहीं किया।

इस संबंध में उन्होंने दो विचारधाराएँ बताईं। ऐसा क्यों नहीं हुआ? एक पक्ष कहता है कि भारतीय सहिष्णु हैं और उन्होंने दूसरी संस्कृतियों को आत्मसात् किया। दूसरा पक्ष मानता है कि ऐसा हमारी विचारधारा में कमियों के साथ उत्कृष्ट हथियारों की अपर्याप्तता के कारण हुआ।

वर्तमान में अन्य देशों द्वारा कई रूपों में- व्यावसायिक रूप से प्रेरित सूचना माध्यम के द्वारा - भारत का दमन जारी है। हमें यह सोचने की आवश्यकता है कि क्या हमें एक भिन्न विचारधारा को अपनाना चाहिए? कोई युद्ध जीतना और देश की सुरक्षा, रणनीतिक विचारधारा तथा शस्त्रों से प्रत्यक्ष रूप से संबंधित हैं।

इस स्थिति में भारत जैसा देश बाजार के भूमंडलीकरण तथा प्रौद्योगिकी नियंत्रणों से लैस पेटेंट पद्धतियों का सामना कर रहा है। यह विकसित विश्व की ओर से नए प्रकार का आक्रमण है। इसका एकमात्र उत्तर है प्रौद्योगिकीय क्षमता तथा एक जैसे विचारवाले देशों का एक संगठन।

यात्री विमान

भारत के विजन 2020 में विशेषज्ञों की समिति द्वारा किए गए एक अध्ययन ने भारत में विमान उत्पादन के लिए विशाल संभावना की ओर संकेत किया है। प्रौद्योगिकी विजन 2020 ने अनुमान लगाया है कि भारतीय बाजार में छप्पन 300 सीटोंवाले विमान, इकतीस 200 सीटोंवाले विमान, सत्तर 150 सीटोंवाले विमान तथा पैंसठ 100 सीटोंवाले विमान की माँग है। इसी प्रकार, निर्यात बाजार में, लगभग दो सौ अस्सी 100 सीटोंवाले विमानों की माँग है। इन खोजों से यह निष्कर्ष निकाला गया है कि भारत में 120 सीटोंवाले विमान का उत्पादन आर्थिक रूप से उपयुक्त होगा।

एल.सी.ए., ए.एल.एच., आई.जे.टी. तथा संयोजित संरचनावाली मिसाइलों, ब्रेक पैड, फ्लाई-बाई-वायर कंट्रोल सिस्टम, इनर्शियल नेविगेशन सिस्टम, कंट्रोल पैकेजों तथा स्पेशल मैटीरियल्स के द्वारा विकसित प्रौद्योगिकी हमारे अपने देश में उपलब्ध हैं। केवल इन प्रौद्योगिकियों को हलके परिवहन विमान के साथ समन्वित करने तथा 120 सीटोंवाले यात्री विमान को विकसित करने की आवश्यकता है। भारत तथा रूस द्वारा संयुक्त रूप से वायुआकाश उद्योगों तथा शैक्षिक संस्थानों के बीच प्रौद्योगिकी भागीदारी द्वारा हलके परिवहन विमान विकसित किए जा रहे हैं।

सौर ऊर्जा उपग्रह

उनके अनुसार पुराने ईंधनों जैसे तेल तथा गैस की उपलब्धता वर्ष 2075 तक तथा कोयले की उपलब्धता वर्ष 2100 तक समाप्त हो जाएगी। इसलिए आसन्न ऊर्जा संकट से निपटने के लिए, बाह्य अंतरिक्ष के विकास तथा विस्तृत व्यावसायिक उपयोग का सुझाव दिया

गया है। प्रकाश-वोल्टीय सौर ऊर्जा उपग्रहों का निर्माण किया जाएगा, जो पृथ्वी पर इस्तेमाल के लिए विद्युत् शक्ति उत्पन्न करेंगे। पृथ्वी के ऊपर एक ऑरबिट में सौर ऊर्जा 99 प्रतिशत समय के लिए उपलब्ध होती है और वह पृथ्वी पर प्राप्त ऊर्जा से काफी अधिक होती है। विशाल सौर ऊर्जा स्टेशन सौर प्रवाह को माइक्रोवेव ऊर्जा में परिणत करते हैं और उसे पृथ्वी पर ऑफ-शोर स्थानों पर स्थित रिसीविंग स्टेशनों तक भेजते हैं लेकिन, अंतरिक्ष में सोलर पावर स्टेशन के निर्माण में उन्नत वायु आकाश प्रौद्योगिकियों का प्रयोग करते हुए हाइपरप्लेन, एक हैवी लिफ्ट उच्च्च क्षमता स्पेस कारगो वेइकल के इस्तेमाल की आवश्यकता पड़ेगी।

अनुमान लगाया है कि लगभग 1,000 मेगावाट बिजली उत्पन्न करने वाले एक सोलर पावर स्टेशन के लिए 12 स्क्वायर किलोमीटर प्रकाश वोल्टीय सेलों की पंक्ति की आवश्यकता होगी तथा उसका वजन 1,00,000 टन होगा। ऐसे सोलर पावर स्टेशन को बनाने में तीन वर्ष लगेंगे, जिसमें लो अर्थ ऑरबिट में निर्माण सामग्री पहुँचाने के लिए हाइपरप्लेनों की आवश्यकता होगी।

अंतरिक्ष कॉलोनी

दुनिया की जनसंख्या के 6 अरब होने तथा अगले सौ वर्षों में 30 अरब तक पहुँचने के अनुमान के कारण अंतरिक्ष में लोगों को बसाने तथा वहाँ शहर बनाने की संभावना पर अन्वेषण करने के प्रयास किए जा रहे हैं, जहाँ हजारों पृथ्वी वासी रह पाएँगे। उस कॉलोनी में हवा-पानी, झील तथा पहाड़ होंगे। वहाँ कृत्रिम गुरुत्वाकर्षण तथा पृथ्वी के समान पर्यावरणीय संरचना, वायुदाब तथा तापमान होगा और लोग पृथ्वी की तरह वहाँ खड़े होने और टहलने में सक्षम होंगे। प्रकाश एक विशाल रिफ्लेक्टिव मिरर द्वारा प्रदान किया जाएगा, जो सूर्य की किरणों को उस कॉलोनी में प्रकाशित करेगा। निवास योग्य क्वार्टर डोनट आकार के होंगें।

एक वैज्ञानिक होने के नाते डॉ ए पी जे अब्दुल कलाम ने उपयुक्त सभी मसलों पर अपना मत व्यक्त किया। उन्होंने लिखा है -

> *"आगामी दशक में रणनीतिक क्षेत्र में विश्व स्तर पर पाँच बड़ी प्रौद्योगिकीय क्रांतियाँ होंगी -मानव-रहित सुपरसोनिक लॉन्ग रेंज तथा लो राडार क्रॉस-सेक्शन वायुयान बनाने में सुपरसोनिक वायुयान, मिसाइलों तथा अंतरिक्ष यान की विविध प्रौद्योगिकियों का समन्वयन। इसके स्थान पर मानव-चालित लड़ाकू विमान भी आ सकते हैं। वर्तमान सबसोनिक क्रूज मिसाइलों का स्थान उच्च परिशुद्धतावाले सुपरसोनिक क्रूज मिसाइल ले लेंगे। ये तीव्र तथा लो राडार क्रॉस-सेक्शन मिसाइल खोजने में कठिन होंगे और शत्रु को बचने*

के लिए बहुत कम समय देंगे। थल तथा वायु क्षेत्र की सुरक्षा के लिए अपने सेटेलाइट नेटवर्क के साथ एंटी-बैलिस्टिक मिसाइल राष्ट्रीय सुरक्षा का एक अभिन्न अंग बन जाएँगे। इसमें परमाणु अस्त्रों को नष्ट करने की क्षमता होगी। भावी युद्धों में साइबर युद्ध प्रभावी होगा, जिसमें शत्रु देश महत्त्वपूर्ण संसाधनों पर नियंत्रण प्राप्त करने के लिए एक-दूसरे के कंप्यूटर नेटवर्क में जबरन घुसने का प्रयास करेंगे। सूचना युद्ध अधिक घातक हो जाएगा। लाभ प्राप्त करने के लिए भारत सूचना प्रौद्योगिकी की अपनी केंद्रीय क्षमता के द्वारा इसमें पहल कर सकता है। एक पुनः प्रयोग किए जा सकने योग्य तथा कम लागतवाले प्रक्षेपण यान हाइपरप्लेन का कई उद्देश्यों के लिए डिजाइन तथा विकास। इस मिशन में बहुराष्ट्रीय भागीदारी की आवश्यकता है।"

उपर्युक्त पाँच महत्त्वपूर्ण प्रणालियों का रणनीतिक क्षेत्र में सूचना तथा संचार प्रौद्योगिकी पर अधिक प्रभाव है, जिसका बौद्धिक अर्थव्यवस्था पर भी प्रभाव है।

सभी के लिए स्वास्थ्य सुविधाएं

प्रौद्योगिकी-प्रेरित स्वास्थ्य प्रणालियों के महत्त्व तथा रक्षा प्रौद्योगिकियों से लाभ उठाने के संबंध में भी उन्होंने चर्चा की है। उन्होंने भारत जैव-विविधता में समृद्ध है, पारंपरिक उपचार तथा जड़ी-बूटियों से औषधियाँ बनाने पर भी बल दिया गया है। इसके अलावा स्वास्थ्य सेवाओं में सुधार के क्षेत्र में जैव प्रौद्योगिकी की आशाजनक भूमिका के बारे में बताया गया है। पोषण, स्वास्थ्य सुविधाओं तथा हाइजीन जागरूकता बढ़ाने के उपायों पर प्रकाश डाला गया है। उन्हें चिंता थी कि

"भविष्य में स्वास्थ्य आपूर्ति संस्थानों को किस प्रकार आकार दिया जाएगा? वे रुझान तथा बदलाव कौन से हैं जो आगामी वर्षों में हमें दिखाई देंगे? हम प्रौद्योगिकी, प्रबंधन तथा चिकित्सा को मिलाकर एक व्यावहारिक तथा आर्थिक रूप से स्वीकार्य गठबंधन किस प्रकार बनाएँगे? हमारे रास्ते में निश्चित रूप से आनेवाले अवरोध कौन से हैं और हम उन पर विजय कैसे पा सकते हैं ? वे अनुसंधान विषय कौन से हैं, जिन पर हमें ध्यान देना चाहिए?"

स्वास्थ्य के लिए प्रौद्योगिकी विजन 2020

भारत विविध जलवायु अवस्थाओं तथा बहुत अधिक जनसंख्यावाला एक विशाल देश है। अपर्याप्त स्वास्थ्य सुविधाओं, जागरूकता के अभाव तथा कुपोषण के कारण बहुत सी बीमारियाँ पैदा होती हैं।

जनसंख्या तथा स्वास्थ्य

पिछले चार दशकों में देश में विभिन्न स्तरों पर किए गए उल्लेखनीय विकास प्रयासों के परिणामस्वरूप कई राज्यों में एक अत्यंत सुस्पष्ट जनसांख्यिकी संक्रांति देखने को मिली है। कुछ राज्यों में वर्तमान एकअंकीय मृत्यु दर कई यूरोपीय देशों के बराबर है और प्रतिवर्ष 8 व्यक्ति प्रति 1000 व्यक्तियों पर स्थिर हो रही है।

भारत और अमेरिका में तुलना

वर्तमान जन्म-दर 25-30 प्रति हजार प्रतिवर्ष है और बिहार, उत्तर प्रदेश तथा मध्य प्रदेश में यह शेष भारत से अधिक है, जिससे प्रतिवर्ष 17 व्यक्ति प्रति हजार की दर से राष्ट्रीय जनसंख्या वृद्धि हो रही है। यह देखा गया है कि उच्च स्त्री शिक्षा वाले राज्यों में जन्म-दर नियंत्रित है। इसलिए महिलाओं की शिक्षा पर जोर दिया जाना चाहिए।

स्वास्थ्य विजन 2020

स्वास्थ्य के लिए प्रौद्योगिकी विजन 2020 देश के विभिन्न भागों से चुने गए स्वास्थ्य सेवा विशेषज्ञों के एक पैनल द्वारा तैयार किया गया था। इस टीम ने हमारे संपूर्ण समाज के लिए उचित मूल्य वाली, सुलभ तथा अच्छी स्वास्थ्य सेवाओं के लक्ष्य के साथ वर्तमान स्वास्थ्य सेवा-प्रणाली की केंद्रीय क्षमताओं, उभरती समस्याओं तथा स्वास्थ्य सेवाओं में सुधार के तरीकों का अध्ययन किया।

इस टीम ने अगले दशक तक तीन बड़ी बीमारियों- तपेदिक, एच. आई.वी. एड्स तथा जल से उत्पन्न बीमारियों के उन्मूलन के उपायों पर विचार किया है। कई अन्य बीमारियाँ भी हैं जिन पर ध्यान दिए जाने की आवश्यकता है; जैसे- कार्डियोवेस्कुलर रोग, न्यूरो साइकिएट्रिक विकार, गुरदे की बीमारियाँ तथा उच्च रक्तचाप, गैस्ट्रो-इंटेस्टाइनल विकार, नेत्र विकार, आनुवंशिक रोग तथा दुर्घटनाएँ व सदमा। यह भी महसूस किया गया है कि दंत स्वास्थ्य को भी स्वास्थ्य विजन में शामिल किया जाना चाहिए। उनका मत था कि हमें ऐसी समस्याओं से निपटने के क्रम में देश में स्वास्थ्य सेवा-प्रणाली में सुधार के लिए प्रौद्योगिकी का लाभ उठाना चाहिए। ऐसे प्रयासों से एक सक्षम चिकित्सा प्रौद्योगिकी और सभी के लिए उपलब्ध व सुलभ उपकरण बनाने में मदद मिलेगी। हमारे देश में स्वास्थ्य सेवा आपूर्ति की प्लानिंग के प्रति एक समग्र दृष्टिकोण रखने की अत्यंत आवश्यकता है।

प्रौद्योगिकी तथा पारंपरिक जड़ी-बूटियाँ

पूरे विश्व में कई शताब्दियों तक विभिन्न वर्गों के लोगों द्वारा पारंपरिक औषधियों का प्रयोग किया जाता रहा है। पारंपरिक उपचार प्रणालियों, जैसे आयुर्वेद, सिद्ध आदि ने

बचाव तथा उपचारात्मक चिकित्सा-विधियों का समर्थन और प्रयोग किया है। बचावकारी या रोगोपचारक प्रवृत्ति के लिए शरीर, मस्तिष्क, खाद्य पदार्थ तथा पर्यावरण को समग्र रूप से देखा गया। पारंपरिक औषधि-विज्ञान आधुनिक एलोपैथी से भिन्न है। लेकिन यदि हम दोनों विज्ञानों में पारस्परिक व्यवहार स्थापित कर सकें तो इसका सभी समाजों पर प्रभाव पड़ेगा। नई प्रौद्योगिकियाँ, जैसे ह्यूमन जीनोम सीक्वेंसिंग, प्रोटेमिक्स, केमोजीनोमिक्स, अल्ट्रा-हाई थ्रूपुट स्क्रीनिंग दवा की खोज में क्रांति ला रहे हैं।

हर्बल औषधि

यहाँ पर हम एक घटना का उल्लेख करना चाहेंगे कि किस प्रकार समर्पित स्वास्थ्य सेवा तथा देशी हर्बल प्रणाली ने पूरी तरह से हिमदाह (फ्रॉस्टबाइट) का उपचार करने में मदद की। हिमाचल प्रदेश की ऊपरी पहाड़ियों में स्नो एंड एवलेंच स्टडी इस्टेब्लिशमेंट (एस.ए.एस.ई.) नामक डी. आर.डी.ओ. की एक प्रयोगशाला है। इस प्रतिष्ठान की 15,000 तथा 19,000 फीट की ऊँचाइयों पर आउट स्टेशन वेधशालाएँ हैं।

हाल में वैज्ञानिकों का एक समूह एक स्थान से दूसरे स्थान की ओर जा रहा था, जब वे एक बर्फीले तूफान में घिर गए। हालाँकि अधिकांश वैज्ञानिकों को कोई क्षति नहीं हुई, लेकिन उनमें से एक वैज्ञानिक बर्फ में फँस गया। जब दो दिनों बाद उसे निकाला गया तो उसे पैरों तथा बाँहों में गंभीर ग्रेड 4 हिमदाह हो गया था।

स्थानीय अस्पताल के चिकित्सकों ने प्रभावित भागों को काटने की सलाह दी। इसके बाद दिल्ली स्थित डी.आर.डी.ओ. प्रयोगशाला, डिफेंस इंस्टीट्यूट ऑफ फिजियोलॉजी एंड एलाइड साइंसेजको एलोपैथी उपचार के साथ एक भारतीय हर्बल उत्पाद एलो वीरा के इस्तेमाल के द्वारा चिकित्सा उपलब्ध कराने की जिम्मेदारी सौंपी गई। डी.आई.पी.ए.एस. ने इसे एक चुनौती के रूप में लिया और रोगी का उपचार आरंभ किया। इस प्रयास का नतीजा सकारात्मक निकला और इसके परिणामस्वरूप बिना कोई अंग काटे पैंतालीस दिनों के उपचार के अंदर ही रोगी पूर्ण स्वस्थ हो गया। भारतीय हर्बल प्रणाली पर किया गया भरोसा कायम रहा!

यह अनुभव विभिन्न बीमारियों से लड़ने में भारतीय हर्बल प्रणाली की असीम क्षमता तथा रोगी-चिकित्सक संबंध को भी उजागर करता है। हम कहना चाहेंगे कि चिकित्सक तथा मेडिकल विशेषज्ञ रोगियों को समन्वित मनुष्य या मानसिक-शारीरिक सत्ता के रूप में देखते हैं और जिनके लिए उपचार को बहुपक्षीय होना चाहिए। रोगी की अवस्था के अनुसार, कुछ रोगों को केवल भारतीय प्रणाली द्वारा ही ठीक किया जा सकता है, जबकि अन्य में भारतीय तथा एलोपैथी प्रणालियों के मिश्रण की आवश्यकता हो सकती है।

जैव प्रौद्योगिकी

जैव प्रौद्योगिकी ने विशेषकर डी.एन.ए. तकनीकों, कोशिका तथा ऊतक संवर्धन, इम्युनोलॉजी, एंजाइमोलॉजी, बायोप्रोसेस इंजीनियरिंग तथा वेक्सीनोलॉजी के क्षेत्रों में काफी प्रगति की है। डी.एन.ए. की खोज तथा वयस्क स्तनपायियों के क्लोनिंग में उसके इस्तेमाल ने एक नया क्षेत्र खोल दिया है। नए जैव प्रौद्योगिकीय उपकरणों की उपलब्धता तथा बेहतर प्रकृतियोंवाले रोगाणुओं (माइक्रोब), पौधों और जानवरों के उत्पादन ने बेहतरीन उत्पादों तथा प्रक्रियाओं के लिए अवसर खोल दिए हैं। इस क्षेत्र की उल्लेखनीय उपलब्धियों में इम्युनो डायग्नोस्टिक्स शामिल हैं, जो विभिन्न प्रकार के संचारी तथा असंचारी रोगों की आरंभिक पहचान के लिए नैदानिक उपकरणों का विकास है।

स्वास्थ्य उद्योग

स्वास्थ्य उद्योग एक बड़ी विकास प्रक्रिया की द्वार पर है जो उचित मूल्य पर स्वास्थ्य सेवा उपलब्ध कराने के लिए सभी नई प्रौद्योगिकियों को आत्मसात् कर सकता है। वह सभी देशों में सबसे बड़ा नियोजक बनने के लिए प्रतिबद्ध है और न केवल सारी उपलब्ध पूँजी को नियोजित करेगा बल्कि कुशल कार्यशक्ति के एक बड़े हिस्से को भी इस्तेमाल में लाएगा। वह सभी नई प्रौद्योगिकियों का सबसे बड़ा उपभोक्ता भी बन जाएगा। स्वास्थ्य उद्योग को आनेवाले समय में चुनौतियों का सामना करने के लिए नई प्रौद्योगिकियों को अपनाने के लिए खुद को अनुकूल बना लेना चाहिए।

विकसित भारत के स्वप्न में स्वास्थ्य सेवा एक महत्त्वपूर्ण क्षेत्र है, जो जैवविविधता, बौद्धिक संसाधनों, सूचना प्रौद्योगिकी व ज्ञान नेटवर्क, बायोइन्फॉरमेटिक्स तथा अंतरिक्ष, रक्षा और परमाणु प्रौद्योगिकियों के लाभों को सामाजिक उद्देश्यों के लिए इस्तेमाल करने के असीम अवसर प्रदान करता है।

पिछले कुछ दशकों में विकसित स्वास्थ्य प्रौद्योगिकी ने निदान तथा उपचार में अप्रत्याशित सहयोग दिया है। सरकार तथा गैर-सरकारी एजेंसियों को ज्ञान प्राप्ति, प्रसार तथा लोगों द्वारा उसे आत्मसात् किए जाने के लिए एक सुस्थापित प्रक्रिया विकसित करना चाहिए। बौद्धिक समाज अपनी परतें खोलकर मानव अज्ञानता तथा गलत व्यवहार के अँधेरे कोनों को प्रकाशित कर रहा है। ज्ञान आधारित अर्थव्यवस्था तथा समाज में शिक्षा, स्वास्थ्य तथा उपयुक्त रोजगार के साथ जिम्मेदारी नागरिकता जन्म लेती है। यह एक स्थिर जनसंख्या के साथ एक समृद्ध राष्ट्र के लिए रास्ता साफ करेगा। औद्योगिक भागीदारों तथा सामाजिक संगठनों के साथ विभिन्न विभागों द्वारा ग्रामीण विकास का समन्वित लक्ष्य भी आवश्यक है।

भारत समृद्ध जैव-विविधतावाले कुछ देशों में ऊपर की श्रेणी में है। हर्बल क्षेत्र में, पोषण, रोगों के बचाव तथा उपचार के लिए विभिन्न उत्पाद विकसित करने की काफी संभावनाएँ हैं। 61 खरब अमेरिकी डॉलर के वैश्विक हर्बल उत्पाद बाजार में चीन का लगभग 6 खरब अमेरिकी डॉलर का हिस्सा है, जबकि भारत का हिस्सा 1 खरब अमेरिकी डॉलर का भी नहीं है। इस क्षेत्र में प्रगति के लिए विशाल अवसर हैं।

पुष्प कृषि तथा जल कृषि को भी बड़े पैमाने पर बढ़ाने के लिए भारत में ऐसी ही क्षमताएँ हैं। इन प्राकृतिक संसाधनों के लिए ज्ञान आधारित मूल्य-संवर्धन का अर्थ होगा, केवल कच्चे माल की अपेक्षा मूल्य-संवर्धित उत्पादों का निर्यात। व्यवसायीकरण तथा विपणन के लिए सूचना प्रौद्योगिकी का इस्तेमाल हमारी पहुँच तथा गति को अत्यंत तीव्र कर सकता है।

बिजनेस हाउसवाले भारतीय जैव प्रौद्योगिकीविदों के पास उपलब्ध जीनोमिक डाटा के विश्लेषण का अवसर होगा, जो स्वास्थ्य देख-रेख तथा उपचार के लिए दवाओं के उत्पादन को प्रेरित करेगा। प्रौद्योगिकी में रूपांतरित होता जैव अनुसंधान कृषि उत्पादों के उच्च उत्पादन में मदद करेगा। उत्पादकता बढ़ाने के लिए जेनेटिकली संशोधित बीजों के साथ कीट-मुक्त कृषि उत्पादन प्रदान करने में जैव प्रौद्योगिकी के क्षेत्र में अत्यंत संभावनाएँ हैं।

किसी भी समाज के सभी स्तरों पर स्वास्थ्य आपूर्ति उद्योग के विकास को राजनीतिक इच्छा-शक्ति तथा सामाजिक बोध द्वारा सहयोग मिलना चाहिए। इसलिए उसे मानव जीवन का स्तर सुधारनेवाले प्रकार से 'कॉस्ट इफेक्टिव' स्वास्थ्य सेवा उपलब्ध कराते हुए उभरती चुनौतियों का सामना करना चाहिए। लक्ष्य है-वर्ष 2020 तक सभी के लिए स्वास्थ्य। विभिन्न ग्राम समूहों के लिए मोबाइल क्लीनिक आरंभ करके गैर-सरकारी संगठन इसमें सहयोग दे सकते हैं। स्वास्थ्य के क्षेत्र की तरह रणनीतिक प्रौद्योगिकियों में क्रांति ने मानव जीवन तथा देशों की सुरक्षा पर कई उल्लेखनीय प्रभाव डाले हैं।

गहन अध्ययन कैसे करें

इक्कीसवीं सदी ज्ञान युग या बौद्धिक युग से संबंधित है जहाँ ज्ञान की प्राप्ति, उपलब्धि और प्रयोग सबसे महत्त्वपूर्ण संसाधन हैं। इसलिए भारत जैसे विकासशील देश के लिए एक बौद्धिक समाज के रूप में विकसित होना और खुद को एक बौद्धिक अर्थव्यवस्था में बदलने के तरीकों व उपायों की पड़ताल करना आवश्यक है। यह अध्याय इस पहलू की विस्तृत पड़ताल करता है। यह अध्याय भारत के लिए विशिष्ट नवीन आदर्शों को भी प्रस्तुत करता है, जैसे सरकारी प्रशासन तथा प्रबंधन में पारदर्शिता लाने के लिए प्रयास।

'इक्कीसवीं सदी में पूँजी या श्रम के बजाय ज्ञान प्राथमिक उत्पादन संसाधन है।'

बौद्धिक समाज-परिभाषा और विशेषताएँ

पीटर एफ. ड्रकर के अनुसार बौद्धिक समाज एक ऐसा समाज है, जिसमें निम्नलिखित चीजें हों -

सीमाहीनता, क्योंकि ज्ञान धन से भी अधिक सहजता से भ्रमण करता है। ऊपर की ओर गतिशीलता, सरलता से प्राप्त औपचारिक शिक्षा द्वारा प्रत्येक को उपलब्ध। विफलता और सफलता दोनों की संभावना। हर कोई 'उत्पादन के माध्यम', यानी किसी नौकरी के लिए आवश्यक ज्ञान, प्राप्त कर सकता है; लेकिन हर कोई नहीं जीत सकता।

इक्कीसवीं सदी का संबंध बौद्धिक समाज से है। इसलिए विभिन्न देश ज्ञान की गतिकी को समझते हुए तथा उसे धन में परिणत करते हुए खुद को बौद्धिक समाज में बदलेंगे।

बौद्धिक समाज की विशेषताएँ

वह अपने सभी घटकों द्वारा ज्ञान का इस्तेमाल करता है और अपने लोगों को सशक्त तथा समृद्ध बनाने का प्रयास करता है। वह सामाजिक बदलाव को प्रेरित करने के लिए ज्ञान को एक शक्तिशाली उपकरण के रूप में प्रयुक्त करता है।

वह नवीन प्रयोगों के प्रति प्रतिबद्ध एक विद्वान् समाज होता है। उसमें ज्ञान को उत्पन्न करने, अवशोषित करने, प्रसारित करने, सुरक्षित करने तथा उसे आर्थिक संपन्नता और सामाजिक कल्याण में इस्तेमाल करने की क्षमता होती है।

सामाजिक परिवर्तन

पिछली कुछ शताब्दियों के दौरान दुनिया कई सामाजिक परिवर्तनों से गुजरी है। उसने कृषि समाज के रूप में अपना विकास शुरू किया जहाँ शारीरिक श्रम सबसे महत्त्वपूर्ण कारक था और आर्थिक विकास बड़े पैमाने पर प्राकृतिक उत्पादों, जैसे कच्चे माल तथा कृषि उत्पादों, पर आधारित था।

औद्योगिक क्रांति के आगमन के साथ आर्थिक विकास बड़े पैमाने पर प्रौद्योगिकीय विकास द्वारा प्रेरित हुआ, जिसके कारण मानव संसाधन का स्थान मशीनों ने ले लिया। भारत औद्योगिक क्रांति का पूरी तरह लाभ नहीं उठा पाया, क्योंकि उन दशकों में हमारा देश विदेशी शासकों के अधीन था। लेकिन लाइसेंसधारी औद्योगिक संस्थान जरूर उभरे।

इस समाज ने स्पष्ट ज्ञान, यानी प्रौद्योगिकी के माध्यम से अपने उत्पादों को मूल्य-संवर्धित करके औद्योगिक उत्पाद उत्पन्न किए जिन्होंने देशों के आर्थिक विक्रम को प्रोत्साहित किया। इस प्रकार प्रौद्योगिकी, पूँजी और श्रम के प्रबंधन ने आर्थिक विकास में इस परिवर्तन के लिए प्रतिस्पर्धात्मक लाभ प्रदान किया।

विश्व एक सूचना समाज में प्रवेश कर चुका है। यह समाज नेटवर्किंग के झरा स्पष्ट ज्ञान में और मूल्य-संवर्धन करके आर्थिक विकास प्राप्त करता है। इस ज में अब कनेक्टिविटी और सॉफ्टवेयर उत्पाद देशों की अर्थव्यवस्था को संचालित कर रहे हैं।

भारत की बौद्धिक परंपरा

जैसे कि हमने पहले भी चर्चा की है, भारत एक समृद्ध प्राकृतिक संसाधनों वाला देश है और कीमती जन-संसाधन के रूप में उसके पास 1 अरब लोग हैं।

इसके अतिरिक्त कुछ क्षेत्रों में इस देश को प्रतिस्पर्धात्मक लाभ प्राप्त है। हमारे पास उपलब्ध इन संपदाओं के विस्तृत क्षेत्र और संबंधित मुद्दों पर नजर डालते हैं।

भारतीय सभ्यता की प्रभावशाली उपलब्धियों को देखने पर यह विश्वास प्रबल हो जाता है कि भारत पिछली सहस्त्राब्दी में एक उन्नत समाज था। कई धर्मों के संतों, दार्शनिकों, कवियों, वैज्ञानिकों, खगोलविदों और गणितज्ञों के प्रेरक योगदानों के द्वारा बौद्धिक पुनर्जागरण की प्रक्रिया निरंतर चलती रही। उनके नए तथा मौलिक विचारों, सिद्धांतों और व्यवहारों ने हमारे अपने बौद्धिक समाज के लिए एक ठोस आधार प्रदान किया।

शिक्षा के क्षेत्र में भारत बहुत उन्नत था। यहाँ तक्षशिला और नालंदा जैसे महान् विश्वविद्यालय थे, जहाँ न केवल भारत बल्कि सुदूर देशों जैसे बेबीलोन, ग्रीस, सीरिया, अरेबिया तथा चीन से विद्यार्थी विभिन्न विषयों भाषा, व्याकरण, दर्शनशास्त्र, औषधि-विज्ञान, सर्जरी, धनुर्विद्या, एकाउंट्स, वाणिज्य, भविष्य-विज्ञान, दस्तावेजीकरण, तंत्र-विद्या, संगीत, नृत्य तथा छिपे हुए खजानों को खोजने की विद्या सीखने के लिए आते थे। शिक्षकों के पैनल में कौटिल्य, पाणिनि, जीवक, अभिनवगुप्त तथा पतंजलि जैसे प्रसिद्ध आचार्य थे।

भारत ने शून्य का आविष्कार किया, जिसने गणना की दोहरी प्रणाली की आधारशिला रखी जिस पर वर्तमान कंप्यूटर निर्भर हैं। अल्बर्ट आइंस्टाइन ने कहा था, 'हम इसका श्रेय भारतीयों को देते हैं जिन्होंने हमें गणना करना सिखाया, जिसके बिना कोई भी महत्त्वपूर्ण वैज्ञानिक खोज नहीं की जा सकती थी।' इसी प्रकार, भारत ने दशमलव पद्धति का आविष्कार किया।

यूकलिड से काफी पहले भारत में 'ज्यामिति' के नाम से रेखागणित का प्रयोग किया जाता था। आर्यभट ने किसी वृत्त की परिधि और व्यास के अनुपात को पाई के रूप में परिभाषित किया था और दशमलव के चार अंकों तक इसका शुद्ध मान बतलाया था।

इसी प्रकार, 1,500 वर्ष पहले, 'सूर्य सिद्धांत' में भास्कराचार्य ने सूर्य की परिक्रमा में पृथ्वी द्वारा लिये गए समय की 9 दशमलव स्थानों में गणना की। इसके अलावा, कोपरनिकस

से 1,000 वर्ष पहले आर्यभट ने कहा था कि पृथ्वी सूर्य के चारों ओर घूमती है, जबकि 'सूर्य सिद्धांत' में भास्कराचार्य ने गुरुत्वाकर्षण के नियम को पहचाना था। औषधि-विज्ञान के क्षेत्र में चरक ने आयुर्वेद को समेकित किया था और 2.500 वर्ष पहले सुश्रुत ने जटिल शल्य क्रियाएँ की थीं।

हमें अपनी वैज्ञानिक उपलब्धियों पर गर्व होना चाहिए। लेकिन यह सारी जानकारी भारत के बाहर शेष विश्व को ज्ञात नहीं है, क्योंकि इन पर आगे शोध नहीं हुआ या इनका प्रसार नहीं हुआ।

भारतीय सभ्यता की प्रभावशाली उपलब्धियों को देखने पर यह विश्वास प्रबल हो जाता है कि भारत पिछली सहस्राब्दी में एक उन्नत समाज था। कई धर्मों के संतों, दार्शनिकों, कवियों, वैज्ञानिकों, खगोलविदों और गणितज्ञों के प्रेरक योगदानों के द्वारा बौद्धिक पुनर्जागरण की प्रक्रिया निरंतर चलती रही। उनके नए तथा मौलिक विचारों, सिद्धांतों और व्यवहारों ने हमारे अपने बौद्धिक समाज के लिए एक ठोस आधार प्रदान किया।

यूकलिड से काफी पहले भारत में 'ज्यामिति' के नाम से रेखागणित का प्रयोग किया जाता था। आर्यभट ने किसी वृत्त की परिधि और व्यास के अनुपात को पाई के रूप में परिभाषित किया था और दशमलव के चार अंकों तक इसका शुद्ध मान बतलाया था। हमें अपनी वैज्ञानिक उपलब्धियों पर गर्व होना चाहिए। लेकिन यह सारी जानकारी भारत के बाहर शेष विश्व को ज्ञात नहीं है, क्योंकि इन पर आगे शोध नहीं हुआ या इनका प्रसार नहीं हुआ।

स्वप्न के लिए लक्ष्य

देश भर में, चाहे वह केरल का एक सुदूर गाँव हो या नगालैंड का सुदूर ग्रामीण क्षेत्र या जम्मू-कश्मीर में उड़ी का इलाका, जीवन के सभी क्षेत्रों से संबंधित लोगों के साथ विचार-विमर्श के दौरान हमने एक समृद्ध भारत में रहने और अगले दो दशकों में अपने देश को विकसित बनाने की उम्मीद महसूस की। इसलिए परिभाषित लक्ष्यों, प्रत्येक लक्ष्य के लिए पहचाने गए प्रमुख कार्यों और उपयुक्त प्रबंधन संरचना तथा फंडिंग के साथ आगे चलने का समय आ गया है।

साक्षरता आंदोलन

प्राचीन समय में भारत विद्या का एक महान् केंद्र था। नालंदा विश्वविद्यालय में तीस देशों के विद्वान् वेद, तर्कशास्त्र, व्याकरण, धार्मिक दर्शनशास्त्र, खगोल विज्ञान, चिकित्सा तथा गणित का अध्ययन करते थे। दुर्भाग्यवश, आज भारत को शिक्षा के क्षेत्र में वह गौरव प्राप्त नहीं है।

हमारी साक्षरता दर केवल 65 प्रतिशत है। भारत शिक्षा पर अपने सकल राष्ट्रीय उत्पाद का 3.8 प्रतिशत खर्च करता है। पंद्रह वर्ष से ऊपर की हमारी 46 प्रतिशत जनसंख्या अशिक्षित है। शिक्षा पर कई राष्ट्रीय नीतियाँ आईं और गईं, परंतु अशिक्षा को पूरी तरह समाप्त करने के लिए अब भी बड़े पैमाने पर गंभीर प्रयास की आवश्यकता है। कुछ राज्यों ने इस क्षेत्र में अच्छा प्रदर्शन किया है, परंतु अब भी बहुत कुछ किया जाना बाकी है। हाल ही में उच्च विद्यालय स्तर तक अनिवार्य शिक्षा के लिए एक शिक्षा विधेयक पास किया गया है। इसे अवश्य कार्यान्वित स्वप्न के लिए लक्ष्य देश भर में, चाहे वह केरल का एक सुदूर गाँव हो या नगालैंड का सुदूर ग्रामीण क्षेत्र या जम्मू-कश्मीर में उड़ी का इलाका, जीवन के सभी क्षेत्रों से संबंधित लोगों के साथ विचार-विमर्श के दौरान हमने एक समृद्ध भारत में रहने और अगले दो दशकों में अपने देश को विकसित बनाने की उम्मीद महसूस की। इसलिए परिभाषित लक्ष्यों, प्रत्येक लक्ष्य के लिए पहचाने गए प्रमुख कार्यों और उपयुक्त प्रबंधन संरचना तथा फंडिंग के साथ आगे चलने का समय आ गया है।

हम भाग्यशाली हैं कि हमारे पास कुछ उत्तम विद्यालय तथा प्रोफेशनल संस्थान, जैसे इंडियन इंस्टीट्यूट ऑफ साइंस, इंडियन इंस्टीट्यूट ऑफ टेक्नोलॉजी और इंडियन स्कूल ऑफ मैनेजमेंट हैं। जैसे-जैसे हम एक बौद्धिक समाज में बदल रहे हैं, यह आवश्यक है कि शिक्षा को सबसे ऊँचा स्थान मिलना चाहिए। पैंतीस वर्ष से कम आयु के 70 करोड़ के विशाल संसाधन को एक समृद्ध अर्थव्यवस्था बनाने के लिए इस्तेमाल किया जा सकता है। लेकिन साथ ही यह भी सुनिश्चित किया जाना चाहिए कि निम्न आय वर्ग भी शिक्षा के खर्च को वहन कर सके।

नारी शिक्षा

हमारे देश में नारी शिक्षा को प्राथमिकता मिलनी चाहिए। जब महिलाओं को अधिकार प्राप्त होंगे तो एक स्थिर समाज उभरेगा। इसका परिणाम एक छोटे परिवार और बच्चों को बेहतर शिक्षा के रूप में सामने आएगा। हमें लड़कियों के लिए माध्यमिक शिक्षा तथा विश्वविद्यालय शिक्षा को सुनिश्चित करना होगा। हमें स्कूलों तथा कॉलेजों को जोड़ते हुए ई-शिक्षा की स्थापना करनी चाहिए। शिक्षा को व्यावसायिक प्रशिक्षण के भी अवसर प्रदान करने चाहिए तथा विद्यार्थियों को उद्यमियों में रूपांतरित करना चाहिए।

प्रौढ़ शिक्षा

10 करोड़ अशिक्षित वयस्कों को शिक्षा देने के लिए भी एक व्यवस्थित योजना बनाने की आवश्यकता है। छुट्टियों के दौरान उच्च विद्यालयों के विद्यार्थी और शिक्षक निकट के

गाँवों में वयस्कों को पढ़ा सकते हैं। हर विद्यार्थी को कम-से-कम पाँच वयस्क को शिक्षित करना चाहिए और उन्हें पढ़ने-लिखने के योग्य बनाना चाहिए। अभिभावकों को अपने बच्चों की ऐसी गतिविधियों को प्रोत्साहित करना चाहिए।

सक्षम शिक्षक

शिक्षकों को देश का सबसे उत्तम बौद्धिक वर्ग होना चाहिए। अपनी बुद्धि तथा नैतिक मूल्यों द्वारा अच्छे शिक्षक विद्यार्थियों को अनुसंधान के लिए आकर्षित करते हैं और उन्हें अच्छे गुण प्रदान करते हैं। यह विद्यार्थियों को देश के विकास के एकमात्र लक्ष्य के साथ-साथ अच्छा नागरिक बनाता है।

उच्च शिक्षा तथा औद्योगिक भागीदारी

बौद्धिक अर्थव्यवस्था तथा सामाजिक रूपांतरण को साकार करने के लिए उच्च शिक्षा एक महत्त्वपूर्ण तत्त्व है। इसलिए उच्च शिक्षा को राष्ट्रीय विकास के साथ जोड़ा जाना चाहिए। कुछ उपायों को अपनाकर इसे संभव बनाया जा सकता है; जैसे- विकास में निवेश को शिक्षा में निवेश के साथ समन्वित करना। चयनित विश्वविद्यालयों को अनुसंधान के शक्तिस्रोत बनने के लिए विकसित करना। नई अर्थव्यवस्था के उद्योगों और चुने हुए विश्वविद्यालय समूहों के बीच सामंजस्य स्थापित करना। नीतिगत शोध के लिए विश्वविद्यालय केंद्र स्थापित करना। उद्योग से निवेश को प्रोत्साहित करना। संयुक्त प्रयासों के लिए शैक्षिक संस्थानों में प्रणालियाँ स्थापित करना।

किसी विश्वविद्यालय के संकाय को विभिन्न कक्षाओं तथा अन्य विश्वविद्यालयों से जोड़ने के लिए सूचना व संचार प्रौद्योगिकी का प्रयोग किया जा सकता है। संभवतः फाइबर ऑप्टिक लीज लाइन केबल या सेटेलाइट लाइन के एक संयोजन का प्रयोग किया जा सकता है। आज प्रौद्योगिकी इस हद तक उन्नत हो चुकी है कि हम सभी मानव ज्ञान को डिजिटल रूप में स्टोर करने की भी सोच सकते हैं। इस दिशा में एक प्रयास भाषा से परे एक सार्वभौमिक डिजिटल लाइब्रेरी का निर्माण है। भारत में 25 करोड़ पृष्ठों या कहें, लगभग 10 लाख पुस्तकों को दो वर्ष के समय में डिजिटाइज करने का कार्यक्रम है। इसके लिए हमारे पास आधुनिक प्रौद्योगिकियाँ और मशीनरी उपलब्ध हैं।

'रीच' मिशन

विज्ञान तथा प्रौद्योगिकी विभाग ने 'रीच' यानी रेलिवेंस एंड एक्सीलेंस इन एचीविंग न्यू हाइट्स के साथ एक मिशन सामने रखा है। इस मिशन को औद्योगिक महत्त्व के क्षेत्रों को

प्रोत्साहित करने तथा मिशन में भागीदार उद्योगों को प्रशिक्षित जन-शक्ति उपलब्ध कराने के लिए विद्यमान इंजीनियरिंग संस्थानों में 'सेंटर्स ऑफ एक्सीलेंस' की स्थापना के उद्देश्य से आरंभ किया गया है।

यह वर्ष 2020 तक विकसित भारत के लक्ष्य को प्राप्त करने के लिए कई मिशनों में से एक है। इसका उद्देश्य समान शैक्षिक कार्यक्रम तथा संयुक्त अनुसंधान और श्रेष्ठता प्राप्त करने के प्रति समर्पण की समान अवधारणावाले 80-100 केंद्रों की स्थापना है जो आदान-प्रदान के जरिए इलेक्ट्रॉनिक रूप से जुड़े रहेंगे।

जल लक्ष्य

आज 6 अरब की वैश्विक जनसंख्या के साथ कम-से-कम 3 अरब की सीमित, या प्रचुर जल आपूर्ति तक पहुँच है। परंतु वर्ष 2025 तक, जब विश्व की जनसंख्या 8 अरब हो जाएगी, यह जानना कष्टदायक है कि केवल 1 अरब लोगों जल विश्व स्तर पर जल की कमी की इस समस्या के कुछ समाधान हैं। लेकिन हमें प्रयास अभी से आरंभ करने होंगे। ऐसा जल के पुनर्वितरण द्वारा किया जा सकता है।

हमने ग्रामीण तथा शहरी इलाकों में वर्षा जल के संग्रहण को विस्तृत रूप से प्रोत्साहित करके तथा नदियों की नेटवर्किंग द्वारा इस दिशा में प्रयास आरंभ कर दिया है। इनके अतिरिक्त हमें पानी की बड़े पैमाने पर बरबादी को रोकना होगा और शहरी तथा ग्रामीण इलाकों को जल पुनर्संसाधन प्रौद्योगिकियों को उपलब्ध कराना होगा। तटीय क्षेत्रों में एक अन्य क्षेत्रीय समाधान समुद्री जल के निर्लवणीकरण (खारापन समाप्त करने की प्रक्रिया) द्वारा ताजे पानी के नए शाश्वत स्रोतों का निर्माण है। इन सभी समाधानों में भारत द्वारा की गई पहल अन्य देशों के लिए अनुसरणीय होगी।

नदियों की नेटवर्किंग

बाढ़ तथा अकाल को नियंत्रित करने, सभी क्षेत्रों के लिए पेयजल उपलब्ध कराने, सामानों के परिवहन तथा कृषि योग्य भूमि तैयार करने के लिए नदियों की नेटवर्किंग आवश्यक है। यह मिशन ग्रामीण जनसंख्या को रोजगार अवसर भी प्रदान करेगी। और सबसे ऊपर, यह नेटवर्किंग पर्यावरणीय अपग्रेडेशन तथा राष्ट्रीय कनेक्टिविटी को प्रेरित करेगी।

विविध उच्च प्रौद्योगिकी विकास

विज्ञान और प्रौद्योगिकी ऐसे मिशन को संपन्न करने में निश्चित रूप से मदद कर सकते हैं। अधिकतम जल मार्गों के सर्वेक्षण तथा विकास, पर्यावरणीय तथा पौधा-रोपण आवश्यकताओं के मानचित्रण तथा सभी ऋतुओं और सभी समय समन्निगत जल-प्रवाह

की निरंतर निगरानी के लिए दूर संवेदन यानी रिमोट सेंसिंग का इस्तेमाल किया जा सकता है। इसके लिए हमारी समन्वित नदी प्रणालियों के लिए एक समर्पित उपग्रह समूह की आवश्यकता होगी। एक ऐसी योजना संभव है, जिसके द्वारा गंगा की चौदह हिमालयी सहायक नदियों और उत्तर भारत में ब्रह्मपुत्र नदी को जोड़ा जा सके तथा उसे नहरों की एक श्रृंखला और विंध्य पहाड़ियों के पार पंपिंग स्टेशनों के माध्यम से दक्षिण में स्थानांतरित किया जा सके, जिससे गोदावरी, कृष्णा और कावेरी सहित सत्रह दक्षिणी नदियों में फिर से जल भरा जा सकेगा। इस कार्य को एक चरणबद्ध रूप में संपन्न किया जाना है। सरकार द्वारा गठित टास्क फोर्स इस योजना का अध्ययन कर रहा है। नदियों की नेटवर्किंग युवाओं के लिए एक चुनौती है।

ज्ञान युग के आरंभ में भारत सही स्थान पर है। हमें इस अवसर को खोना नहीं चाहिए। हमारी संस्कृति और सभ्यता युगों से उन महान् विचारकों द्वारा समृद्ध की जाती रही है, जिन्होंने हमेशा जीवन को मस्तिष्क, शरीर तथा बुद्धि के मेल के रूप में एक समन्वित रूप में देखा है। आनेवाले दशकों में हमारे युवा सभ्यतागत तथा आधुनिक प्रौद्योगिकीय धाराओं का एक संगम देखेंगे।

आज हमारे युवा वैज्ञानिक अनुसंधान, आविष्कार और नवीन प्रयोग में संलग्न होने की बेहतर स्थिति में है; क्योंकि ये उच्च प्रौद्योगिकी विकास के बड़े घटक हैं। इन कारकों के बीच एक भिन्नता स्थापित करना उपयोगी है। वैज्ञानिक अनुसंधान भौतिक विश्व की प्रकृति के ज्ञान की प्राप्ति से संबंधित है। आविष्कार किसी नए उत्पाद, प्रक्रिया या सेवा का निर्माण या किसी ऐसी चीज का निर्माण है जो अस्तित्व में नहीं है।

भारत के बच्चों व युवाओं के पास विज्ञान तथा प्रौद्योगिकी को माध्यम के रूप में इस्तेमाल करते हुए वर्ष 2020 तक 'विकसित भारत' के लक्ष्य द्वारा देश के लिए योगदान करने का एक अनूठा अवसर है। भारतीय मस्तिष्कों के पास महान् सभ्यतागत क्षमताओं तथा बौद्धिक कुशलता पर आधारित मूल्य-प्रणालियाँ हैं। कुछ प्रौद्योगिकियों में हमारी मूल क्षमता और उत्तम मानव संसाधन के साथ प्राकृतिक संसाधनों में मूल्य-संवर्धन की प्रवृत्ति और बेहतर स्वास्थ्य सेवाओं तथा आधारभूत तंत्र के साथ भारत का एक विकसित देश में रूपांतरण संभव है। एक अरब लोगों की प्रौद्योगिकीय क्षमताएँ ब्रह्मांड की विकिरित ऊर्जा के बराबर है। अपने विचारों को प्रेरित करते हैं और विचार कार्य में परिणत होते हैं।

हमारे विकसित भारत के लक्ष्य को आगे बढ़ाने के लिए प्रत्येक नागरिक के सहयोग की आवश्यकता है। प्रज्वलित युवा मस्तिष्क लक्ष्यों को प्राप्त करने के लिए शक्तिशाली

इंजन का काम करते हैं। युवाओं का अदम्य उत्साह, राष्ट्र-निर्माण की क्षमता और रचनात्मक नेतृत्व भारत को प्रतिस्पर्धात्मक लाभ और विश्व में सही स्थान दिलाएँगे।

भारत वर्ष 2020 तक एक विकसित राष्ट्र कैसे बनेगा

डॉ कलाम का कहना था - "सपने वो नहीं होते जो सोने पर आते हैं बल्कि सपने वो होते हैं जो सोने नहीं देते हैं।"

उन्होंने प्रौद्योगिकी को ऐसा ईंधन माना जिससे देश के विकास रूपी वाहन को ऊर्जा और गति मिलती है। यही कारण है कि उन्होंने सदैव ही अर्थव्यवस्था में बजट का एक बड़ा हिस्सा उच्च शिक्षा और विशेषकर तकनीकी शिक्षा पर खर्च करने की वकालत की।

उन्होंने प्रक्षेपण यानि मिसाइल तकनीक, सिस्टम इंजिनियरिंग, सिस्टम इंटीग्रशन, वायुयान सिस्टम आदि तकनीकों का विस्तारपूर्वक वर्णन किया है। डॉ कलाम का कहना था -

> *"बारिश में पक्षी अपना आसरा ढूंढते हैं पर गरूड़ बारिश की परवाह किए बिना ही उड़ता रहता है और अपनी उड़ान इतनी ऊंची कर लेता है कि बादलों के पार निकल जाता है।"*

एक अवसर पर उन्होंने कहा - *"सूर्य की तरह चमकना है तो पहले उसकी तरह तपना सीखो।"*

राष्ट्रपति पद से मुक्त होने के बाद शिलांग के एक शैक्षिक संस्थान में व्याख्यान देते हुए उन्होंने कहा - *"इंसान जब तक जीवित है, उसे काम करते रहना चाहिए।"*

शिक्षा प्रणाली

डॉ ए पी जे अब्दुल कलाम व्यक्तिगत विकास के लिए प्राथमिक प्रेरक शक्ति के रूप में शिक्षा के बहुत बड़े समर्थक थे। उनका मानना था कि ज्ञान ही व्यक्ति को महान बनाता है। अपने जीवनकाल में अर्जित की गई अनेक उपाधियों के बावजूद, दूरदर्शी व्यक्ति खुद को शिक्षक कहलाना पसंद करते थे। दिल्ली सचिवालय में आयोजित एक कार्यक्रम में दिल्ली के मुख्यमंत्री की मौजूदगी में डॉ कलाम ने दावा किया कि वह अपने करियर की शुरुआत से ही शिक्षक थे।

डॉ कलाम का मानना था कि हमारी शिक्षा प्रणाली में कुछ सुधारों की आवश्यकता है। चाहे वह भावना हो या ज्ञान प्रदान करने की व्यावहारिकता। दिल्ली सचिवालय में अपने भाषण में उन्होंने स्कूली स्तर पर कौशल आधारित शिक्षा को शामिल करने पर जोर दिया। दिल्ली में आयोजित कार्यक्रम में डॉ अब्दुल कलाम ने कहा - "जब छात्र सीनियर सेकेंडरी स्कूलों से पास होते हैं, तो उनके पास दो प्रमाण पत्र होने चाहिए - 10+2 परीक्षा उत्तीर्ण करने का और स्कूली शिक्षा के दौरान अर्जित किसी विशिष्ट कौशल का।"

उनके अनुसार, सामान्य पाठ्यक्रम के अलावा बच्चों को एक कौशल सेट के लिए विशेष प्रशिक्षण दिया जाना चाहिए जो एक अतिरिक्त प्रमाणन प्रदान करेगा जो न केवल उन्हें स्कूल के बाद नौकरी पाने में मदद करेगा बल्कि उन्हें वास्तविक दुनिया के उद्योगों के काम करने के तरीके से भी अवगत कराएगा। बुनियादी ढांचे की लागत से निपटने के लिए उन्होंने पहियों पर इंजीनियरिंग लैब से युक्त मोबाइल सेटअप पर प्रकाश डाला जो एक दिन में कई स्कूलों को कवर कर सकता है।

बेरोज़गारी

भारत रत्न पुरस्कार विजेता बेरोज़गारी के मुद्दे पर एक अलग दृष्टिकोण में विश्वास करते थे। उन्होंने वर्तमान रोज़गार परिदृश्य के समग्र दृष्टिकोण पर ज़ोर दिया। आईआईटी बॉम्बे के 54वें स्थापना दिवस पर डॉ अब्दुल कलाम ने कहा था - "वर्तमान संदर्भ में, शिक्षा प्रणाली को इस तरह से डिज़ाइन किया जाना चाहिए कि वह बड़ी संख्या में रोज़गार सृजक पैदा करे, न कि केवल रोज़गार चाहने वाले।" उनके अनुसार, कम उम्र में ही किसी खास हुनर को अपनाने से देश में उद्यमिता को बढ़ावा मिलेगा। इस तरह की शिक्षा प्रणाली से नौकरी चाहने वालों के बजाय नौकरी देने वाले पैदा होंगे।

बहुमुखी प्रतिभा : कलाम के कलाम

डॉ कलाम बहुमुखी प्रतिभा के धनी थे। आमतौर पर यह देखा गया है कि विज्ञान के सभी विषयों में पारंगत व्यक्ति साहित्य और कविता आदि से विमुख रहते हैं। उन्हें इतना समय ही नहीं मिलता कि वह अपने विषय के अतिरिक्त अन्य विषयों पर ध्यान केंद्रित करें। अपने नाम को सार्थक करते हुए डॉ कलाम ने 'कलाम' यानी कविताएं रची। बेशक उनकी अधिकांश कविताओं में विज्ञान की झलक है लेकिन वह प्रेरणा स्रोत हैं। डॉ कलाम की एक कविता का हिंदी अनुवाद -

ज्ञान का दीप जलाए रखूंगा,
हे भारतीय युवक, ज्ञानी-विज्ञानी,
मानवता के प्रेमी,
संकीर्ण तुच्छ लक्ष्य की लालसा पाप है,
मेरे सपने बड़े है, जिन्हें पूरा करने के लिए,
मैं बड़ी मेहनत करूंगा,
मेरा भारत महान हो, यह प्रेरणा का
भाव अमूल्य है,
इसी धरती पर दीप जलाऊंगा, ज्ञान
का दीप जलाए रखूंगा,
जिससे मेरा भारत महान हो, मेरा भारत महान हो ।

300 करोड़ लोगों को समर्थ बनाना है

डॉ. कलाम ने दक्षिणी गोलार्द्ध के देशों में परस्पर सहयोग को बढ़ाने के लिए प्रौद्योगिकी आधारित एक पहल की। अफ्रीकी महाद्वीप के सभी देशों को भारतीय शिक्षा और स्वास्थ्य परिचर्या सेवाएं प्रदान करने के लिए भारत सरकार की एक कार्यान्वयन एजेन्सी के रूप में टी सी आई एल ने पैन अफ्रीकी ई नेटवर्क परियोजना प्रारंभ की है। इसके अंतर्गत 5 भारतीय विश्वविद्यालय, 12 भारतीय अति विशेषज्ञतायुक्त अस्पताल तथा टी सी आई एल भवन स्थित डेटा केंद्र एम पी एल एस नेटवर्क पर उपग्रह नेटवर्क के माध्यम से 53 अफ्रीकी देशों के साथ जुड़े हुए हैं तथा प्रत्येक अफ्रीकी देश का एक अध्ययन केंद्र, एक रोगी अंत्य अस्पताल, एक वीवी आई पी नोड है। टी सी आई एल डेटा सेंटर तथा डेकार, सेनेगल स्थित उपग्रह हब स्टेशन के बीच आई पी एल सी लिंक है जो भारत और अफ्रीका को जोड़ता है। इस नेटवर्क का उद्घाटन 26 फरवरी, 2009 को किया गया था। भारतीय विश्वविद्यालयों तथा अति विशेषज्ञतायुक्त अस्पतालों से दूर-शिक्षा, दूर-चिकित्सा तथा सी एम ई के लिए इसका प्रयोग किया जा रहा है। भारतीय विश्वविद्यालयों द्वारा स्नातकोत्तर, स्नातकपूर्व, डिप्लोमा और प्रमाणपत्र कार्यक्रमों का प्रसारण किया जा रहा है। 8200 से भी अधिक विद्यार्थी भारतीय विश्वविद्यालयों में पंजीकृत हो चुके हैं। प्रारंभ से अब तक 3000 से भी अधिक दूर-शिक्षा सत्र 2214 से भी अधिक सी एम ई सत्र तथा 416 से भी अधिक दूर-चिकित्सा परामर्श आयोजित किए जा चुके हैं। इस नेटवर्क से दूर-शिक्षा और दूर-चिकित्सा सेवाओं के लिए निर्धारित उद्देश्यों के अनुसार सफलतापूर्वक प्रसारण किया जा रहा है।

इस नेटवर्क का प्रयोजन भारत और अफ्रीका के सुप्रसिद्ध व्यक्तियों द्वारा टी सी आई एल भवन स्थिन पैन अफ्रीकी ई-नेटवर्क परियोजना के स्टूडियो से कला, संस्कृति, शिक्षा और प्रौद्योगिकी आदि विभिन्न क्षेत्रों से संबंधित विशेष व्याख्यानों के प्रसारण का आयोजन करना भी रखा गया था। आधुनिक युग में सामाजिक-आर्थिक विकास के लिए विद्यार्थी, डॉक्टर, प्रशासक तथा विभिन्न क्षेत्रों में महत्वपूर्ण मामलों में निर्णायक की भूमिका निभाने वाले व्यक्ति उपर्युक्त सुप्रसिद्ध व्यक्तियों के ज्ञान और अनुभवों का फायदा उठा सकते हैं। विशेष व्याख्यानमाला का प्रथम व्याख्यान भारत के पूर्व राष्ट्रपति तथा

पैन अफ्रीकी ई-नेटवर्क परियोजना के जनक डॉ अब्दुल कलाम द्वारा दिया गया। उनके व्याख्यान का विषय था 300 करोड़ लोगों को समर्थ बनाना।

300 करोड़ लोगों को समर्थ बनाने का उनका व्याख्यान उनकी पुस्तक लक्ष्य 300 करोड़ पर आधारित था जिसमें अविकसित, विकासशील और विकसित विश्व के अधिक निर्धन क्षेत्रों के निवासी 300 करोड़ लोगों को समर्थ बनाने के मनोरथ पर विशेष बल दिया गया है। इन लोगों की हालत ऐसी है कि विकास के वैश्विक मॉडल के साथ उनकी प्रतिभा और संसाधनों का पूरा उपयोग नहीं हो पाता जिसके फलस्वरूप वे लोग गरीबी से निकल नहीं पाते। डॉ कलाम के अनुसार शहरी सुविधाओं को ग्रामीण क्षेत्रों में उपलब्ध कराने तथा ग्रामीण क्षेत्रों को बाहरी बाज़ारों के साथ जोड़ने के लिए नवीन और पर्यावरण के अनुकूल समाधानों के माध्यम से 300 करोड़ लोगों को समर्थ बनाया जा सकता है।

डॉ ए पी जे अब्दुल कलाम का व्याख्यान

पैन अफ्रीकी ई-नेटवर्क परियोजना पर उन्होंने प्रेरणादायक व्याख्यान दिया था। उसके कुछ अंश निम्नलिखित हैं -

"प्रिय मित्रों! पैन अफ्रीकी ई-नेटवर्क के भारतीय शिक्षा संस्थाओं में पंजीकृत विद्यार्थियों को संबोधित करते हुए मुझे बहुत प्रसन्नता है। मुझे इस बात की खुशी है कि आप सब लोग भारतीय विश्वविद्यालयों और शिक्षा संस्थाओं से स्नातक और स्नातकोत्तर, वृत्तिक तथा प्रबंधन के बहुविध पाठ्यक्रमों का अध्ययन कर रहे हैं। मुझे यह जानकर प्रसन्नता हुई कि पैन अफ्रीकी ई-नेटवर्क के माध्यम से लगभग 8000 विद्यार्थी भारतीय विश्वविद्यालयों से विभिन्न स्नातक, स्नातकोत्तर, वृत्तिक और भाषा पाठ्यक्रमों एवं स्वास्थ्य परिचर्या

पाठ्यक्रमों का अध्ययन कर रहे हैं तथा भारतीय स्वास्थ्य परिचर्या संस्थाओं से सीएमई पाठ्यक्रमों का अध्ययन कर रहे हैं। अब तक 47 देश पैन अफ्रीकी ई-नेटवर्क परियोजना से जुड़ चुके हैं। भारत के पांच विश्वविद्यालय, अफ्रीका के पांच विश्वविद्यालय तथा भारत के 12 अति विशेषज्ञतायुक्त अस्पताल और अफ्रीका के 5 अति विशेषज्ञतायुक्त अस्पताल पैन अफ्रीकी देशों को शिक्षा और स्वास्थ्य परिचर्या सेवाएं प्रदान कर रहे हैं। लगभग 47 उच्च प्रशासनिक केंदों को ई गवर्नेन्स सेवाएं प्रदान करने के लिए जोड़ा गया है। मैं विदेश मंत्रालय, भारत सरकार, पैन अफ्रीकी देशों, टीसीआईएल तथा अन्य साझेदार संगठनों, निजी उद्योगों, अकादमिक और स्वास्थ्य परिचर्या संस्थाओं को शाबासी देता हूं जिन्होंने पैन अफ्रीकी ई-नेटवर्क के माध्यम से मुझे आप के साथ जुड़ने का अवसर दिया। यह वास्तविकता है और बहुत से देशों के लिए अंतरराष्ट्रीय सामाजिक जिम्मेदारी का जीता जागता उदाहरण है जिसे विशेषतः आज के मुश्किल दौर में अपनाया जाना चाहिए। इस क्षण मैं आप सबके साथ हूं। मैं '300 करोड़ लोगों को समर्थ बनाने' के विषय पर अपनी बात कहूंगा।"

इतिहास मर्मज्ञ

हर विषय का एक इतिहास होता है जो सभी को पढ़ना पढ़ता है लेकिन विज्ञान के विद्यार्थी अपने विषय का इतिहास केवल ज्ञान अर्जन के लिए पढ़कर इतिश्री कर लेते हैं। विज्ञान में पारंगत वही व्यक्ति माना जाता है जो अपने विषय के इतिहास को आत्मसात कर उसके आधार पर अपने शोध-अनुसंधान को पूर्ण करता है। डॉ कलाम प्राचीन इतिहास के मर्मज्ञ थे। उन्होंने टी सी आई एल यानी टेलीकम्युनिकेशंस कंसल्टेंट्स इंडिया लिमिटेड के

एक कार्यक्रम में आपने अपने विचार व्यक्त करते हुए कहा था -

"जीवन की उत्पत्ति प्राचीन विज्ञानियों ने प्राचीन मानव ने इतिहास को बहुत अच्छे ढंग से अभिव्यक्त किया है। 600 मिलियन वर्ष पूर्व जीव की उत्पत्ति हुई तथा महाद्वीपीय 7 अपसरण 200 मिलियन वर्ष पूर्व हुआ जिसके फलस्वरूप पांच महाद्वीप बने।

स्तनधारी जीवों की उत्पत्ति 140 मिलियन वर्ष पूर्व हुई। मनुष्य अर्थात मनुष्य समूह की उत्पत्ति 26 मिलियन वर्ष पूर्व हुई। परंतु आधुनिक मानव की उत्पत्ति 2000,000 वर्ष पूर्व हुई। उसने लगभग 50,000 वर्ष पूर्व पृथ्वी पर भिन्न-भिन्न स्थानों पर बस्तियां बनाई। बोली जाने वाली भाषा की उत्पति लगभग 10,000 वर्ष पूर्व तथा लिखित भाषा की उत्पत्ति केवल कुछ हजार वर्ष पूर्व हुई। यह समस्त असाधारण प्रगति 200 से 400 पीढ़ियों की अल्पावधि अर्थात 10000 से 50,000 वर्ष की अवधि के दौरान की गई है। नई डी एन ए प्रौद्योगिकी ने सूक्ष्म दृष्टि से मानव इतिहास की खोज करने में बहुत मदद की है। मनुष्य के डी एन ए से उसके संपूर्ण इतिहास की जानकारी मिल जाती है। बुद्धिमता, ज्ञान, नशे के प्रति अनुक्रिया, आचरण संबंधी समस्याएं, प्रत्येक जीन का संबंध जीन से है।"

वैश्विक चुनौतियां

डॉ कलाम ने वैश्विक चुनौतियों के विषय में बताते हुए कहा था -

"विश्व के समक्ष आज गरीबी, निरक्षरता, पीने का स्वच्छ पानी, स्वच्छ व प्राकृतिक ऊर्जा, संसाधनों का समान वितरण सभी के लिए नैतिक मूल्यों युक्त उत्तम शिक्षा, युवाओं में नियोजनीयता, बढ़ते हुए सामाजिक असंतुलन, बीमारियों का उपचार, सभी के लिए उतम स्वास्थ्य परिचर्या तथा अच्छे रहन-सहन की चुनौतियां हैं।"

इन चुनौतियों से कैसे निपटा जाए यह अत्यंत महत्वपूर्ण है। उन्होंने कहा -

"इन चुनौतियों का समाधान निकालने के लिए प्रत्येक देश कोशिश कर रहा है।...उनका समाधान कोई एक देश नहीं कर सकता। इसलिए समाधानों के लिए कार्य करना वैश्विक समुदाय की सम्मिलित जिम्मेदारी है। जब सभी देश निरक्षरता, खराब स्वास्थ्य परिचर्या आदि सार्वनिष्ठ शत्रुओं को समाप्त करने के लिए कार्य करेंगे तो राष्ट्रीय, क्षेत्रीय और वैश्विक शांति पर ध्यान केंद्रित करने की उनकी प्रवृति बेहतर पारस्परिक विश्वास के साथ उभर कर सामने आएगी।"

उन्होंने आगे बताया -

"वैश्विक अभिव्यक्तियों का गति विज्ञान विश्व आज समग्रतः चार तीव्र संयोजिताओं के माध्यम से संबद्ध है। ये चार है पर्यावरण, जनसंख्या, अर्थव्यवस्था तथा विचार। हम सभी जानते हैं कि वैश्विक ऊष्णता तथा जलवायु परिवर्तन अब किसी एक देश की समस्या नहीं है अपितु अब ये समस्याएं समस्त भूमंडल की हैं। आज के युग में कई महाद्वीपों से आयातित घटकों से एक उत्पाद बनाया जा सकता है और उस उत्पाद को उसके निर्माण स्थल से बहुत दूर बाजारों में प्रयोग किया जा सकता है। हमने यह भी देखा है कि विश्व के एक भाग में पैदा हुई आर्थिक अस्थिरता ने पूरे विश्व को हिला कर रख दिया। आज दुनिया के सामने बढ़ती हुई मुद्रा स्फीति का दबाव, मंदी और विकास दर में भारी गिरावट की समस्याएं मुह बाए खड़ी हैं जिनका प्रभाव विकास के लिए की जा रही बहुमूल्य कोशिशों पर पड़ता है। एक द्वीप देश में ज्वालामुखी फटने से समस्त विमानन उद्योग तथा 5000 से अधिक वाणिज्यिक उड़ाने बंद हो गई और हाल ही में एक द्वीप देश में आए भूकंप और उसके बाद आई सुनामी ने सुरक्षा और बचाव की संकल्पना को बदल दिया। उसके साथ-साथ परिवहन के साधनों की उन्नति होने के फलस्वरूप एक देश से दूसरे देश में लोगों का आना जाना उतरोतर अधिक सुगम हो गया है। इससे विशेषज्ञता और प्रतिभाओं वैश्वीकरण हो रहा है जो निर्बाध रूप से एक देश से दूसरे देश में आ जा रही हैं। इससे मानवीय बीमारियों का भी वैश्वीकरण हो रहा है। हाल ही में विभिन्न प्रकार के ज्वर जो विश्वभर में तेजी से फैले और पूरी मानव जाति के लिए खतरे की घंटी बन गए। एक द्वीप देश में हुई एक परमाणु दुर्घटना सबके सामने है जिससे पूरा विश्व चिंतित हो गया था और विश्व समुदाय ने अपने परमाणु सुरक्षा उपायों को और मजबूत किया। इसी प्रकार विचार और नए परिवर्तन अब भूगौलिक या राजनैतिक सीमाओं में नहीं रहते। विश्व में कहीं भी की गई कोई खोज अतिशीघ्र हजारों मील दूर अपना बाजार बना लेती है। सूचना और संचार प्रौद्योगिकी का विस्तार तथा प्रौद्योगिकीय औजारों का अभिसरण ज्ञान की नई संरचना कर रहे हैं जिसके अंतर्गत विश्व के अलग-अलग भागों में बसे बहुविध विशेषज्ञ विश्व के किसी एक भाग की समस्या का समाधान कर सकते हैं। सूचना और व्यक्तियों के निर्वाध आवागमन का यह भी तापय है कि स्थानीय अथवा क्षेत्रीय समस्याएं अनिवार्य वैश्विक

महत्व की बन जाएंगी तथा गरीबी जैसी उपेक्षित समस्याएं बहुत तेजी ये वैश्विक आतंकवाद में तब्दील हो सकती हैं जिसका हम पहले ही सामना कर रहे हैं। विचारों के प्रवाह से वैश्विक मानव अधिकारों का बढ़ता हुआ महत्व तथा प्रजातंत्र के विचार का प्रचार हुआ है। इस संबंध में मैं अपना एक अनुभव बताता हूं।"

वैश्वीकरण

अपना अनुभव साझा करते हुए डॉ कलाम ने एक अवसर पर कहा -

"जब मैं अमरीका में एक वायुयान में यात्रा कर रहा था तो मुझे बताया गया कि वायुयान पर नियंत्रण मुख्यतः साफ्टवेयरों के माध्यम से हो रहा और इनमें से अधिकतर सॉफ्टवेयर भारत में विकसित किए गए हैं। जब मैंने अपना क्रेडिट कार्ड उनके समक्ष रखा तो मुझे बताया गया कि इसको मॉरिशस स्थित अंतिम पृष्ठभाग सर्वर पर संसाधित किया जा रहा है। जब मैं बेंगलूर में एक बहुराष्ट्रीय सॉफ्टवेयर कंपनी में गया तो मैं यह जानकर मंत्रमुग्ध हो गया कि इसमें वास्तव में बहु - सांस्कृतिक परिवेश मौजूद था। एक सॉफ्टवेयर विकसित करने वाला व्यक्ति चीन का था जो कोरियाई टीम लीडर के अधीन कार्य कर रहा था। एक भारतीय सॉफ्टवेयर इंजीनियर एक अमरीकी हार्डवेयर वास्तुकार तथा जर्मनी के संचार विशेषज्ञ के साथ कार्य कर रहा था और वे सभी आस्ट्रेलिया की बैकिंग समस्या का समाधान करने का कार्य कर रहे थे। जब मैने इस प्रकार उन सभी को एक परिवार की तरह मिलकर कार्य करते हुए देखा और यह देखा कि वे सब इस बात को भूलकर कि उनकी संस्कृति और भाषा अलग है, मिलकर काम कर रहे थे तो मैने महसूस किया कि इस प्रकार सीमारहित विचारों का आदान प्रदान तभी जारी रह सकता है जब हम अपनी पृथ्वी पर प्रत्येक मानवीय गतिविधि में देश, भाषा और संस्कृति की सीमाओं को मन से निकाल दें।"

विजन 2020

विकसित भारत विजन 2020 की रूपरेखा प्रस्तुत करते हुए कहा था - *"विश्व के देशों के लिए विशिष्ट रूपरेखा के रूप में आपके समक्ष रखते हुए मुझे प्रसन्नता है।"*

आपने सन् 2030 में विश्व के देशों के लिए विशिष्ट रूपरेखा तैयार की। यथा -

1. राष्ट्रों का एक ऐसा विश्व जिसमें ग्रामीण और शहरी, अमीर और गरीब, विकसित और विकासशील के बीच का अंतर बहुत कम हो।

2. ऐसी दुनिया जिसमें ऊर्जा और उत्तम पानी का समान वितरण होगा तथा पानी सभी को पर्याप्त मात्रा में उपलब्ध होगा।
3. ऐसा विश्व जिसमें प्रत्येक देश की मूल क्षमताएं अभिज्ञात होंगी। विभिन्न देशों की मूल क्षमताओं को विकसित करने का कार्य मिशन करेंगे जिससे अखिल विश्व के समाज को आर्थिक लाभ होगा तथा उसका विकास तेजगति से होगा।
4. ऐसा विश्व जहां विश्व समाज के सभी विद्यार्थियों को नैतिक मूल्यों के साथ शिक्षा प्रदान की जायेगी।
5. सभी देशों के लिए उत्तम प्रकार की स्वास्थ्य परिचर्या उपलब्ध होगी। जिसका खर्च उठाना सबके लिए आसान होगा।
6. ऐसा विश्व जिसमें अभिशासन अनुकूल, निष्कपट और भ्रष्टाचारमुक्त होगा।
7. ऐसा विश्व जहां स्त्रियों और बच्चों पर कोई अत्याचार नहीं करेगा और समाज में कोई भी अपने आप को अलग-थलग महसूस नहीं करेगा।
8. ऐसा विश्व जहां प्रत्येक देश अपने सभी नागरिकों को स्वच्छ और प्राकृतिक पर्यावरण उपलब्ध कर सकेगा।
9. ऐसा विश्व जो समृद्धिशाली, स्वास्थ्य, सुरक्षित आंतकवादरहित, शांतिपूर्ण और प्रसन्न हो तथा स्थायी विकास के पथ पर अग्रसर हो।
10. ऐसा विश्व जिसमें नेतृत्व हो, जिसके पास राष्ट्रों और समाजों के बीच विरोधों का समय पर समाधान करने के लिए प्रभावी तंत्र मौजूद हो और उसका उद्देश्य विश्व में शांति और समृद्धि बनाए रखना हो।

दो संभव समाधान

एक वैज्ञानिक और उसके बाद राष्ट्रपति, विकसित देश, सपनों का भारत जैसे तमाम उद्देश्यों की पूर्ति के विजन को पूरा करने के लिए दो संभव समाधान है। यथा -

पहला समाधान

पहला समाधान परंपरागत अभिगम प्रतीत होता है जो विश्व में अब तक अपनाया जाता रहा है। इसकी शुरूआत स्थानीय सीमाओं और स्थानीय परिप्रेक्ष्य के अंतर्गत राष्ट्रीय और समृद्धि शांति के लिए कार्यकरण से होती है। इस आशा के साथ कि लम्बे अरसे में यह क्षेत्रीय समृद्धि और शांति के रूप में फैल जायगी और अंतत: इससे वैश्विक स्तर पर समृद्धि और शांति प्राप्त की जा सकती है। संपूर्ण विश्व के सामूहिक अनुभव से प्रमुख रूप से यह ज्ञात होता है कि इस समाधान से वांछित परिणाम सामने नहीं आए तथा यह निश्चित

नहीं है कि वैश्वीकरण की ओर बढ़ती दुनिया में भविष्य में इससे वैश्विक समृद्धि और शांति प्राप्त की जा सकती है।

दूसरा समाधान

दूसरा समाधान यह है कि वैश्विक समृद्धि और शांति को सम्पूर्ण विश्व के एकमात्र लक्ष्य के रूप में देखा जाए जिसके फलस्वरूप क्षेत्रीय समृद्धि और शांति प्राप्त होगी तथा अंततः प्रतिभागी देशों की राष्ट्रीय समृद्धि और शांति सुनिश्चित होगी। यह वैश्विक संदर्भ में किया गया अध्ययन है और इसका निष्कर्ष यह है कि किस प्रकार प्रत्येक देश वैश्विक लक्ष्य की ओर अग्रसर होता है। यह भी याद रखा जाना चाहिए कि राष्ट्रीय लक्ष्य नागरिकों को प्रेरित करता है। इस भावना को वैश्विक महत्व के लक्ष्यों की ओर प्रवर्तित किया जाना चाहिए। नवीन विचारधारा 2030 में विश्व के देशों के लिए विशिष्ट रूपरेखा के अनुकूल होनी चाहिए।

भारतीयों को समर्थ बनाना

विश्वभर में ग्राम और शहर के बीच विद्यमान अंतराल को कैसे कम किया जाए? इस विषय पर डॉ कलाम से अपने विचार व्यक्त करते हुए कहा था -

> *"300 करोड़ से अधिक जनसंख्या ग्रामीण क्षेत्रों में रहती है...विश्व के ग्रामीण क्षेत्रों का सशक्तीकरण विश्व के सम्मिलित विकास, स्थायी शांति और साझी समृद्धि के परिप्रेक्ष्य में अत्यंत महत्वपूर्ण है। अप्रयुक्त संभाव्य ग्रामीण जनसंख्या एवं प्रतिभा एक बहुत बड़ा खजाना है। यहां तक कि दुनिया के अत्यंत विकसित देशों में भी ग्राम और शहर के बीच बहुत बड़ा अंतराल हैं। जब मैंने अफ्रीकी देशों जैसे सूडान, तंजानिया-जंजीबार दक्षिण अफ्रीका और मॉरिशस का दौरा किया तो मैंने यह महसूस किया कि अफ्रीकी देशों में ग्रामों और शहरों के बीच अंतराल को पाटने के लिए रोजगार, स्वास्थ्य परिचर्या और शिक्षा की संभावनाओं को पैदा किया जाना जरूरी है। उदाहरण के लिए जब मैं पिछले वर्ष अमरीका में केंटुकी में था तो मैंन देखा कि पूर्वी केंटुकी के ग्रामीण क्षेत्र में सामाजिक और आर्थिक विकास किए जाने की अब भी जरूरत है। जब मैं ऑस्ट्रेलिया में गया तो मैंने देखा कि कई क्षेत्रों में सरकार और अन्य संस्थाएं उस क्षेत्र के मूल निवासियों के कल्याण के लिए कार्य कर रहे है। कई क्षेत्रों के मूल निवासी अभी तक पिछड़े हुए हैं। इसमें कोई संदेह नहीं कि विकासशील और अर्धविकसित देशों में अधिकतर जनसंख्या ग्रामीण*

क्षेत्रों में रहती है जिस पर विशेष रूप से ध्यान दिए जाने की जरूरत है। ग्राम और शहर के बीच अंतराल को पाटने का कार्य तथा गरीबी और असमानता को दूर करने का लक्ष्य दोनों का परस्पर गहरा संबंध है। विश्व की 70 % अत्यंत गरीब जनसंख्या गांवों और ग्रामीण क्षेत्रों में निवास करती है। परंतु यह समस्या मात्र इतनी ही नही है। शिक्षा, स्वास्थ्य परिचर्या और अधिक आय प्राप्त करने के लिए ग्रामीण जनसंख्या शहरी क्षेत्रों की ओर आ रही है। इस उम्मीद के साथ कि उन्हें वहां अच्छे अवसर प्राप्त होंगे परंतु प्रायः उन्हें निराश होना पड़ता है। इससे शहरों में गरीबी बढ़ रही है तथा उसके साथ-साथ तनाव और सामाजिक विक्षोभ बढ़ रहा है।"

इस विषय पर आगे बोलते हुए उन्होंने कहा था -

"300 करोड़ को समर्थ बनाने के लक्ष्य को कैसे प्राप्त किया जा सकता है? इसके लिए परंपरागत रूप से चले आ रहे विचारों से अलग विचार रखने होंगे। ऐसा सोचना होगा जो पहले कभी नहीं सोचा गया। हमें स्थायी विकास प्रणाली बनानी होगी जिससे स्थायित्व और सशक्तिकरण दोनो साथ-साथ आएं तथा उद्योगीय तरीके से उनके परिणाम मिलें। ग्रामीण क्षेत्रों में शहरी सुविधाएं उपलब्ध कराना एवं सक्रिय ग्रामोन्नयन संस्थाएं समय की मांग है कि हम स्थायी सिस्टम इजाद करें जो समर्थकारक की भूमिका निभाए और दुनिया के देशों में सम्मिलित (जिसमें सभी वर्ग शामिल हों) उन्नति तथा सम्पूर्ण विकास लाए।

ऐसी एक स्थायी विकास प्रणाली है - शहरी सुविधाओं के ग्रामीण क्षेत्रों में प्रावधान का लक्ष्य जो तीन कनेक्टिविटियों नामत : भौतिक इलेक्ट्रॉनिक, आर्थिक कनेक्टिविटी की और ले जाने वाले ज्ञान , के सृजन द्वारा पूरा किया जा सकता है। ग्रामीण क्षेत्रों में शहरी सुविधाएं उपलब्ध कराने (पीयूआरए) का अर्थ :

1. *गांवों को परस्पर जोड़ा जाना चाहिए तथा उन्हें मुख्य शहरों और महानगरों से भी जोड़ा जाना चाहिए। उन्हें अच्छी सड़कों द्वारा भी जोड़ा जाना चाहिए और जहां जरूरत हो वहां रेलवे लाइनों द्वारा भी जोड़ा जाना चाहिए। उनमें स्थानीय जनसंख्या तथा आगंतुकों के लिए अन्य अवसंरचनात्मक सुविधाएं जैसे स्कूल, कॉलेज, अस्पताल तथा अन्य सुविधाएं होनी चाहिए। यह भौतिक कनेक्टिविटी है।*
2. *आविर्भावी ज्ञानयुग में प्रौद्योगिकी, प्रशिक्षण और अनुसंधान के नवीनतम द्वारा देशज ज्ञान को सुरक्षित रखा जाना तथा उसे बढ़ाया जाना चाहिए। गांवों को सर्वोतम अध्यापकों, जहां भी वे हों, द्वारा अच्छी शिक्षा उपलब्ध कराई जानी चाहिए। उन्हें अच्छी चिकित्सा का फायदा मिलना चाहिए तथा उनके व्यवसाय जैसे कृषि, मत्स्य उद्योग, बागवानी तथा*

खाद्य प्रसंस्करण से संबंधित नवीनतम सूचना उपलब्ध कराई जानी चाहिए। इसका अर्थ है कि उनके पास इलेक्ट्रानिक कनेक्टिविटी उपलब्ध होनी चाहिए।

3. जब भौतिक और इलेक्ट्रानिक कनेक्टिविटी उपलब्ध करा दी जाती हैं तो ज्ञान कनेक्टिविटी भी उपलब्ध हो जाती है। वह योग्यता में वृद्धि करती हैं, उत्पादन को बढ़ाती है, फालतू समय का उपयोग कराती है, स्वास्थ्य के प्रति जागरूकता को बढ़ाती हैं, उत्पादों के लिए बाजार सुनिश्चित कराती हैं, उससे गुणवत्ता विवेक बढ़ता है, साझेदारों के साथ पारस्परिक क्रियाकलापों को बढ़ाती है। उससे हम सर्वोत्तम उपकरण प्राप्त कर सकते हैं। उससे निष्कपटता बढ़ती है और ज्ञान का आदान प्रदान बढ़ता है।

4. जब तीन कनेक्टिविटियां अर्थात भौतिक इलेक्ट्रानिक और ज्ञान कनेक्टिविटी सुनिश्चित हो जाती हैं तो वे अर्जन क्षमता को बढ़ाती हैं जिससे हम आर्थिक कनेक्टिविटी की ओर बढ़ते हैं। जब हम ग्रामीण क्षेत्रों को शहरी सुविधाएं उपलब्ध कराते हैं तो हम ग्रामीण क्षेत्रों को उन्नत कर सकते हैं, निवेशकों को आकर्षित कर सकते हैं। हम प्रभावशाली ढंग से लाभदायक कार्यकलाप जैसे ग्रामीण बीपीओ, लघु वित्त व्यवस्था प्रारंभ कर सकते हैं। समस्त भारत के लिए इस प्रकार की ग्रामोन्नयन संस्थाओं की अनुमानित संख्या 7000 होगी जिनके अंतर्गत 600000 गांव होंगे जिनमें 750 मिलियन जनसंख्या निवास करती है। इसी प्रकार विश्व की 300 करोड़ ग्रामीण जनसंख्या के निवास क्षेत्र को गतिशील आर्थिक क्षेत्र बनाने तथा ग्रामीण क्षेत्रों में स्थायी विकास लाने के लिए लगभग 30,000 ग्रामोन्नयन कॉम्प्लेक्सों की जरूरत पड़ेगी। भारत में अनेक शैक्षिक संस्थाओं, स्वास्थ्य परिचर्या संस्थाओं, उद्योगों और अन्य संस्थाओं द्वारा आरंभ की गई ग्रामोन्नयन संस्थाए हैं जो कार्य कर रही हैं। भारत सरकार द्वारा इस दिशा में पहले हो कार्य आरंभ कर दिया गया है और भारत के कई जिलों में ग्रामोन्नयन संस्थाओं ने कार्य आरंभ कर दिया है। ग्रामोन्नयन संस्थाओं के माध्यम से ग्रामीण विकास के उपर्युक्त सभी उदाहरणों तथा इसके साथ-साथ अंतरराष्ट्रीय अनुभव को एक पुस्तक का रूप दिया गया है जिसका नाम है 'लक्ष्य 300 करोड़'।

अब मैं आपके समक्ष एक ऐसा प्लेटफार्म प्रस्तुत कर रहा हूं जो स्थायी कल्याण मॉडल का अद्वितीय उद्यम संचालित मॉडल है जिसे ग्रामोन्नयन संस्था की संकल्पना के माध्यम से सक्रिय किया गया है। सक्रिय ग्रामोन्नयन संस्था का अभिप्राय यह है कि यह धारणा अगली पीढ़ी की धारणा है इसको श्रमशक्ति के साथ जोड़कर सोचने की जरूरत है और यह मात्र आजीविका प्रदाता नहीं है, इससे अधिक बहुत कुछ है। सक्रिय ग्रामोन्नयन संस्था का कार्य समग्रतः ग्रामोन्नयन संस्था कॉम्प्लेक्स के अंतर्गत आने वाली ग्रामीण जनसंख्या का संपूर्ण

विकास करना है। इसके साथ-साथ इसकी दृष्टि में स्थायी सामाजिक व्यावसायिक मॉडल भी होते है जो बहुविध उद्योगियों का अनुलम्ब रूप में समेकित नेटवर्क है जो सहक्रिया के माध्यम से एक दूसरे के लिए मूल्यवर्धन प्रदान करते हैं जिससे सभी हिस्सेदारों को लाभ होता है।"

सक्रिय ग्रामोन्नयन संस्था में दो प्रकार के उद्योगी होते हैं। इसके विषय में डॉ ए पी जे अब्दुल कलाम ने विस्तार से जानकारी देते हुए कहा - "सक्रिय ग्रामोन्नयन संस्था में दो प्रकार के उद्योगी होते हैं।"

1. संसाधन उद्योगी

वे प्रत्येक परिवार के आय के स्तर को बढ़ाने के लिए ग्राहकानुकूल प्रौद्योगिकी और आधुनिक प्रबंधन की सहायता से प्राकृतिक , परंपरागत और मानव संसाधनों के आर्थिक कार्यान्वियन पर ध्यान केंद्रित करेंगे। वे सर्वोत्तम पद्धतियों को अपनाकर तथा बाजार के अनुकूल उत्पाद लाकर संसाधनों को चेन तक पहुंचाने की महत्वपूर्ण उपलब्धि हासिल करेंगे । ग्रामीण कॉम्प्लेक्स के सकल घरेलू उत्पाद की समग्र वृद्धि से उनका कार्य निष्पादन प्रतिबिम्बित होगा।

2. सामाजिक उद्योगी

उद्योगियों की दूसरी श्रेणी संसाधन उद्योगियों के निकट रहते हुए उनके साथ मिलकर कार्य करेगी। वे विभिन्न अनेकताओं के रहते हुए समानता तथा सुख सुविधाओं का प्रावधान करते हुए शिक्षा, स्वास्थ्य परिचय और रहन-सहन के स्तर में सुधार करके मानव विकास सूचकांक को सुधारने पर ध्यान केंद्रित करेंगे। ये उद्योगी क्रय शक्ति को बढ़ाकर जीवन स्तर में सुधार, करेंगे और उस क्षेत्र में अधिक श्रमशक्ति उपलब्ध कुशल कराएंगे।

इनके कार्य निष्पादन से वास्तव में साक्षरता का स्तर बढ़ेगा, आईएमआर/एमएमआर/ बीमारियां कम होंगी, पोषण बढ़ेगा, अच्छा निवास उपलब्ध होगा, सफाई का अच्छा प्रबंध होगा, पीने के लिए स्वच्छ पानी उपलब्ध होगा तथा उत्तम ऊर्जा प्राप्त होगी। इससे पर्यावरण बोध बढ़ेगा तथा सामाजिक संघर्ष में कमी आएगी। सक्रिय ग्रामोन्नयन संस्था के उद्योगी स्थानीय ग्रामोन्नयन चैंपियनों, जो विख्यात संस्थाएं या संगठन हो सकते हैं, की सहायता से उनके साथ मिलकर समक्रमण और एकीकरण करते हुए कार्य करेंगे। वे सरकार, स्थानीय प्रशासन और पंचायती राज के साथ साझेदार बन कर कार्य करेंगे। सक्रिय ग्रामोन्नयन संस्था के संस्थागत नेटवर्क को प्रौद्योगिकीय तथा प्रबंधकीय संस्थाओं के बहु-आयामी समूह के तकनीकी सहयोग से बनाया जाएगा। इसी प्रकार विश्व के विभिन्न भागों से उद्यम इक्विटी निवेशकों के रूप में सक्रिय ग्रामोन्नयन संस्था के साझेदार बन

सकते हैं तथा बाजार संयोजन तलाश का उसे बढ़ा सकते है एवं उत्पाद चुनौतियों का सामना करने के लिए प्रौद्योगिकीय प्लेटफार्म, सर्वोत्तम पद्धतियां और नए समाधान मुहैया करा सकते हैं जिससे ग्रामीण कॉम्प्लेक्सों की सामाजिक आर्थिक स्थिति और मजबूत होगी। इस प्रकार विश्व भर से उद्यम, अकादमिक संस्थाएं और करोबारी इकाइयां ग्रामीण और उपनगरीय क्षेत्रों के अप्रयुक्त संसाधनों को प्रयुक्त करने के लिए अपनी मूल क्षमताओं का इस्तेमाल कर सकती हैं और मानवमात्र के विकास के लिए कार्य कर सकती हैं। इस प्रकार सहयोगात्मक संस्थाओं के लिए भारत में 6000000 गांवों में जिनमें 750 मिलियन नागरिक हैं, 200 मिलियन डालर का बाजार उपलब्ध है। कृषि आधारित अर्थव्यवस्था को अपना कर इसका परस्पर फायदा उठाया जा सकता है। विश्व के लगभग 300 करोड़ लोग ग्रामीण क्षेत्रों में रहते हैं जिसके आधार पर इस वैश्विक विकास प्रणाली को सभी देशों में फैलाया जा सकता है।

मैं इस मॉडल को एक ऐसे समूह के समक्ष रख रहा हूं जिसमें आप सभी शामिल हैं जो करोबार, इंजीनियरी, चिकित्सा और मानविकी के प्रवर्तक हैं जो वैश्विक कार्यकलापों में भाग लेते हैं और प्रमाणिक रूप से विश्वस्तरीय ज्ञान से सम्पन्न हैं ताकि आप सभी इस विचार को प्रस्तुत कर सकें और 300 करोड़ लोगों को समर्थ बनाने में साक्षीदार बन सकें, वैश्विक विजन 2030 को साकार करें तथा विश्व में समृद्धि, प्रसन्नता और शांति का वातावरण बनाएं। निष्कर्ष अंत में मैं, आपसे पूछना चाहता हूं कि आप यह बताएं कि आपको आपके द्वारा किए गए कौन से कार्य के लिए याद किया जाए। आपको स्वयं अपने आपको तैयार करना है और अपना जीवन बनाना है। आप इसे एक पृष्ठ पर लिखें। मानव इतिहास की पुस्तक में यह पृष्ठ एक महत्वपूर्ण पृष्ठ हो सकता है। देश के इतिहास में एक पृष्ठ बनाने के लिए आपको याद किया जाएगा चाहे वह पृष्ठ किसी आविष्कार का पृष्ठ हो, चाहे नवीनता का पृष्ठ हो, खेल का पृष्ठ हो, सामाजिक परिवर्तन लाने का पृष्ठ हो, गरीबी मिटाने का पृष्ठ हो या नदियों का नेटवर्क बनाने के लक्ष्य की योजना बनाने और उसे कार्यान्वित करने का पृष्ठ हो।

मुझे विश्वास है कि आप परम्परा से हट कर कुछ असाधारण काम करना चाहेंगे। ऐसा इनमें से कोई भी काम हो सकता हैं :

1. क्या आपको अफ्रीकी नेता नेल्सन मंडेला की तरह याद किया जाएगा जिन्होंने दक्षिण अफ्रीका को आजादी दिलाने का आदर्श कार्य किया?
2. क्या आपको महान पर्यावरणविद नोबल पुरस्कार विजेता केन्या की प्रो वंगारी मथाई की तरह याद किया जाएगा? जिनको अफ्रीका पौधारोपण तथा अफ्रीका में 40

मिलियन वृक्षों की रक्षा करने के महत्वपूर्ण कार्य के लिए याद किया जाता है। उन्होंने कहा था- एक वृक्ष रोपने का अर्थ है
एक विचार प्रदान करना?

3. *क्या आपको विश्व प्रसिद्ध मानव कंकाल विज्ञानी अफ्रीका निवासी प्रौ फिलिप वी टोबियास की तरह याद किया जाएगा? वास्तव में वे मानव विकास और प्राचीन मानव जीवाश्मों के विश्लेषण के विश्व प्रसिद्ध विशेषज्ञ हैं?*
4. *क्या आपको एक ऐसी कंपनी के गठन के लिए याद किया जाएगा जो अफ्रीका की फॉर्चून 500 कंपनियों में से सर्वोच्य 100 कंपनियों में शामिल हो?*
5. *क्या आपको स्थायी विकास प्रणाली जिसके बारे में मैने चर्चा की है, के सृजन कार्य को आगे बढ़ाने के लिए याद किया जाएगा?*
6. *क्या आपको एचआईवी एड्स को रोकने वाले टीके एच आई वी एड्स और मलेरिया के इलाज के लिए प्रतिस्पर्धात्मक लागत पर अद्वितीय दवा के आविष्कार के लिए याद किया जाएगा?*
7. *क्या आपको नई प्रौद्योगिकी और नवाचार का अनुप्रयोग करते हुए छोटे और मध्यम आकार के उपक्रमों के आधुनिकीरण के लिए याद किया जाएगा?*
8. *क्या आपको आधुनिक विज्ञानों में नये तथ्य के खोजकर्ता या अविष्कारक के रूप में याद किया जाएगा?*
9. *क्या आपको नवीकरणीय ऊर्जा प्रणाली के विकास के माध्यम से देश में ऊर्जा स्वावलम्बन बढ़ाने के लिए याद किया जाएगा?*
10. *क्या आपको स्वच्छ घर, स्वच्छ पर्यावरण, स्वच्छ राज्य, स्वच्छ देश के लिए कार्यभिमुख होने तथा अपने देश को कार्बनमुक्त बनाने के लिए किए गए कार्य के लिए याद किया जाएगा?*

मुझे खुशी होगी, यदि आप अपने विचार मेरे ई मेल पते- apj@abdulkalam.com पर भेजें विशेष रूप से वे विद्यार्थी जो स्नातक बनने वाले हैं। पैन अफ्रीकी ई - नेटवर्क के सभी विद्यार्थियों के लिए मेरी हार्दिक शुभकामनाएं। अपने देश और दुनिया के लिए उत्तम प्रौद्योगिकीय मानव संसाधन का विकास करने में आपको सफलता मिले, यही मेरी कामना है। परमात्मा की कृपा रहे।"

डॉ ए पी जे अब्दुल कलाम व्यक्ति, परिवार, समाज और देश की उन्नति के प्रति कितने सजग थे इस बात का अंदाजा इसी बात से लगाया जा सकता है कि उन्होंने अपने

संबोधन में श्रोताओं को अपना व्यक्तिगत ईमेल पता भी बताया ताकि वह प्रत्येक व्यक्ति की समस्या और सुझावों पर अपना ध्यान केंद्रित कर उसके समुचित समाधान को खोज सकें। ऐसा महान वैज्ञानिक और व्यक्तित्व एक युग में एक ही मिलता है।

हिंदी और कलाम

मुख्य रूप से एक वैज्ञानिक और विज्ञान के व्यवस्थापक के रूप में चार दशकों तक रक्षा अनुसंधान एवं विकास संगठन और भारतीय अंतरिक्ष अनुसंधान संगठन संभालने वाले और भारत के नागरिक अंतरिक्ष कार्यक्रम और सैन्य मिसाइल के विकास के प्रयासों में भी शामिल रहे डॉ ए पी जे अब्दुल कलाम का हिंदी भाषा का ज्ञान भले ही कम था लेकिन वह हिंदी भाषा और साहित्य का सम्मान करते थे। उन्होंने हिंदी में संक्षिप्त भाषण भी दिए। वे हमेशा युवाओं को हिंदी भाषा में संवाद करने और इसका उपयोग करने के लिए प्रोत्साहित करते थे। डॉ कलाम मानते थे कि हिंदी भाषा भारत की एकता और संस्कृति का प्रतीक है। वह हमेशा युवाओं को हिंदी भाषा का उपयोग करने और इसे बढ़ावा देने के लिए प्रोत्साहित करते थे। डॉ कलाम ने "विंग्स ऑफ फायर", "इंडिया 2020", "माई जर्नी" जैसी कई किताबें लिखीं। वह चाहते थे कि उनकी बात गांव-देहात तक पहुंचे इसके लिए उनकी पुस्तकों का हिंदी भाषा में अनुवाद किया जाना चाहिए। आज डॉ ए पी जे अब्दुल कलाम द्वारा लिखित सभी पुस्तकें हिंदी में उपलब्ध हैं। इन पुस्तकों का कई लोगों पर सकारात्मक प्रभाव पड़ा है। डॉ अब्दुल कलाम ने हिंदी भाषा को एक महत्वपूर्ण संचार माध्यम के रूप में देखा। वे मानते थे कि हिंदी भाषा के माध्यम से भारत के विभिन्न क्षेत्रों के लोगों को जोड़ा जा सकता है। डॉ ए पी जे अब्दुल कलाम का मानना था कि भाषा संस्कृति की वाहक होती है। इसलिए, उन्होंने हिंदी भाषा को बढ़ावा देने के लिए कई प्रयास किए।

डॉ ए पी जे अब्दुल कलाम ने अपने राष्ट्रपति कार्यकाल के दौरान संसद में कई बार हिंदी में संक्षिप्त भाषण दिया था। उन्होंने हिंदी को बढ़ावा देने और इसे लोकप्रिय बनाने के लिए हमेशा प्रयास करते रहे। राष्ट्रपति डॉ अब्दुल कलाम का मानना था -

> *"हिंदी भारत की एक महत्वपूर्ण भाषा है और इसे और अधिक लोकप्रिय बनाया जाना चाहिए। उन्होंने अपने भाषणों और लेखन के माध्यम से हिंदी को बढ़ावा देने की कोशिश की, और उनकी यह पहल सफल रही।"*

राष्ट्रपति डॉ कलाम के कार्यकाल के दौरान संसद में हिंदी का उपयोग और भी अधिक हुआ। उनके प्रयासों से हिंदी भाषा को बढ़ावा मिला, और यह अब और भी अधिक लोकप्रिय हो गई है।

राष्ट्रपति डॉ एपीजे अब्दुल कलाम के संसद भवन में दिए गए हिंदी भाषण के कुछ अंश इस प्रकार हैं -

"मैं आपको एक सपना देखने के लिए कहता हूं, एक ऐसा सपना जो आपको प्रेरित करे, एक ऐसा सपना जो आपको आगे बढ़ाए।"

"आपकी पहली जीत के बाद आराम मत करो, क्योंकि यदि आप दूसरी बार असफल हुए तो और भी लोग यह कहने के लिए तैयार रहेंगे कि आपकी पहली जीत सिर्फ भाग्य के कारण थी।"

"यदि आप सूरज की तरह चमकना चाहते हैं, तो पहले सूरज की तरह जलें।"

"छोटे लक्ष्य अपराध हैं, लक्ष्य बड़ा रखें।"

"यदि हम स्वतंत्र नहीं तो कोई हमारा आदर नहीं करेगा।"

"इंसान को कठिनाइयों की आवश्यकता होती है, क्योंकि सफलता का आनंद उठाने के लिए ये जरूरी है।"

"उत्कृष्टता एक सतत प्रक्रिया है, न कि कोई दुर्घटना।"

ये कुछ अंश हैं जो डॉ कलाम के भाषण में शामिल थे। उनके भाषण में मुख्य रूप से विज्ञान, प्रौद्योगिकी, शिक्षा, और भारत की प्रगति पर जोर दिया गया था।

आई आई टी बॉम्बे में सन् 2007 में उन्होंने शिक्षक दिवस भाषण में शिक्षा और शोध के महत्व पर जोर दिया था। उन्होंने छात्रों को नौकरी चाहने वालों के बजाय नौकरी सृजक बनने के लिए प्रोत्साहित किया था।

25 मई, 2011 आईआईटी हैदराबाद

25 मई, 2011 में आईआईटी हैदराबाद में डॉ कलाम ने "भारत के लिए मेरा दृष्टिकोण" नामक एक भाषण दिया था, जिसमें उन्होंने भारत को एक विकसित राष्ट्र बनाने के लिए एक रोडमैप प्रस्तुत किया था। उस भाषण के अंश निम्नलिखित हैं -

> *"मैंने भारत के लिये तीन सपने देखे है। हमारे 3000 साल के इतिहास में, दुनिया के अलग-अलग कोनो से लोग भारत में आये और हमें लूटकर चले गए, हमारी जमीन हथिया ली, हमारे दिमाग को गुलाम बनाया। अलेक्जेंडर से लेकर ग्रीक, तुर्क, मुघल, पुर्तगाल, ब्रिटिश, फ्रेंच, डच सभी ने हमारे देश को लुटा। ये सभी हमारे देश में आये हमें लूटा और जो कुछ भी हमारा tथा वो सब ले गए। लेकिन आज तक हमने ऐसा दूसरे किसी देश के साथ नहीं किया। हमने किसी को भी अपना गुलाम नही बनाया।*

हमने किसी भी देश की जमीन नही हथियाई, किसी देश की संस्कृति को ठेस नही पहुचाई और ना ही किसी देश के लोगो के जीने के तरीके को बदलने की कोशिश की। ऐसा हम क्यों करते है? क्योकि हम दूसरो की आज़ादी का सम्मान करते है।

इसीलिए मेरा पहला सपना आज़ादी ही है। मेरा मानना है की भारत ने आज़ादी का पहला सपना 1857 में ही देख लिया था, जब हमने आज़ादी की लढाई शुरू की थी। इसी आज़ादी को बादमे हमे सुरक्षित किया और उसका पालन पोषण कर आगे आज़ादी का निर्माण किया। यदि हम आज़ाद नही होते तो आज कोई हमारा आदर नही करता।

मेरा दूसरा सपना भारत के विकास का है। पचास साल से हमारा देश विकासशील देश है। लेकिन यह समय देश को विकसित देश बनाने का है। जीडीपी की दर से देखा जाये तो हम दुनिया के शीर्ष 5 देशो में से एक है। बहुत से क्षेत्रों में हमारा विकास दर 10% है। हमारा गरीबी स्तर भी दिन-ब-दिन कम होते जा रहा है। आज हमारी उपलब्धिया वैश्विक स्तर पर आंकी जा रही है। लेकिन फिर भी हम अपने देश को एक विकसित देश के रूप में नही देख पा रहे है, इसकी सबसे बड़ी वजह आत्मविश्वास, आत्मनिर्भरता और स्व-निश्चितता में कमी होना है। क्या ये गलत नही है?

मेरा तीसरा सपना भी है। भारत दुनिया में सबसे उपर होना चाहिये। क्योंकि मेरा ऐसा मानना है कि भारत जबतक दुनिया में सबसे ऊपर खड़ा नही होता, तबतक कोई हमारा सम्मान नही करेंगा। क्योकि ताकत ही ताकत का सम्मान करती है। हमें केवल सैन्य शक्ति से ही नही बल्कि आर्थिक शक्ति से भी मजबूत होने की जरुरत है। हमें हाथ में हाथ मिलाकर आगे बढ़ना है। मेरी किस्मत अच्छी है की मैंने तीन महान दिमाग के साथ काम किया है।

स्पेस डिपार्टमेंट के डॉ. विक्रम साराभाई, प्रोफेसर सतीश धवन और नुक्लेअर मटेरियल के जनक डॉ. ब्रह्म प्रकाश। मै बहुत लकी हूँ की इन तीन महाज्ञानियों के साथ मुझे काम करने का मौका मिला। मैंने अपने करियर में चार मील के पत्थर देंखे :

20 साल इसरो में बिताये। मुझे भारत के पहले सॅटॅलाइट लांच व्हीकल, SLV3 का प्रोजेक्ट डायरेक्टर बनने का मौका मिला था। उसी का जिसने पहले रोहिणी को लांच किया था। मेरी विज्ञान की जिंदगी में इसने बहुत

महत्वपूर्ण भूमिका निभाई थी। इसरो के बाद मै DRDO में शामिल हो गया और वहाँ मुझे भारत के मिसाइल प्रोग्राम का हिस्सा बनने का मौका मिला। 1994 में जब जब अग्नि की सभी जरूरतों को पूरा करने के बाद उसका संबंध मौसम विभाग से हुआ तो वह मेरा दूसरा सबसे आनंदित पल था।

11 और 13 मई को डिपार्टमेंट ऑफ़ एटॉमिक एनर्जी और DRDO ने नुक्लेअर टेस्ट में अहम भागीदारी निभाई थी। यह मेरे लिये तीसरा सबसे आनंदित पल था। नुक्लेअर टेस्ट की टीम में हिस्सा लेने की ख़ुशी और दुनिया को ये बताने की ख़ुशी की इसे भारत ने बनाया है, इसका असर हमारे देश के विकास पर जरुर पड़ेगा यह मै जानता था। इस समय मुझे अपने भारतीय होने पर काफी गर्व महसूस हो रहा था।

हम जानते थे की हमें अग्नि को विकसित करने की जरुरत है और इसके लिये हमने उसे पुनर्स्थापित किया, और नये मटेरियल का उपयोग कर अग्नि को विकसित किया। जिसमे बहुत ही हल्के मटेरियल कार्बन का उपयोग किया गया था।

एक दिन निज़ाम इंस्टिट्यूट ऑफ़ मेडिकल साइंस के ओर्थपेडीक सर्जन मेरी प्रयोगशाला को देखने आये। उन्होंने मटेरियल को उठाया और पाया की वह काफी हल्का है और वे मुझे अपने अस्पताल ले गए और मुझे अपने मरीज दिखाने लगे। जहाँ एक छोटी लड़की और लड़का तीन किलो के मेटलिक कैलिपर को अपने पैरो पर बांधकर पैरो को घसीट रहे थे।

उन्होंने मुझसे कहाँ : कृपया मेरे मरीजो के दर्द को कम कीजिये। तीन हफ्तों में ही हमने ओर्थोसिस 300 ग्राम का कैलिपर तैयार किया और उसे ओर्थपेडीक सेंटर ले गए। वहाँ बच्चो को अपनी आँखों पर भरोसा नही हो रहा था। अब वे आसानी से कही भी आ-जा सकते थे। उनके माता-पिता के आँखों में भी अपने बच्चो को देखकर आंसू झलक रहे थे। यह मेरा चौथा सबसे आनंदित पल था।

यहाँ का मीडिया इतना नकारात्मक क्यों है? क्यों हम भारत में अपनी ही ताकत और उपलब्धियों को बताने से शर्माते है? हमारा देश एक महान देश है। हमारी देश के सफलता की बहुत कहानियाँ है लेकिन हम कभी उन्हें जानने की कोशिश नही करते। क्यों?

दूध के उत्पादन में हमारा देश पहला है। रिमोट सेंसिंग सॅटॅलाइट में हम नंबर

1 पर है। गेहूँ के उत्पादन में हमारा देश दूसरा सबसे बड़ा देश है। चावल का उत्पादन करने वाला हमारा देश दूसरा सबसे बड़ा देश है। डॉ सुदर्शन को ही देखिये, उन्होंने एक जनजातीय गाँव को आत्मनिर्वाह, स्वचलित गाँव में परिवर्तित कर दिया।

ऐसी बहुत सी उपलब्धियाँ हमारे देश ने हासिल की है लेकिन मीडिया हमारे हमारे देश की बुरी बातो, आपदाओं, असफलताओं और गंदगी को ही प्रकाशित करता है।

एक बार जब मैं टेल अवीव में था तब मैं इसरायली अखबार पढ़ रहा था। इसके एक दिन पहले ही वहाँ कई अटैक और बमबारी हुई थी जिसमें कई लोगों की जान भी चली गयी थी। लेकिन फिर भी अखबार के पहले पेज पर एक यहूदी इंसान की तस्वीर छपी हुई थी जिसने रेगास्तानी जमीन को पाँच साल में हरी-भरी जमीन में बदल दिया था।

यह एक प्रेरणादायी तस्वीर थी जो कई लोगो को जगा सकती थी। जबकि अटैक, बमबारी, मरे हुए लोगों की जानकारी अखबार के अंदर के पन्नों पर थी। भारत में हम सिर्फ मौत, दर्द, आतंकवाद, क्राइम के बारे में पढ़ते हैं। हम इतने ज्यादा नकारात्मक क्यों हैं?

एक और प्रश्न : हम एक राष्ट्र के तौर पर अपने देश को विदेशी चीजों से क्यों ग्रसित करते हैं? हम विदेशी टीवी चाहते हैं, हम विदेशी शर्ट चाहते हैं, हम विदेशी टेक्नोलॉजी चाहते हैं। क्या ऐसा करना जरूरी है? क्या हम इस बात को नहीं जानते की आत्मसम्मान आत्मनिर्भरता से ही आता है? मैं हैदराबाद में जब अपना लेक्चर दे रहा था तब एक 14 साल की लड़की ने मुझे ऑटोग्राफ के लिये पूछा। तब मैंने उससे पूछा की जिंदगी में उसका क्या लक्ष्य है। उसने जवाब दिया : मैं विकसित भारत में रहना चाहती हूँ। उसके लिये, तुम्हें और मुझे मिलकर एक विकसित भारत का निर्माण करना है। आपको इस बात का ऐलान करना चाहिये की भारत एक विकासशील देश नहीं बल्कि पूरी तरह से विकसित देश है।

क्या आपके पास 10 मिनट है? मुझे प्रतोशोध के साथ आने की आज्ञा दीजिये। आपको अपने देश के लिये 10 मिनट मिले है? यदि हाँ, तो इसे पढिये, वर्ना आपकी इच्छा।

तुम कहते हो की हमारी सरकार अयोग्य है।

तुम कहते हो की हमारा कानून बहुत पुराना है।

तुम कहते हो की महानगरपालिका कूड़े-कचरे को नही उठाती।

तुम कहते हो की फ़ोन काम नही करता, रेल्वे एक जोक है, हमारी एयरलाइन दुनिया में सबसे ख़राब है, गाड़िया कभी अपने निर्धारित स्थान तक नही पहुँचती।

तुम कहते हो की हमारा देश कुत्तों से भरा हुआ है और देश में गड्डे ही गड्डे है।

तुम कहते हो, कहते हो और कहते रहते हो।

तुमने इसके लिये क्या किया? इस रास्ते में सिंगापुर के एक इंसान को लीजिये। सिंगापुर में आप सिगारेट को रास्तो पर नही फेंक सकते और ना ही दुकान के अंदर सिगारेट का सेवन सकते है। तुम उसी तरह उनके जमीन के अंदर के रास्तो का गर्व करोंगे जैसे वे लोग है। बगीचे वाले रास्ते पर से गाड़ी चलाने के लिये तुम्हे वहाँ 5$ देने की जरुरत होंगी, वो भी तुम 5 PM से 8 PM तक ही चला सकते हो। यदि तुम गाड़ी पार्क करना चाहो तो तुम्हे वहाँ टिकट लेनी पड़ेंगी। यदि तुम्हे किसी रेस्टोरेंट में रहना है तो वहाँ सबसे पहले तुम्हे अपनी पहचान बतानी होंगी।

सिंगापुर में तुम कही भी कुछ भी नही बोल सकते। दुबई में रामदान के समय में आप सामाजिक स्थानों पर कुछ खाने की हिम्मत भी नही कर सकते। अपने सिर को जेद्दाह से ढंके बिना आप कही बाहर भी नही निकाल सकते।

वाशिंगटन में तुम 55 mph से ज्यादा की स्पीड में गाड़ी नही चला सकते और ना ही ट्रैफिक पुलिस को ये कह सकते, "जानता है मै कौन हूँ?" तुम ये भी नही कह सकते की मै उसका या इसका बेटा हूँ। ऑस्ट्रेलिया और न्यूज़ीलैण्ड में खाली नारियल को आप कहीं भी नहीं डाल सकते आपको उसे कचरे के डिब्बे में ही डालना होता है। टोक्यो में आप पान को कही भी नहीं थूंक सकते। बोस्टन में आप जाली दस्तावेज और सर्टिफिकेट बनाने की कोशिश क्यों नही करते? हम अभी भी तुम से ही बात कर रहे है।

तुम अपने देश में विदेशी सिस्टम का सम्मान कर सकते हो लेकिन अपने देश में अपने ही देश के सिस्टम का सम्मान नही कर सकते। भारतीय जमीन पर कदम रखते ही तुम रास्तो पर पेपर और सिगारेट फेंकना शुरू कर देते हो। यदि

विदेशों में आप विदेशों की तरह रहते हो और उनके नियमों का पालन करते हो तो अपने ही देश में हमारे नियमों का पालन क्यों नहीं करते?

एक बार इंटरव्यू में बॉम्बे के प्रसिद्ध म्युनिसिपल कमिश्नर मी. तिनैकर ने कहा था की, "अमीर लोगों के कुत्ते सड़कों पर घूमते हैं और सभी जगहों पर गन्दगी कर चले जाते हैं।" इसके बाद उनपर बहुत से लोगों ने अपनी प्रतिक्रियाएं भी व्यक्त की थी और बहुत से लोगों ने उनकी आलोचना भी की थी। अमेरिका में कुत्ते का मलिक खुद अपने कुत्ते के गंदगी करने के बाद उसे खुद साफ़ करता है। ऐसा ही जापान में भी होता है। लेकिन क्या भारतीय नागरिक ऐसा करते हैं? बल्कि हम गंदगी फ़ैलाने के लिये सरकारी पोल का चुनाव करते है और फिर गंदगी के लिये उसी सरकार को दोषी ठहराते है।

क्या यह हमारी जिम्मेदारी नही है?

क्या हर काम सरकार का ही होता है?

क्या सरकार को ही हमारे घर?

आस-पास और रास्तो का कूड़ा-कचरा साफ़ करना चाहिये? क्या इसीलिए हमने उनका चुनाव किया है?

हम सरकार से आशा रखते है की वह रास्तो को साफ़ रखे लेकिन उनके द्वारा बनाये कूड़ादान में हम कभी कचरा डालना पसंद नही करते। हम चाहते है की रेल्वे में हमें साफ़ बाथरूम मिले लेकिन हम रेल्वे के बाथरूम का सही उपयोग करना नही जानते।

हम चाहते है की भारतीय एयरलाइन और एयर इंडिया अच्छा खाना दे लेकिन हम उनकी बदनामी करना और बद्तमीजी से बात करना नही छोड़ सकते। जब सामाजिक मुद्दों की बात की जाये विशेषतः महिलाओ से संबंधित जैसे दहेज़, कन्या भ्रूण हत्या या इत्यादि तो ऐसे मौको पर हम विशाल पोस्टर बनाते है और रास्तो पर घेराबंदी कर शोर-शराबा करते है। और सिस्टम को बदलने की मांगे करते है। लेकिन कैसा होंगा यदि हम अपने ही बेटे की शादी में दहेज़ लेने से इंकार कर दे?

कौन इस सिस्टम को बदलना चाहेगा? सिस्टम में क्या-क्या शामिल है? देखा जाये तो सिस्टम में हमारे ही पडोसी, घर के सदस्य, शहर, दूसरे समुदाय और चुनी हुई सरकार शामिल है। लेकिन जैसा की हम व्यवहार करते हैं उसके

अनुसार सिस्टम में सब शामिल है सिवाय तुमको और मुझको छोड़कर। जब सिस्टम को बदलने के लिये सकारात्मक योगदान देने की बात आती है तो हम अपने आप को अपने परिवार के अंदर बंद कर देते हैं। और चाहते हैं की कोई इंसान आये और कोई चमत्कार कर सबकुछ बदल जाये। जब भारत अच्छा नही लगता तो हम न्यू यॉर्क चले जाते हैं। जब न्यूयॉर्क असुरक्षित लगता है तो हम इंग्लैंड चले जाते हैं।

जब इंग्लैंड में हमें बेरोजगारी दिखाई देती है तो हम गल्फ देशों में चले जाते हैं। और जब गल्फ में भी हमें युद्ध दिखाई देते है तो हम वापिस अपने परिवार के साथ भारत आ जाते हैं।

आज हर कोई देश के बाहर जाकर रहना चाहता है। लेकिन कोई भी सिस्टम को खुद होकर सुधारना नही चाहता।

"Thank you"

महान वैज्ञानिक और पूर्व राष्ट्रपति डॉ ए पी जे अब्दुल कलाम अब हमारे बीच नहीं हैं। लेकिन उनकी यादें और उनकी बातें हमेशा हम सबके दिलों में ज़िंदा रहेंगी। पूरी दुनिया ने उन्हें आमतौर पर अंग्रेजी या बहुत कमी के साथ दक्षिण भारतीय भाषा में बोलते हुए सुना लेकिन जब डॉ. कलाम ने साल 2012 में इलाहाबाद विज्ञान परिषद में भाषण दिया तो लोग हैरान हो गए. दरअसल डॉ. कलाम ने वहां हिंदी में संक्षिप्त भाषण दिया था।

2012 में डॉ. ए.पी.जे. अब्दुल कलाम ने इलाहाबाद विज्ञान परिषद में दिया गया भाषण, जिसमें विज्ञान, प्रौद्योगिकी, शिक्षा और भारत के विकास पर जोर दिया गया था। उन्होंने अपनी पुस्तक "लक्ष्य 300 करोड़" पर आधारित एक व्याख्यान दिया, जिसमें उन्होंने गरीब लोगों को सशक्त बनाने के लिए ग्रामीण क्षेत्रों में शहरी सुविधाओं को उपलब्ध कराने और ग्रामीण क्षेत्रों को बाज़ारों से जोड़ने पर ध्यान केंद्रित किया था। डॉ अब्दुल कलाम ने युवाओं को प्रेरित करने और देश को विकसित करने के लिए विज्ञान और प्रौद्योगिकी के महत्व पर जोर दिया था। इस भाषण में, डॉ. कलाम ने अपनी पुस्तक "लक्ष्य 300 करोड़" पर आधारित एक व्याख्यान दिया। इस पुस्तक में उन्होंने ग्रामीण क्षेत्रों में शहरी सुविधाओं को उपलब्ध कराने और ग्रामीण क्षेत्रों को बाहरी बाज़ारों से जोड़ने के लिए नए और पर्यावरण के अनुकूल समाधानों के माध्यम से 300 करोड़ लोगों को सशक्त बनाने पर ध्यान केंद्रित किया था। डॉ. कलाम ने इस बात पर जोर दिया कि विज्ञान और प्रौद्योगिकी देश के विकास के लिए बहुत महत्वपूर्ण हैं। उन्होंने कहा कि युवाओं को प्रेरित करने और देश को विकसित करने के लिए विज्ञान और प्रौद्योगिकी का अध्ययन करना

चाहिए। उन्होंने कहा कि शिक्षा सभी के लिए बहुत महत्वपूर्ण है और हर बच्चे को शिक्षित करने की आवश्यकता है। डॉ. कलाम ने भारत के युवाओं को प्रोत्साहित किया कि वे विज्ञान और प्रौद्योगिकी का अध्ययन करें और देश के विकास में योगदान करें। उन्होंने कहा कि भारत एक महान देश है और इसके युवा वैज्ञानिक और इंजीनियर देश को विकसित करने में महत्वपूर्ण भूमिका निभा सकते हैं।

"एक अच्छे मानव का विकास" विषय पर सम्मेलन में उद्घाटन भाषण

गुड़गांव: 19-04-2003

"प्रबुद्ध मानव

मैं ओम शांति रिट्रीट सेंटर के इस दिव्य वातावरण में आकर बहुत प्रसन्न हूँ और साथ ही ब्रह्माकुमारीज अकादमी फॉर ए बेटर वर्ल्ड के आध्यात्मिक नेताओं के बीच आकर मुझे बहुत गर्व हो रहा है। अच्छे इंसानों का निर्माण वास्तव में विश्व समुदाय के लिए एक बड़ी चुनौती है। मैं खुद से पूछ रहा था कि इस तरह के मिशन के घटक क्या होंगे? क्या इसमें प्रबुद्ध नागरिकों को तैयार करने वाली शिक्षा प्रणाली शामिल होगी? इसका मतलब है, मूल्यों के साथ सीखने का संयोजन। यह प्रक्रिया एक बच्चे की शिक्षा के दौरान बारह वर्षों तक चल सकती है। यह हमारे देश में किसी भी समय एक तिहाई आबादी को कवर करती है। दूसरा महत्वपूर्ण घटक होगा धर्मों का आध्यात्मिक आंदोलन में परिवर्तित होना। तीसरा और सबसे महत्वपूर्ण घटक है आर्थिक समृद्धि प्राप्त करके गरीबी उन्मूलन जिसके परिणामस्वरूप उच्च रोजगार क्षमता होगी। अब हमारे सामने सवाल यह है कि क्या इससे अंतर्राष्ट्रीय आतंकवाद खत्म हो जाएगा? क्या इससे सीमा पार आतंकवाद खत्म हो जाएगा? क्या इससे सांप्रदायिक झड़पें खत्म हो जाएंगी? सबसे बढ़कर, क्या इससे मन और शरीर में हिंसा खत्म हो जाएगी? मैं एक आध्यात्मिक भजन याद करना चाहूँगा।

जहाँ हृदय में धार्मिकता है
इस चरित्र में सुन्दरता है।
जब चरित्र में सुन्दरता होती है,
घर में सामंजस्य है।
जब घर में सद्भाव होता है।

राष्ट्र में एक व्यवस्था है।
जब राष्ट्र में व्यवस्था होती है,
विश्व में शांति है।

दोस्तों, हम हृदय, चरित्र, राष्ट्र और विश्व के बीच एक सुंदर जुड़ाव देख सकते हैं। मानव हृदय में धार्मिकता का संचार कैसे किया जाए। वास्तव में यही मानव निर्माण का उद्देश्य है, अर्थात दिव्यता। हम किस प्रकार के ग्रह पर रहते हैं? हम एक जटिल स्थिति से गुजर रहे हैं, क्योंकि बहुत से मनुष्य अपने आप से, समाज से और राष्ट्र से पूरी तरह से युद्धरत हैं। मैं पृथ्वी ग्रह पर युद्ध की गतिशीलता पर एक दशक पहले किए गए अध्ययन के बारे में चर्चा करना चाहूँगा।

यह स्पष्ट है कि मनुष्य युद्धों पर जीता है। हम स्पष्ट रूप से देखते हैं कि युद्ध के पैटर्न के तीन भाग हैं: 1920 तक, 1920-1990, 1990 के बाद। पहला भाग मानव युद्ध काल था। मानव युद्ध के लिए प्रेरणा या तो क्षेत्रीय लालच या धन की महत्वाकांक्षा या धार्मिक वर्चस्व था, जो बाद में मिलकर 1914 में प्रथम विश्व युद्ध का कारण बना। दूसरा काल - 1920-1990 - एक यंत्रीकृत युद्ध काल था। इस अवधि के दौरान दुनिया ने नए यंत्रीकृत हथियारों और प्लेटफार्मों - युद्धक टैंक, लड़ाकू विमान और पनडुब्बियों का उपयोग करना शुरू कर दिया। प्रेरणा दो समाजों के बीच वैचारिक संघर्ष था, एक तरफ पूर्व सोवियत संघ और दूसरी तरफ संयुक्त राज्य अमेरिका और संबंधित देश। द्वितीय विश्व युद्ध में जापान के दो शहरों पर परमाणु बमों की तैनाती से भी तबाही देखी गई। प्रौद्योगिकी के वर्चस्व ने प्रौद्योगिकी के निषेध और नियंत्रण व्यवस्था को जन्म दिया, जिसने राष्ट्रों को "विकसित", "विकासशील" और "अविकसित" के रूप में विभाजित कर दिया। 2003 में, दुनिया एक नए तरह के युद्ध, धार्मिक संघर्षों, वैचारिक मतभेदों और आर्थिक-बाजार युद्ध की एकीकृत स्थिति का सामना कर रही है। हमने हमेशा देखा है कि युद्ध युद्धों को बढ़ाता है, निश्चित रूप से समय का अंतराल होगा। हम पारंपरिक युद्ध के खतरे, सीमा पार आतंकवाद, उग्रवाद और परमाणु हमलों के खतरे की इन जटिल एकीकृत घटनाओं का मुकाबला कैसे करते हैं? अगले कुछ मिनटों में मैं अपने विचार और कुछ संभावित समाधान साझा करना चाहूँगा।

आतंकवाद विभिन्न कारकों जैसे विचारधाराओं में अंतर, धार्मिक कट्टरता,

भेदभाव और संगठनों और राष्ट्रों के बीच दुश्मनी के परिणामस्वरूप होता है। निरंतर वंचना निराशा की ओर ले जाती है - उकसावे पर निराशा अलगाव की ओर ले जाती है। अलगाव खुद को दो रूपों में प्रकट कर सकता है - निष्क्रियता और सक्रियता। सक्रियता खुद को रचनात्मक या विनाशकारी तरीकों से प्रकट कर सकती है। रचनात्मक तरीका विकास की ओर ले जाता है; विनाशकारी तरीका आतंकवाद, हिंसा और आक्रामकता की ओर ले जाता है। कुछ राष्ट्र बेरहमी से सीमा पार आतंकवाद में लिप्त रहे हैं। हमें राष्ट्रीय विकास के लिए दूरदर्शी नीतियां बनाकर और कड़ी मेहनत और पसीने से उन मिशन परियोजनाओं को क्रियान्वित करके अशांति के इन स्रोतों को सामूहिक रूप से संबोधित करने की आवश्यकता है।

इस बिंदु पर मैं पूर्णिमा की रात में लिखी गई एक कविता को याद करना चाहूँगा। पूर्णिमा की रात में मेरे रचयिता की ओर से एक दिव्य प्रतिध्वनि हुई। मैं और मेरी जाति हिल गई, चकित और आश्चर्यचकित हो गई, उस प्रतिध्वनि ने मुझे और मेरी जाति को अपने में समाहित कर लिया:

तुम, मानव जाति मेरी रचना में सर्वश्रेष्ठ हो
तुम जिओगे और जिओगे
आप तब तक देते रहें जब तक आप एकजुट न हो जाएं,
मानवीय सुख और दुःख में
मेरा आनन्द तुममें जन्म लेगा।
प्रेम निरन्तरता है,
यही मानवता का मिशन है।

क्या हम मानव जीवन के प्रति प्रेम और श्रद्धा का पालन करते हैं? मैं सत्य की खोज में था। जब मैंने विभिन्न धार्मिक केंद्रों और शिक्षा केंद्रों और कुछ आध्यात्मिक केंद्रों का दौरा किया, तो वे सभी वास्तव में द्वीप थे। सुंदर कार्य के द्वीप। कौन सी शक्ति पुल बना सकती है? इस समय मैंने अपने तीन अनुभव आपके साथ साझा करने के बारे में सोचा।

मैं माउंट आबू और आबू रोड स्थित ब्रह्माकुमारी आध्यात्मिक अकादमी में कई बार गया हूँ, जहाँ ग्लोबल हॉस्पिटल और रिसर्च सेंटर में हृदय रोगियों के लिए विशेष रूप से शरीर और मन के एकीकृत उपचार के शोध कार्यक्रम में भाग लिया जाता है। इस कार्यक्रम का उद्देश्य शाकाहारी रेशेदार आहार, ध्यान और एरोबिक

व्यायाम के संयोजन से हृदय रोगियों के दर्द को कम करना है। निश्चित रूप से माउंट आबू ने मन और शरीर को एकीकृत करने का एक अच्छा समाधान दिया है। इसके अलावा मैं राजस्थान के सभी हिस्सों से 5000 से अधिक हाई स्कूल के छात्रों से उनके परिसर में मिलता था। प्रार्थना और ध्यान का सुंदर वातावरण वास्तव में एक अनूठा अनुभव है। सबसे बढ़कर 3 फरवरी, 2002 को, जब मैंने ब्रह्माकुमारी अकादमी का दौरा किया, तो एक दिव्य प्रतिध्वनि एक संदेश के साथ गूंजी। यह एक महान आध्यात्मिक बयार थी, जिसमें यह पुष्टि थी, 'भारत पृथ्वी पर सबसे सुंदर भूमि बन जाएगा'। इसे कैसे बनाया जाए।

मैं आपके साथ एक और महत्वपूर्ण संदेश साझा करना चाहूँगा जो मैंने हाल ही में अरुणाचल प्रदेश की यात्रा के दौरान अनुभव किया। मुझे तवांग बौद्ध मठ में एक दिन बिताने का मौका मिला, जिसका इतिहास 400 साल पुराना है, जो 3000 मीटर की ऊँचाई पर स्थित है - एक सुंदर आध्यात्मिक वातावरण। वहाँ, मैं भिक्षुओं, छात्रों, शिक्षकों और राजनीतिक नेताओं के एक समूह से मिला। मैंने रचनात्मकता के साथ सीखने की इच्छा वाले उज्ज्वल युवा चेहरे देखे। मठ और उसके आस-पास एक अनोखी शांति छाई हुई थी। मुझे लगा कि यह संदेश छात्रों और शिक्षक समुदाय का अभिन्न अंग था। वह संदेश क्या है? मैं खुद से पूछ रहा था। कौन इस संदेश को समझा सकता है और समझा सकता है? मैंने तवांग मठ के भिक्षुओं के प्रमुख की मदद ली। मैंने पूछा, 'परम पावन, क्या आप इस मठ में अपने विशाल अनुभव के साथ संदेश को समझा सकते हैं, जो सीखने का सबसे महत्वपूर्ण हिस्सा है - विशेष रूप से हमारे देश और दूसरे ग्रह के वर्तमान वातावरण में"। सम्मानित बौद्ध भिक्षु ने मुझसे कहा, "भारत एक शांति का देश है। भारत एक आध्यात्मिक और शांतिपूर्ण राष्ट्र के रूप में रहेगा। शांति हमारे राष्ट्र को व्याप्त करनी चाहिए। यह मठ फैलाता है: जब आप अपने मन से "मैं" और "मुझे" को हटा देते हैं, तो आप अहंकार को खत्म कर देते हैं; यदि आप अहंकार को खत्म कर देते हैं, तो साथी मनुष्यों के प्रति घृणा गायब हो जाती है; यदि हमारे मन से घृणा निकल जाती है, तो मानव मन और समाज से हिंसा नहीं पनपेगी, फिर शांति और शांति और शांति खिलेगी। मैं अपने राष्ट्र को आशीर्वाद देता हूँ"। यह दिव्य संदेश - समाज से हिंसा को कैसे हटाया जाए, तवांग मठ में पैदा हुआ था। युवा मन पर महान अनुभव को कैसे डाला जाए।

मुझे चार दशक पहले की एक और घटना याद आ रही है। जैसा कि आप

सभी जानते हैं, प्रो. विक्रम साराभाई देश में अंतरिक्ष कार्यक्रम के दूरदर्शी हैं। वे अपने कॉस्मिक किरण अनुसंधान क्षेत्र के लिए जाने जाते हैं, जिसके कारण देश के लिए अंतरिक्ष अनुसंधान कार्यक्रम विकसित हुआ। डॉ. होमी भाभा और प्रो. विक्रम साराभाई दोनों ही भूमध्यरेखीय क्षेत्र में अंतरिक्ष अनुसंधान स्टेशन स्थापित करने के लिए एक स्थान की तलाश कर रहे थे। इन दोनों महान वैज्ञानिकों ने कई स्थानों का दौरा किया। केरल में थुम्बा को वैज्ञानिक समुदाय द्वारा अंतरिक्ष अनुसंधान के लिए चुना गया था क्योंकि यह भूमध्यरेखीय क्षेत्र के पास था और वायुमंडलीय संरचना के अध्ययन के अलावा ऊपरी वायुमंडल में आयनमंडलीय अनुसंधान के लिए आदर्श था। जब प्रो. विक्रम साराभाई थुम्बा गए, तो उस इलाके में कई गाँव थे और हज़ारों मछुआरे उस इलाके में रहते थे। वहाँ एक सुंदर प्राचीन चर्च, सेंट मैरी मैग्डलीन चर्च, पल्लीथुरा और एक बिशप हाउस भी था। प्रो. विक्रम साराभाई ने अंतरिक्ष विज्ञान अनुसंधान के काम के लिए जगह पाने के लिए कई राजनेताओं और नौकरशाहों से मुलाकात की। जगह की प्रकृति के कारण यह आगे नहीं बढ़ सका। उन्हें 1962 में त्रिवेंद्रम के बिशप महामहिम रेव डॉ. पीटर बर्नार्ड परेरा से मिलने के लिए आमंत्रित किया गया था। शनिवार का दिन था जब प्रोफेसर विक्रम साराभाई बिशप से मिले। बिशप ने मुस्कुराते हुए उन्हें अगले दिन यानी रविवार को मिलने के लिए कहा। सुबह की सेवा में, बिशप ने मण्डली से कहा, "मेरे बच्चों, मेरे साथ एक प्रसिद्ध वैज्ञानिक हैं जो हमारे चर्च और जिस स्थान पर मैं रहता हूँ, उसे अंतरिक्ष विज्ञान अनुसंधान के काम के लिए चाहते हैं। प्यारे बच्चों, विज्ञान तर्क द्वारा सत्य की खोज करता है। एक तरह से, विज्ञान और अध्यात्मवाद लोगों के लिए अच्छा करने के लिए समान दिव्य आशीर्वाद चाहते हैं। मेरे बच्चों, क्या हम वैज्ञानिक मिशन के लिए ईश्वर का निवास दे सकते हैं?" मण्डली से 'आमीन' का एक कोरस निकला और पूरा चर्च गूंज उठा। इसके बाद, 1962 में एक बड़ी घटना घटी। त्रिवेंद्रम के बिशप महामहिम आरसीटी रेव डॉ पीटर बर्नार्ड परेरा ने थुंबा के पल्लिथुरा में भारतीय अंतरिक्ष अनुसंधान संगठन की स्थापना के राष्ट्रीय लक्ष्य को मान्यता देने के लिए चर्च को समर्पित करने का नेक फैसला लिया। यह वह चर्च था जहाँ हमारा डिज़ाइन सेंटर था, रॉकेट असेंबली शुरू हुई, FRP उत्पाद के लिए फिलामेंट वाइंडिंग मशीन का डिज़ाइन बनाया गया और बिशप का घर हमारे वैज्ञानिकों का घर था। बाद में, थुंबा इक्वेटोरियल रॉकेट लॉन्चिंग

स्टेशन (TERLS) ने विक्रम साराभाई स्पेस सेंटर (VSSC) और पूरे देश में कई अंतरिक्ष केंद्रों की स्थापना की।

जब मैं इस घटना के बारे में सोचता हूँ, तो मैं देख सकता हूँ कि कैसे प्रबुद्ध आध्यात्मिक और वैज्ञानिक नेता, सभी मानव जीवन को सम्मान देने की दिशा में एक साथ आते हैं। धर्मों ने मानवता को लाभ पहुँचाने के लिए आध्यात्मिक प्रणाली को बदल दिया है। नए चर्च और नए स्कूल रिकॉर्ड समय में स्थापित किए गए। बेशक TERLS और फिर VSSC के जन्म ने देश को विश्व स्तरीय विशाल रॉकेट सिस्टम के डिजाइन, विकास और उत्पादन की क्षमता दी और इसके बाद, भारत में भू-समकालिक, सूर्य-समकालिक और मौसम विज्ञान अंतरिक्ष यान, संचार उपग्रह, सुदूर संवेदन उपग्रह लॉन्च करने की क्षमता है, जिससे देश के लिए तेज़ संचार, मौसम पूर्वानुमान और जल संसाधनों का पता लगाने की सुविधा मिलती है। आज, हमारे बीच, प्रोफ़ेसर विक्रम साराभाई नहीं हैं, रेव डॉ पीटर बर्नार्ड परेरा नहीं हैं, लेकिन जो लोग सृजन के लिए ज़िम्मेदार हैं और फूल बनाते हैं और खिलते हैं, वे खुद एक अलग तरह के फूल होंगे जैसा कि भगवद गीता में वर्णित है: "फूल को देखो, यह कितनी उदारता से सुगंध और शहद वितरित करता है। यह सभी को देता है, अपने प्यार को मुफ़्त में देता है। जब इसका काम पूरा हो जाता है, तो यह चुपचाप गिर जाता है। फूल की तरह बनने की कोशिश करो, अपने सभी गुणों के बावजूद विनम्र"। यह देश और विश्व की सभी पीढ़ियों के लिए कितना सुन्दर संदेश है कि किस प्रकार धर्मों को आध्यात्मिक गतिशील शक्ति में परिवर्तित किया जा सकता है।

एक बार, जब मैं एक व्याख्यान के लिए बैंगलोर जा रहा था, मैंने अपने मित्र से बात की और उसे बताया कि मैं युवा लोगों से बात करूँगा और क्या उसके पास कोई सुझाव है। उसने कोई सुझाव तो नहीं दिया, लेकिन मुझे ज्ञान के ये शब्द बताए -

"जब बोलो तो सच बोलो; जो वचन दो उसे पूरा करो। जो कुछ अवैध और बुरा है उसे लेने से और उसे मारने को अपने हाथ रोक लो।"

"कौन से कार्य सबसे श्रेष्ठ हैं? किसी मनुष्य के हृदय को प्रसन्न करना, भूखे को भोजन कराना, पीड़ितों की सहायता करना, दुखी का दुःख कम करना तथा घायल का अपराध (दुर्घटना का कारण) दूर करना?

"ईश्वर की सभी रचनाएँ उसका परिवार हैं; और वह ईश्वर का सबसे प्रिय

व्यक्ति है जो ईश्वर की रचनाओं के लिए सबसे अधिक भलाई करने का प्रयास करता है।"

उन्होंने कहा - ये पैगम्बर मोहम्मद की बातें हैं। मेरे मित्र ने मुझे यह बताया, वह तमिलनाडु के दीक्षिधर और ज्ञानपथिगल (वैदिक विद्वान) के परपोते हैं। ऐसा दृष्टिकोण केवल हमारे देश में ही संभव है, जहाँ हमारे कई प्रबुद्ध नागरिक अपने धर्म से परे जाकर दूसरे धर्मों की भी सराहना करते हैं। यह आध्यात्मिकता की ऐसी स्थिति है जिसे राष्ट्र को संजोकर रखना चाहिए।

समृद्धि और शांतिपूर्ण जीवन के दो घटक हैं। समृद्धि और ज्ञान से युक्त मानव कैसे प्रबुद्ध नागरिक बनें, इस पर हमने अध्ययन किया। अब अच्छे मानव के विकास के लिए भूख को खत्म करना होगा।

50 साल की प्रगति के बाद, भारत को विकसित देश बनाने की आकांक्षाएं बढ़ रही हैं। यह राष्ट्र के लिए दूसरा विजन है। हम इस चुनौती के लिए खुद को कैसे तैयार कर सकते हैं?

विकसित भारत बनने के लिए ज़रूरी है कि (क) भारत आर्थिक और व्यावसायिक रूप से शक्तिशाली हो, कम से कम अर्थव्यवस्था के आकार के मामले में शीर्ष चार देशों में से एक हो। हमारा लक्ष्य सालाना 9% की जीडीपी वृद्धि और गरीबी रेखा से नीचे के लोगों को लगभग शून्य पर लाना होना चाहिए। (ख) हथियार, उपकरण की रक्षा ज़रूरतों में लगभग आत्मनिर्भरता, जिसका किसी बाहरी दुनिया से कोई नाता न हो। (ग) भारत को विश्व मंचों पर सही जगह मिलनी चाहिए। टेक्नोलॉजी विज़न 2020 इस पोषित मिशन को साकार करने का एक मार्ग है।

हमने पाँच क्षेत्रों की पहचान की है जहाँ भारत के पास एकीकृत कार्रवाई के लिए मुख्य क्षमता है।

1. कृषि और खाद्य प्रसंस्करण - हमें 360 मिलियन टन खाद्य और कृषि उत्पादन का लक्ष्य रखना है। कृषि और कृषि खाद्य प्रसंस्करण के अन्य क्षेत्र ग्रामीण लोगों के लिए समृद्धि लाएँगे और आर्थिक विकास को गति देंगे।
2. देश के सभी हिस्सों के लिए विश्वसनीय और गुणवत्ता वाली बिजली।
3. शिक्षा और स्वास्थ्य सेवा - हमने अनुभव के आधार पर देखा है कि शिक्षा और स्वास्थ्य सेवा एक दूसरे से जुड़े हुए हैं।
4. सूचना संचार प्रौद्योगिकी - यह हमारी मुख्य क्षमताओं में से एक है। हमारा

मानना है कि इस क्षेत्र का उपयोग दूरदराज के क्षेत्रों में शिक्षा को बढ़ावा देने और राष्ट्रीय संपदा बनाने के लिए किया जा सकता है।

5. रणनीतिक क्षेत्र - सौभाग्य से, इस क्षेत्र में परमाणु प्रौद्योगिकी, अंतरिक्ष प्रौद्योगिकी और रक्षा प्रौद्योगिकी में वृद्धि देखी गई है। उन्नत सेंसर और सामग्री जैसे अन्य क्षेत्रों को बढ़ावा देने की आवश्यकता होगी। देश ने रक्षा उपकरणों में एक दशक में लगभग 70% आत्मनिर्भरता की योजना बनाई है।

ये पांच क्षेत्र आपस में घनिष्ठ रूप से जुड़े हुए हैं और इनसे राष्ट्रीय, खाद्य और आर्थिक सुरक्षा को बढ़ावा मिलेगा। इस लक्ष्य को प्राप्त करने के लिए सरकारी विभागों के साथ अनुसंधान एवं विकास, अकादमी, उद्योग और समुदाय के बीच मजबूत भागीदारी आवश्यक होगी।

जीवन के प्रति श्रद्धा वास्तव में तभी संभव है जब श्रद्धा के दार्शनिक विचार को समाज के विभिन्न घटकों को सशक्त बनाकर कार्यों में बदला जा सके। जब बच्चे को विकास के विभिन्न चरणों में माता-पिता द्वारा सशक्त बनाया जाता है, तो वह एक जिम्मेदार नागरिक के रूप में परिवर्तित हो जाता है। जब एक शिक्षक को ज्ञान और अनुभव से सशक्त बनाया जाता है, तो मूल्य प्रणाली वाले अच्छे युवा मनुष्य उभर कर सामने आते हैं। जब एक व्यक्ति या एक टीम को प्रौद्योगिकी से सशक्त बनाया जाता है, तो उपलब्धि की उच्च क्षमता में परिवर्तन सुनिश्चित होता है। जब किसी संस्था का नेता अपने लोगों को सशक्त बनाता है, तो ऐसे नेता पैदा होते हैं जो कई क्षेत्रों में राष्ट्र को बदल सकते हैं। जब महिलाओं को सशक्त बनाया जाता है, तो स्थिरता वाला समाज सुनिश्चित होता है। जब देश के राजनीतिक नेता दूरदर्शी नीतियों के माध्यम से लोगों को सशक्त बनाते हैं, तो राष्ट्र की समृद्धि निश्चित होती है। जब धर्म सशक्त होते हैं और आध्यात्मिक शक्ति बन जाते हैं, तो लोगों के दिलों में शांति और खुशी खिलती है। ऐसा सशक्त चरण मूल्य प्रणाली वाले प्रबुद्ध नागरिकों का निर्माण करेगा। यहां मैंने शिक्षा के साथ मूल्य प्रणाली, धर्म को अध्यात्म में परिवर्तित करने और समृद्धि के लिए दूरदर्शी नीतियों के संयोजन के साथ प्रबुद्ध मानव के विकास का समाधान सुझाया है। भारत के पास अपनी मूल क्षमता के आधार पर अरबों लोगों के राष्ट्र को जीवन के हर पहलू में विभिन्न आयामों के साथ प्रबंधित करने के लिए नेतृत्व के महान गुणों का अनुभव है। अब हमें किसी भी धर्म या किसी व्यक्तिगत कट्टरता को अपने राष्ट्र को खतरे में डालने की अनुमति

नहीं देनी चाहिए। क्योंकि, किसी भी व्यक्ति या पार्टी या धर्म की तुलना में राष्ट्र बहुत महत्वपूर्ण है।

"मेरी ओर से आपको हार्दिक शुभकामनाएं एवं बधाई।"

जब मैं भारत के उज्ज्वल भविष्य का सपना देख रहा था, उस संबंध में विभिन्न विचारों द्वारा देश की जनता से अपने लेखों, भाषणों व पुस्तकों से जुड़ गया था। मैं सूचना के अन्य विभिन्न स्रोतों से भी संबंध स्थापित कर चुका था। 'इंडिया विजन-2020' से संबंधित मेरी अनेक योजनाएँ थीं। मुझे 'प्रौद्योगिकी सूचना, पूर्वानुमान एवं आकलन परिषद्' का अध्यक्ष बनाया गया। इस परिषद् की पहली ही मीटिंग में यह तय किया गया कि '2020 इंडिया विजन' को हासिल करने के लिए ऐसी योजना तैयार की जाए कि भारत को वर्ष 2020 तक आर्थिक दृष्टि से समृद्ध देश बनाया जा सके। उस समय जबकि जी.डी.पी. 5 से 6 प्रतिशत पर कायम थी, हमें इस वृद्धि को 10 प्रतिशत प्रतिवर्ष तक लगभग 10 वर्ष तक बनाकर रखना था, यदि करोड़ों लोगों के विकास के सपनों को प्राप्त करना था। इस भावना से हममें उत्साह आ गया। हमने इस विषय पर लगातार बहस की तथा निर्णय लिया कि इस कार्य के लिए 17 कार्य दलों का गठन किया जाए, जिसके 500 के करीब सदस्य बनाए गए थे, जिनका कार्य देश के 5,000 विभिन्न वर्गों के व्यक्तियों से मुलाकात करना था। इन समितियों ने दो वर्ष तक कार्य किया तथा इस कालावधि में 25 रिपोर्ट बनाकर तत्कालीन प्रधानमंत्री को 2 अगस्त, 1996 को सौंपी।

हमने इस विषय पर लगातार बहस की तथा निर्णय लिया कि इस कार्य के लिए 17 कार्य दलों का गठन किया जाए, जिसके 500 के करीब सदस्य बनाए गए थे, जिनका कार्य देश के 5,000 विभिन्न वर्गों के व्यक्तियों से मुलाकात करना था। इन समितियों ने दो वर्ष तक कार्य किया तथा इस कालावधि में 25 रिपोर्ट बनाकर तत्कालीन प्रधानमंत्री को 2 अगस्त, 1996 को सौंपी।

यह अपने आप में एक अद्वितीय उदाहरण था कि किस तरह से विभिन्न संगठन और विभाग मिलकर देश के विकास में कार्यरत हो सकते हैं। टी.आई.एफ.ए.सी. के कार्य में जुड़े होने पर मैंने मेरा राष्ट्रपति का कार्यकाल वर्ष 2002 से 2007 तक रहा। मैं जब अपने इस अनुभव को स्मरण करने का प्रयास करता हूँ, मुझे इस विशाल देश के स्वरूप तथा अनेक पहलुओं का ज्ञान होता है। मुझे मीडिया से लोगों के 'जनता के राष्ट्रपति' के रूप में पहचान मिली, जिसे देश के विभिन्न भागों में माना जाने लगा था। इन सबके साथ-ही-साथ देश में आध्यात्मिक विकास भी संभव हो जाए।

डॉ ए पी जे अब्दुल कलाम ने अपनी आत्मकथा में उल्लेख किया है -

"मेरा राष्ट्रपति का कार्यकाल वर्ष 2002 से 2007 तक रहा। मैं जब अपने इस अनुभव को स्मरण करने का प्रयास करता हूँ, मुझे इस विशाल देश के स्वरूप तथा अनेक पहलुओं का ज्ञान होता है। मुझे मीडिया से लोगों के 'जनता के राष्ट्रपति' के रूप में पहचान मिली, जिसे देश के विभिन्न भागों में माना जाने लगा था। मुझे इस नाम से प्रचलित होने में बहुत खुशी मिलती है। जब मैंने अपना कार्यकाल शुरू किया था। मैं पूर्णतः आश्वस्त था कि मुझे इस महान् देश को पूरी तरह से जानने के लिए विभिन्न क्षेत्रों का दौरा करना है। मैं देश के विभिन्न भागों के लोगों का जीवन स्तर, उनके जीने का ढंग और वातावरण के बारे में जानना चाहता था। उसके लिए यह आवश्यक था कि विभिन्न भागों की यात्रा की जाए। मैं लोगों की समस्याओं से अवगत होना चाहता था; उन विधियों के बारे में जानना चाहता था, जिससे उनकी समस्याओं का निवारण हो सके। मैंने शायद इस पद पर आसीन रहते हुए अपने पूर्व के साथियों से ज्यादा देश के विभिन्न भागों का दौरा किया था। मैंने सियाचिन की घाटियों से उत्तर-पूर्वी शहरों का भ्रमण किया और उनकी विभिन्न समस्याओं एवं उनके पूरे जीवन से अवगत हुआ था। इसी तरह पश्चिमी छोर से दक्षिण के अंदरूनी भागों में घूमकर आया था तथा विभिन्न वर्गों के लोगों से मिला था। मैंने लगभग सारे देश का ही भ्रमण किया, केवल लक्षद्वीप के भाग का दौरा नहीं किया था (जिसका खेद मेरे मस्तिष्क में हर समय रहेगा)। मैंने इन प्रदेशों का दौरा करने के लिए सड़क मार्ग, रेल तथा हवाई जहाज आदि का सहारा लिया। राष्ट्रपति की पुरानी रेलगाड़ी को आधुनिक बनाया गया। उसमें विशेष सुविधाएँ दी गईं, उसे सैटेलाइट नक्शे से जोड़ा गया। मैं जीवन भर इसका अभारी रहूँगा कि मुझे इस माध्यम से भारत के विभिन्न प्रदेशों की आधुनिक तथा पूर्ण जानकारी मिल सकी।

मैं समझ गया था कि इस विजन पर कार्य करने का यह प्रथम भाग था। जब हम इस मिशन की चर्चा करेंगे, इसके बारे में जानकारी देंगे तथा इस विषय पर बहस करेंगे, तभी इस विजन को जीवन मिलेगा। मैं जहाँ भी जाता, लोगों से इस बारे में बातें करके भारत को सूचना के क्षेत्र से पूरी तरह अवगत कराना चाहता था। वह देश, जहाँ की जनता सूचना के आधार पर सभी विषयों से अवगत हो सके, अग्नि की उड़ान सूचना प्रौद्योगिकी तथा कृषि में भी योगदान दिया। इन क्षेत्रों में कार्य करने का जुनून पैदा हो गया था। मैंने देश के

विभिन्न भागों का भ्रमण करके देश के विद्यार्थियों, शिक्षकों, अधिकारियों तथा कार्मिकों से मुलाकात कर उनसे उनके विचार जानने चाहे।

मैं समझ गया था कि इस विजन पर कार्य करने का यह प्रथम भाग था। जब हम इस मिशन की चर्चा करेंगे, इसके बारे में जानकारी देंगे तथा इस विषय पर बहस करेंगे, तभी इस विजन को जीवन मिलेगा। मैं जहाँ भी जाता, लोगों से इस बारे में बातें करके भारत को सूचना के क्षेत्र से पूरी तरह अवगत कराना चाहता था। वह देश, जहाँ की जनता सूचना के आधार पर सभी विषयों से अवगत हो सके, इन सबके साथ-ही-साथ देश में आध्यात्मिक विकास भी संभव हो जाए।

मैं आराम के इस पड़ाव पर रुककर सोचता हैं। एक बार मेरे दोस्त, मेरे साथी, मेरे अपने मेरे साथ फिर चलें। वह चाहे पक्षी लक्ष्मण शास्त्री, रेवरेंड इयादुरई सोलोमन हों, अहमद जलालुद्दीन हों, डॉ. विक्रम साराभाई, प्रो. सतीश धवन तथा डॉ. ब्रह्म प्रकाश हों। इसी तरह से अनेक मेरे साथी हैं, जो जिंदगी में मेरे साथ रहे, जिनका मुझ पर पूरा प्रभाव रहा; जिन्होंने मेरी सोच व विचारों को नया मोड़ दिया और बुद्धि को तीव्र किया था। इन सब कहानियों को कहते हुए मैं इन सबको आज भी अपने बहुत करीब महसूस करता हूँ। इन लोगों ने मेरे मस्तिष्क व सोच में जो कुछ बोया था, वह इतने वर्षों बाद आज भी कायम है। जब मैंने इन सबके बारे में चर्चा की थी, मुझे यकीन है कि मेरे पाठकों के दिमाग में कुछ बदलाव आए होंगे तथा उनमें भी कुछ बोया गया होगा। इस तरह सोच में बदलाव; भावनाओं, आदर्शों तथा नियमों का बदलाव ही जीवन के विविध रूप हैं।

कठिन परिश्रम, अध्ययन करना व सीखना, सद्भाव तथा क्षमा कर देना-ये सब मेरी जिंदगी में मील के पत्थर हैं। मैंने दुनिया के साथ इन विशेषताओं का सार साझा किया है। निश्चित रूप से एक जिंदगी, जिसे पूरी तरह से जिया गया हो, अगर उसके बारे में दूसरों से चर्चा की जाए तो यह यादों तथा भावनाओं का खजाना होगी। ये दूसरों की जिंदगी में महत्त्वपूर्ण बदलाव ला सकते हैं। इस प्रक्रिया में अगर मेरे पाठकों की उड़ान को पंख मिले हों तो मैं अपने को भाग्यशाली मानूँगा कि मैंने प्रकृति का उपहार दूसरों को दिया।"

राष्ट्रपति

रामेश्वरम से राष्ट्रपति भवन

जनता के राष्ट्रपति के नाम से जाने जाने वाले अवुल पाकिर जैनुलाब्दीन अब्दुल कलाम रामेश्वरम के सागर तट से 'मिलाइल मैन' भारतीय गणतंत्र के ग्यारहवें निर्वाचित राष्ट्रपति हुए।

10 जून, 2002 को ए पी जे अब्दुल कलाम को अन्ना विश्वविद्यलय के कुलपति डाक्टर कलानिधि का संदेश मिला कि प्रधानमंत्री कार्यालय उनसे संपर्क स्थापित करने की कोशिश कर रहा है। इसलिए आप तुरंत कुलपति के दफ़्तर चले आइए ताकि प्रधानमंत्री से आपकी बात हो सके। जैसे ही उन्हें प्रधानमंत्री कार्यालय से कनेक्ट किया गया, वाजपेयी फोन पर आए और बोले - *"कलाम साहब देश को राष्ट्रपति के रूप में आप की ज़रूरत है।"*

कलाम ने वाजपेयी को धन्यवाद दिया और कहा - *"इस पेशकश पर विचार करने के लिए मुझे एक घंटे का समय चाहिए।"*

वाजपेयी ने कहा - *"आप समय ज़रूर ले लीजिए, लेकिन मुझे आपसे हाँ चाहिए ना नहीं।"*

शाम तक एनडीए के संयोजक जॉर्ज फ़र्नान्डेस, संसदीय कार्य मंत्री प्रमोद महाजन, आँध्र प्रदेश के मुख्यमंत्री चंद्रबाबू नायडू और उत्तर प्रदेश की मुख्यमंत्री मायावती ने संयुक्त संवाददाता सम्मेलन आयोजित कर कलाम की उम्मीदवारी का ऐलान कर दिया। जब डॉ अब्दुल कलाम दिल्ली पहुंचे तो हवाई अड्डे पर रक्षा मंत्री जॉर्ज फ़र्नान्डेस ने उनका स्वागत किया।

कलाम ने एशियाड विलेज में डी आर डी ओ गेस्ट हाउस में रहना पसंद किया। 18 जून, 2002 को कलाम ने अटल बिहारी वाजपेयी और उनके मंत्रिमंडल सहयोगियों का उपस्थिति में अपना नामाँकन पत्र दाखिल किया। पर्चा भरते समय वाजपेयी ने उनके साथ मजाकिया लहजे कहा - *"आप भी मेरी तरह कुँवारे हैं।"*

तो कलाम ने ठहाकों के बीच जवाब दिया - *"प्रधानमंत्री महोदय! मैं न सिर्फ़ कुंवारा हूँ बल्कि ब्रह्मचारी भी हूं।"*

कलाम सत्तारूढ़ भारतीय जनता पार्टी व विपक्षी भारतीय राष्ट्रीय कांग्रेस दोनों के समर्थन के साथ 2002 में भारत के राष्ट्रपति चुने गए। 18 जुलाई 2002 को कलाम को नब्बे प्रतिशत बहुमत द्वारा भारत का राष्ट्रपति चुना गया था और इन्हें 25 जुलाई 2002 को

संसद भवन के अशोक कक्ष में राष्ट्रपति पद की शपथ दिलाई गई। शपथ ग्रहण समारोह में तत्कालीन प्रधानमंत्री अटल बिहारी वाजपेयी, उनके मंत्रिमंडल के सदस्य तथा सोनिया गांधी, राहुल गांधी और अन्य राजनीतिक दलों के राजनेता एवं अधिकारीगण उपस्थित थे। वह राष्ट्रपति भवन में रहने वाले पहले वैज्ञानिक और पहले स्नातक भी थे।

कलाम ने अपनी उम्मीदवारी की घोषणा के बारे में कहा था - *"मैं वाकई बहुत अभिभूत हूँ। इंटरनेट और दूसरे मीडिया में हर जगह मुझसे संदेश माँगा जा रहा है। मैं सोच रहा था कि इस समय मैं देश की जनता को क्या संदेश दे सकता हूँ।"*

'कलाम सूट की कहानी

कलाम के राष्ट्रपति बनने के बाद सबसे बड़ी समस्या यह आई कि वह पहनेंगे क्या? बरसों से नीली कमीज और स्पोर्ट्स शू पहन रहे कलाम राष्ट्रपति के रूप में तो वह सब पहन नहीं सकते थे। राष्ट्रपति भवन का एक दर्जी था जिसने पिछले कई राष्ट्रपतियों के सूट सिले थे। एक दिन आकर उसने डॉ कलाम की भी नाप ले डाली।

कलाम के जीवनीकार और सहयोगी अरुण तिवारी अपनी किताब 'ए पी जे अब्दुल कलाम अ लाइफ़' में लिखते हैं - *"कुछ दिनों बाद दर्ज़ी कलाम के लिए चार नए बंद गले के सूट सिल कर ले आया। कुछ ही मिनटों में हमेशा लापरवाही से कपड़े पहनने वाले कलाम की काया ही बदल गई लेकिन कलाम इससे खुद खुश नहीं थे। उन्होंने मुझसे कहा - 'मैं तो इसमें साँस ही नहीं ले सकता। क्या इसके कट में कोई परिवर्तन किया जा सकता है?"*

परेशान दर्जी सोचते रहे कि क्या किया जाए?

कलाम ने खुद ही सलाह दी - *"इसे आप गर्दन के पास से थोड़ा काट दीजिए। इसके बाद से कलाम के इस कट के सूट को 'कलाम सूट' कहा जाने लगा।"*

नए राष्ट्रपति को टाई पहनने से भी नफरत थी। बंद गले के सूट की तरह टाई से भी उनका दम घुटता था। एक बार मैंने उन्हें अपनी टाई से अपना चश्मा साफ करते हुए देखा। मैंने उनसे कहा - *"आपको ऐसा नहीं करना चाहिए।"*

उनका जवाब था - *"टाई पूरी तरह से उद्देश्यहीन वस्त्र है। कम-से-कम मैं इसका कुछ तो इस्तेमाल कर रहा हूँ।"*

डॉ ए पी जे अब्दुल कलाम ने के. आर. नारायणन के बाद भारत के 11वें राष्ट्रपति के रूप में कार्य किया। उन्होंने सन् 2002 के राष्ट्रपति चुनाव में 922,884 मतों के साथ जीत हासिल की, जो लक्ष्मी सहगल द्वारा जीते गए 107,366 मतों से अधिक था। सन् 2002 से 2007 तक भारत के राष्ट्रपति के रूप में सेवा करते हुए उन्होंने देश के छात्रों एवं युवाओं को प्रेरित करने के लिए वे जीवनपर्यंत प्रयासरत रहे। जीवन के आखिरी दो दशकों में 1.6 करोड़

युवाओं से उन्होंने भेंट की और संवाद किया। राष्ट्रपति के अपने पांच वर्षों के कार्यकाल में उन्होंने आठ लाख छात्रों से अपनी मुलाकातों में रचनात्मक विकास के संकल्पों से से जुड़ने का आह्वान किया। इसके लिए वे युवाओं का समर्पण जरूरी मानते थे। उन्हें जोड़ने की उनकी कोशिशें आखिरी समय तक जारी रहीं।

तमिलनाडु के रामेश्वरम में हुआ था। बेहद साधारण परिवार में जन्म लेने के बावजूद, डॉ कलाम ने अपनी मेहनत, लगन और दृढ़ संकल्प के बल पर विज्ञान और प्रौद्योगिकी के क्षेत्र में अद्वितीय उपलब्धियाँ हासिल कीं। भारतीय अंतरिक्ष अनुसंधान संगठन और रक्षा अनुसंधान एवं विकास संगठन के साथ काम करने वाले भारत के मिसाइल कार्यक्रम को नये अध्याय लिखने वाले अब्दुल कलाम व्यक्तिगत ज़िन्दगी में बेहद अनुशासनप्रिय थे। यह शाकाहारी थे। उन्होंने तमिल भाषा में कविताएँ भी लिखी हैं। डॉ ए पी जे अब्दुल कलाम द्वारा लिखित पुस्तकों की दक्षिणी कोरिया में काफ़ी माँग है और वहाँ इन्हें बहुत अधिक पसंद किया जाता है।

डॉ कलाम केवल वैज्ञानिक उपलब्धियों तक सीमित नहीं थे बल्कि वह एक शिक्षाविद्, लेखक और युवाओं के प्रेरणास्रोत भी थे। उनके विचारों ने लाखों लोगों को प्रोत्साहित किया। उनका सपना था कि भारत एक विकसित राष्ट्र बने, और इसके लिए उन्होंने न केवल वैज्ञानिक शोध किया, बल्कि युवाओं को उनके सपनों को साकार करने के लिए प्रेरित भी किया।

कलाम भारत के तीसरे राष्ट्रपति थे जिन्हें राष्ट्रपति बनने से पहले भारत के सर्वोच्च नागरिक सम्मान भारत रत्न से सम्मानित किया गया था। सर्वपल्ली राधाकृष्णन (1954) और जाकिर हुसैन (1963) भारत रत्न के पहले प्राप्तकर्ता थे जो बाद में भारत के राष्ट्रपति बने।

उन्होंने कहा - *"लाभ के पद विधेयक पर हस्ताक्षर करना उनके कार्यकाल के दौरान लिया गया सबसे कठिन निर्णय था।"* कलाम की उनके कार्यकाल के दौरान प्रस्तुत 21 दया

याचिकाओं में से 20 के भाग्य का फैसला करने में उनकी निष्क्रियता के लिए आलोचना की गई थी। भारत के संविधान का अनुच्छेद 72 भारत के राष्ट्रपति को क्षमादान देने और मौत की सजा पर दोषियों की मौत की सजा को निलंबित या कम करने का अधिकार देता है। कलाम ने राष्ट्रपति के रूप में अपने पांच साल के कार्यकाल में केवल एक दया याचिका पर कार्रवाई की, बलात्कारी धनंजय चटर्जी की याचिका को खारिज कर दिया। जिसे बाद में फांसी दे दी गई। शायद सबसे उल्लेखनीय दलील अफ़ज़ल गुरु की थी। जो एक कश्मीरी आतंकवादी था। जिसे दिसंबर 2001 में भारतीय संसद पर हमले की साजिश रचने का दोषी ठहराया गया था। उसे सन् 2004 में भारत के सर्वोच्च न्यायालय ने मौत की सज़ा सुनाई थी। जबकि सजा 20 अक्टूबर 2006 को होनी थी। उसकी दया याचिका पर लंबित कार्रवाई के कारण उसे मौत की सजा मिलनी बाकी थी। उन्होंने सन् 2005 में बिहार में राष्ट्रपति शासन लगाने का विवादास्पद निर्णय भी लिया।

सितंबर, 2003 में, पी जी आई चंडीगढ़ में एक संवादात्मक सत्र में कलाम ने देश की जनसंख्या को ध्यान में रखते हुए भारत में समान नागरिक संहिता की आवश्यकता का समर्थन किया।

अपने कार्यकाल के अंत में, 20 जून, 2007 को कलाम ने कार्यालय में दूसरे कार्यकाल पर विचार करने की इच्छा व्यक्त की। बशर्ते कि 2007 के राष्ट्रपति चुनाव में उनकी जीत के बारे में निश्चितता हो। दो दिन बाद, उन्होंने यह कहते हुए फिर से राष्ट्रपति चुनाव नहीं लड़ने का फैसला किया कि वह राष्ट्रपति भवन को किसी भी राजनीतिक प्रक्रिया से शामिल करने से बचना चाहते हैं। उन्हें संयुक्त राष्ट्रीय प्रगतिशील गठबंधन की नेता जे जयललिता और समन्वयक चंद्रबाबू नायडू अन्य नेताओं मुलायम सिंह यादव और ओम प्रकाश चौटाला नामक तीसरे मोर्चे द्वारा प्रस्तावित किया गया था, लेकिन उन्हें नए सिरे से जनादेश प्राप्त करने के लिए वामपंथी दलों, शिवसेना और यूपीए घटकों का समर्थन नहीं मिला।

24 जुलाई, 2012 को 12वीं राष्ट्रपति प्रतिभा पाटिल का कार्यकाल समाप्त होने के करीब अप्रैल में मीडिया रिपोर्टों में दावा किया गया कि कलाम को उनके दूसरे कार्यकाल के लिए नामित किए जाने की संभावना है। रिपोर्टों के बाद, सोशल नेटवर्किंग साइटों पर कई लोगों ने उनकी उम्मीदवारी का समर्थन किया। भाजपा ने संभावित रूप से उनके नामांकन का समर्थन करते हुए कहा कि अगर तृणमूल कांग्रेस, समाजवादी पार्टी और भारतीय राष्ट्रीय कांग्रेस उन्हें सन् 2012 के राष्ट्रपति चुनाव के लिए प्रस्तावित करती है तो पार्टी अपना समर्थन देगी। चुनाव से एक महीने पहले, मुलायम सिंह यादव और ममता बनर्जी ने भी कलाम के लिए अपना समर्थन व्यक्त किया। भारतीय राष्ट्रीय कांग्रेस ने सन् 2012 में कलाम के नामांकन का

विरोध किया। 18 जून, 2012 को कलाम ने 2012 का राष्ट्रपति चुनाव लड़ने से इनकार कर दिया। उन्होंने ऐसा न करने के अपने फ़ैसले के बारे में कहा -

"बहुत से नागरिकों ने भी यही इच्छा व्यक्त की है। यह मेरे प्रति उनके प्यार और स्नेह तथा लोगों की आकांक्षा को दर्शाता है। मैं इस समर्थन से वास्तव में अभिभूत हूँ। यह उनकी इच्छा है, इसलिए मैं इसका सम्मान करता हूँ। मैं उनका मुझ पर विश्वास के लिए धन्यवाद देना चाहता हूँ।"

अपने परिवार को राष्ट्रपति भवन में ठहराने के लिए कलाम ने काटा साढ़े तीन लाख का चेक। मई 2006 में कलाम ने अपने परिवार के करीब 52 लोगों को दिल्ली आमंत्रित किया। ये लोग आठ दिन तक राष्ट्रपति भवन में रुके। कलाम के सचिव रहे पी एम नायर के अनुसार -

"कलाम ने उनके राष्ट्रपति भवन में रुकने का किराया अपनी जेब से दिया। यहाँ तक कि एक प्याली चाय तक का भी हिसाब रखा गया। वो लोग एक बस में अजमेर शरीफ़ भी गए जिसका किराया कलाम ने भरा। उनके जाने के बाद कलाम ने अपने अकाउंट से तीन लाख बावन हज़ार रुपयों का चेक काट कर राष्ट्रपति भवन कार्यालय को भेजा था।"

डाक्टर कलाम को अपने बड़े भाई ए पी जे मुत्थू मराइकयार से बहुत प्यार था, लेकिन उन्होंने कभी उन्हें अपने साथ राष्ट्रपति भवन में रहने के लिए नहीं कहा। उनके भाई का पोता ग़ुलाम मोइनुद्दीन उस समय दिल्ली में काम कर रहा था जब कलाम भारत के राष्ट्रपति थे, लेकिन वह तब भी मुनिरका में किराए के एक कमरे में रहा करता था।

सारी दुनिया में 'भारत के मिसाइल मैन' के नाम से विख्यात अवुल पकिर जैनुलाब्दीन अब्दुल कलाम सादा जीवन उच्च विचार के मूल्यों को चरितार्थ करने वाले आधुनिक भारत में मोहनदास करमचंद गांधी के बाद दूसरे व्यक्ति थे। वह राष्ट्रपति निर्वाचन समूह के लगभग 90 प्रतिशत मत प्राप्त करने वाले पहले व्यक्ति थे। कार्यकाल समाप्त होने के बाद उन्होंने अहमदाबाद और शिलांग भारतीय प्रबंधन संस्थान आदि में महत्वपूर्ण व्याख्यान दिए।

दिसंबर 2005 में उनके बड़े भाई ए पी जे मुत्थू मराइकयार, उनकी बेटी नाज़िमा और उनका पोता ग़ुलाम हज करने मक्का गए। जब सऊदी अरब में भारत के राजदूत को इस बारे में पता चला तो उन्होंने राष्ट्रपति को फ़ोन कर परिवार को हर तरह की मदद देने की पेशकश की।

कलाम का जवाब था - "मेरा आपसे यही अनुरोध है कि मेरे 90 साल के भाई को बिना किसी सरकारी व्यवस्था के एक आम तीर्थयात्री की तरह हज करने दें।"

नायर ने एक और दिलचस्प किस्सा सुनाया - "एक बार नवंबर, 2002 में कलाम ने

मुझे बुला कर पूछा - "ये बताइए कि हम इफ़्तार भोज का आयोजन क्यों करें? वैसे भी यहाँ आमंत्रित लोग खाते पीते लोग होते हैं। आप इफ़्तार पर कितना खर्च करते हैं ?" राष्ट्रपति भवन के आतिथ्य विभाग को फोन लगाया गया। उन्होंने बताया कि इफ़्तार भोज में मोटे तौर पर ढाई लाख रुपए का ख़र्च आता है।

कलाम ने कहा - *"हम ये पैसा अनाथालय को क्यों नहीं दे सकते ? आप अनाथालयों को चुनिए और ये सुनिश्चित करिए कि ये पैसा बरबाद न जाए।"*

राष्ट्रपति भवन की ओर से इफ़्तार के लिए निर्धारित राशि से आटे, दाल, कंबलों और स्वेटरों का इंतेज़ाम किया गया और उसे 28 अनाथालयों के बच्चों में बाँटा गया। लेकिन बात यहीं ख़त्म नहीं हो गई। कलाम ने मुझे फिर बुलाया और जब कमरे में वो और मैं अकेले थे।

उन्होंने कहा - *"ये सामान तो आपने सरकार के पैसे से ख़रिदवाया है। इसमें मेरा योगदान तो कुछ भी नहीं है। मैं आपको एक लाख रुपए का चेक दे रहा हूँ। उसका भी उसी तरह इस्तेमाल करिए जैसे आपने इफ़्तार के लिए निर्धारित पैसे का किया है, लेकिन किसी को ये मत बताइए कि ये पैसे मैंने दिए हैं।"*

ग़ैर राजनीतिक राष्ट्रपति

डॉ अब्दुल कलाम भारत के पहले गैर राजनीतिक राष्ट्रपति थे। उनके समकक्ष अगर किसी को रखा जा सकता है तो वह थे डाक्टर सर्वपल्ली राधाकृष्णन। लेकिन राधाकृष्णन भी पूरी तरह से गैर राजनीतिक नहीं थे और सोवियत संघ में भारत के राजदूत रह चुके थे। कलाम की राजनीतिक अनुभवहीनता तब उजागर हुई जब उन्होंने 22 मई की आधी रात को बिहार में राष्ट्रपति शासन लगाने का अनुमोदन कर दिया, वो भी उस समय जब वो रूस की यात्रा पर थे। बिहार विधानसंभा चुनाव में किसी भी पार्टी के बहुमत न मिलने पर राज्यपाल बूटा सिंह ने बिना सभी विकल्पों को तलाशे बिहार में राष्ट्रपति शासन लगाने की सिफ़ारिश कर दी। केंद्रीय मंत्रिमंडल न एक बैठक के बाद उसे तुरंत राष्ट्रपति के हस्ताक्षर के लिए फैक्स से मास्को भेज दिया। कलाम ने इस सिफ़ारिश पर रात डेढ़ बजे बिना किसी हील हुज्जत के दस्तख़त कर दिए। पाँच महीने बाद सुप्रीम कोर्ट ने इस आदेश को गैर-संवैधानिक करार दे दिया। जिसकी वजह से यूपीए सरकार और खुद कलाम की बहुत किरकिरी हुई। कलाम ने खुद अपनी किताब 'अ जर्नी थ्रू द चैलेंजेज़' में जिक्र किया कि वह सुप्रीम कोर्ट के इस फैसले से इतना आहत हुए थे कि उन्होंने इस मुद्दे पर इस्तीफा देने का मन बना लिया था लेकिन प्रधानमंत्री मनमोहन सिंह ने उन्हें यह कह कर ऐसा न करने के लिए मनाया कि इससे देश में बवंडर हो जाएगा।

मोर का ट्यूमर निकलवाया

डॉ अब्दुल कलाम का मानवीय पक्ष बहुत मज़बूत था। एक बार वह जाड़े के दौरान राष्ट्रपति भवन के गार्डेन में टहल रहे थे। उन्होंने देखा कि सुरक्षा गार्ड के केबिन में हीटिंग की कोई व्यवस्था नहीं है और कड़ाके की ठंड में सुरक्षा गार्ड की कंपकपी छूट रही है। उन्होंने तुरंत संबंधित अधिकारियों को बुलाया और उनसे गार्ड के केबिन में जाड़े के दौरान हीटर और गर्मी के दौरान पंखा लगवाने की व्यवस्था करवाई।

एस एम ख़ाँ ने एक किस्सा और सुनाया -

"एक बार मुग़ल गार्डेन में टहलने के दौरान उन्होंने देखा कि एक मोर अपना मुंह नहीं खोल पा रहा है। उन्होंने तुरंत राष्ट्रपति भवन के वेटरनरी डाक्टर सुधीर कुमार को बुलाकर मोर की स्वास्थ्य जाँच करने के लिए कहा। जाँच करने पर पता चला कि मोर के मुँह में ट्यूमर है जिसकी वजह से वह न तो अपना मुँह खोल पा रहा और न ही बंद कर पा रहा है। वह कुछ भी खा नहीं पा रहा था और बहुत तकलीफ़ में था। कलाम के कहने पर डॉ कुमार ने उस मोर की आपात सर्जरी की और उसका ट्यूमर निकाल दिया। उस मोर को कुछ दिनों तक आई सी यू में रखा गया और पूरी तरह ठीक हो जाने के बाद मुग़ल गार्डेन में छोड़ दिया गया।"

तंज़ानिया के बच्चों की मुफ़्त हार्ट सर्जरी

15 अक्तूबर, 2005 को अपने 74वे जन्मदिन के दिन कलाम हैदराबाद में थे। उनके दिन की शुरुआत ह्रदय रोग से पीड़ित तन्ज़ानिया के कुछ बच्चों से मुलाकात के साथ हुई। जिनका हैदराबाद के केयर अस्पताल में ऑप्रेशन किया गया था। उन्होंने हर बच्चे के सिर पर हाथ फेरा और उन्हें टॉफ़ी का एक एक डिब्बा दिया जिन्हें वह दिल्ली से लाए थे। बाहर बैठे आंध्र प्रदेश को राज्यपाल सुशील कुमार शिंदे, मुख्यमंत्री राजशेखर रेड्डी और तेलगु देशम के प्रमुख चंद्रबाबू नायडू इंतेज़ार कर रहे थे। उनकी समझ में ही नहीं आ रहा था कि इन बच्चों को उनके ऊपर तरजीह क्यों दी जा रही है ?

अरुण तिवारी एपीजे कलाम की जीवनी में लिखते हैं -

"हुआ ये कि सितंबर 2000 में तनज़ानिया की यात्रा के दौरान कलाम को पता चला कि वहाँ जन्मजात दिल की बीमारी से पीड़ित बच्चे बिना किसी इलाज के मर रहे हैं। वहाँ से लौटने के बाद उन्होंने मुझसे कहा कि किसी भी तरह इन बच्चों और उनकी माताओं को दारेस्सलाम से हैदराबाद लाने की मुफ़्त व्यवस्था करो।

उन्होंने मुझसे वी तुलसीदास से बात करने के लिए कहा जो उस समय एयर इंडिया के अध्यक्ष और प्रबंध निदेशक थे। वो इस काम में मदद करने के लिए राज़ी हो गए। फिर केयर अस्पताल के प्रमुख डाक्टर सोमा राजू और वहाँ के प्रमुख हार्ट सर्जन डाक्टर गोपीचंद मन्नाम भी इनका मुफ़्त इलाज करने के लिए तैयार हो गए। भारत में तंज़ानिया की उच्चायुक्त इवा न्ज़ारो इन बच्चों की पहचान के लिए दारेस्सलाम गईं। 24 बच्चों और उनकी माताओं को दारेस्सलाम से हैदराबाद लाया गया। केयर फ़ाउंडेशन ने पचास लोगों के ठहरने और खाने की मुफ़्त व्यवस्था की। ये सब लोग हैदराबाद में एक महीने रूक कर इलाज कराने के बाद सकुशल तंज़ानिया लौटे।"

कलाम की सैम मानेक शॉ से मुलाकात

जब कलाम का कार्यकाल खत्म होने लगा तो उन्होंने सन् 1971 की लड़ाई के हीरो फ़ील्डमार्शल सैम मानेक शॉ से मिलने की इच्छा प्रकट की। वह फरवरी 2007 में उनसे मिलने ऊटी भी गए। उनसे मिलने के बाद कलाम को अंदाजा हो गया कि मानेक शॉ को फ़ील्डमार्शल जैसी पदवी तो दे दी गई है लेकिन उसके साथ मिलने वाले भत्ते और सुविधाएं नहीं दी गई हैं। दिल्ली लौटने के बाद उन्होंने इस दिशा में कुछ करने का फैसला किया। फ़ील्ड मार्शल मानेक शॉ के साथ-साथ मार्शल अर्जन सिंह को भी सारे बकाया भत्तों का भुगतान कराया गया उस दिन से जिस दिन से उन्हें यह पद दिया गया था।

राष्ट्रपति के उपरांत

राष्ट्रपति पद से मुक्त होने के बाद कलाम भारतीय प्रबंधन संस्थान, शिलांग, भारतीय प्रबंधन संस्थान, अहमदाबाद और भारतीय प्रबंधन संस्थान, इंदौर में विजिटिंग प्रोफेसर बने। भारतीय विज्ञान संस्थान, बैंगलोर के मानद फेलो, भारतीय अंतरिक्ष विज्ञान और प्रौद्योगिकी संस्थान तिरुवनंतपुरम के चांसलर, अन्ना विश्वविद्यालय में एयरोस्पेस इंजीनियरिंग के

प्रोफेसर और भारत भर में कई अन्य शैक्षणिक और शोध संस्थानों में सहायक हुए। उन्होंने अंतरराष्ट्रीय सूचना प्रौद्योगिकी संस्थान, हैदराबाद में सूचना प्रौद्योगिकी और बनारस हिंदू विश्वविद्यालय और अन्ना विश्वविद्यालय में प्रौद्योगिकी पढ़ाया।

सन् 2011 में कलाम की कुडनकुलम परमाणु ऊर्जा संयंत्र पर उनके रुख को लेकर नागरिक समूहों द्वारा आलोचना की गई थी। उन्होंने परमाणु ऊर्जा संयंत्र की स्थापना का समर्थन किया और उन पर स्थानीय लोगों से बात नहीं करने का आरोप लगाया गया था। प्रदर्शनकारी उनके दौरे के प्रति शत्रुतापूर्ण थे क्योंकि वह उन्हें एक परमाणु समर्थक वैज्ञानिक के रूप में देखते थे और संयंत्र की सुरक्षा सुविधाओं के बारे में उनके द्वारा दिए गए आश्वासन से प्रभावित नहीं थे।

मई, 2012 में कलाम ने भारत के युवाओं के लिए एक कार्यक्रम शुरू किया जिसका नाम था 'मैं क्या दे सकता हूँ आंदोलन', जिसका मुख्य विषय था भ्रष्टाचार को हराना।

उन्होंने यहाँ तमिल कविता लिखने और वेन्नई नामक दक्षिण भारतीय स्ट्रिंग वाद्य यंत्र को बजाने का भी आनंद लिया। कलाम कर्नाटक भक्ति संगीत हर दिन सुनते थे और हिंदू संस्कृति में विश्वास करते थे। इन्हें 2003 व 2006 में "एमटीवी यूथ आइकन ऑफ़ द इयर" के लिए नामांकित किया गया था।

2011 में आई हिंदी फिल्म "आई एम कलाम" में एक गरीब लेकिन उज्ज्वल बच्चे पर कलाम के सकारात्मक प्रभाव को चित्रित किया गया। उनके सम्मान में वह बच्चा छोटू जो एक राजस्थानी लड़का है खुद का नाम बदल कर कलाम रख लेता है।

राष्ट्रपति पद से सेवानिवृत्त होने के बाद भी वह सक्रिय रहे। एक बार उन्होंने कहा था -

> *"मैं अब 82 वर्ष का हो चुका हूँ। पिताजी की तरह मेरा दिन भी सैर के साथ ही आरंभ होता है। मैं हर सुबह सूर्य की नई महक को महसूस करता हूँ, सूर्य के उदय होने से पहले की रोशनी को देखता हूँ, जो कि आकाश में सूरज के उगने से पहले फैल जाती है। इसी तरह से पंछियों की मीठी ध्वनि और सुबह की ठंडी-ठंडी हवा को महसूस करता हूँ। मैं समझता हूँ कि सुबह के कीमती पल हमें प्रकृति के नजदीक लेकर जाते हैं। हर सुबह इन खूबियों के साथ मिलकर फिर अलग हो जाती है। प्रकृति द्वारा हर रोज यह एक नाटक रचा गया होता है। मैं अपने को इन सबसे अलग नहीं रख सकता।"*

डॉ. कलाम का निधन

डॉ ए पी जे अब्दुल कलाम ने कहा था -

"मैं यह बहुत गर्वोक्ति पूर्वक तो नहीं कह सकता कि मेरा जीवन किसी के लिये आदर्श बन सकता है; लेकिन जिस तरह मेरी नियति ने आकार ग्रहण किया उससे किसी ऐसे गरीब बच्चे को सांत्वना अवश्य मिलेगी जो किसी छोटी सी जगह पर सुविधाहीन सामजिक दशाओं में रह रहा हो। शायद यह ऐसे बच्चों को उनके पिछड़ेपन और निराशा की भावनाओं से विमुक्त होने में अवश्य सहायता करे।"

कलाम अक्टूबर 2015 में 84 साल के होने वाले थे। अपने निधन से लगभग 9 घण्टे पहले ही उन्होंने ट्वीट करके बताया था कि वह शिलांग आईआईएम में लेक्चर के लिए जा रहे हैं।

मेघालय के राज्यपाल वी षडमुखनाथन अब्दुल कलाम के हॉस्पिटल में प्रवेश की खबर सुनते ही सीधे अस्पताल में पहुँच गए। बाद में षडमुखनाथन ने बताया कि कलाम को बचाने की चिकित्सा दल की कोशिशों के बाद भी शाम 7:45 पर उनका निधन हो गया।

अंतिम संस्कार

मृत्यु के तुरंत बाद कलाम के शरीर को भारतीय वायु सेना के हेलीकॉप्टर से शिलांग से गुवाहाटी लाया गया। जहाँ से अगले दिन 28 जुलाई को पूर्व राष्ट्रपति ए पी जे अब्दुल कलाम का पार्थिव शरीर मंगलवार दोपहर वायुसेना के विमान सी-130जे हरक्यूलिस से दिल्ली लाया गया। लगभग 12:15 पर विमान पालम हवाईअड्डे पर उतरा। सुरक्षा बलों ने पूरे राजकीय सम्मान के साथ कलाम के पार्थिव शरीर को विमान से उतारा। वहां प्रधानमंत्री नरेंद्र मोदी, राष्ट्रपति प्रणब मुखर्जी, दिल्ली के मुख्यमंत्री अरविन्द केजरीवाल व तीनों सेनाओं के प्रमुखों ने इसकी अगवानी की और कलाम के पार्थिव शरीर पर पुष्पहार अर्पित किये।

इसके बाद तिरंगे में लिपटे कलाम के पार्थिव शरीर को पूरे सम्मान के साथ, एक गन कैरिज में रख उनके आवास 10 राजाजी मार्ग पर ले जाया गया। यहाँ पूर्व प्रधानमंत्री

मनमोहन सिंह, कांग्रेस अध्यक्ष सोनिया गांधी, राहुल गांधी और उत्तर प्रदेश के मुख्यमंत्री अखिलेश यादव सहित अनेक गणमान्य लोगों ने इन्हें श्रद्धांजलि दी। भारत सरकार ने पूर्व राष्ट्रपति के निधन के मौके पर उनके सम्मान के रूप में सात दिवसीय राजकीय शोक की घोषणा की।

29 जुलाई की सुबह वायुसेना के विमान सी-130जे से भारतीय ध्वज में लिपटे कलाम के शरीर को पालम एयर बेस पर ले जाया गया जहां से इसे मदुरै भेजा गया, विमान दोपहर तक मदुरै हवाई अड्डे पर पहुंचा। उनके शरीर को तीनों सेनाओं के प्रमुखों और राष्ट्रीय व राज्य के गणमान्य व्यक्तियों, कैबिनेट मंत्री मनोहर पर्रीकर, वेंकैया नायडू, पॉन राधाकृष्णनऔर तमिलनाडु और मेघालय के राज्यपाल के० रोसैया और वी० षडमुखनाथन ने हवाई अड्डे पर प्राप्त किया। एक संक्षिप्त समारोह के बाद कलाम के शरीर को एक वायु सेना के हेलिकॉप्टर में मंडपम भेजा गया। मंडपम से कलाम के शरीर को उनके गृह नगर रामेश्वरम एक आर्मी ट्रक में भेजा गया। अंतिम श्रद्धांजलि देने के लिए उनके शरीर को स्थानीय बस स्टेशन के सामने एक खुले क्षेत्र में प्रदर्शित किया गया ताकि जनता उन्हें आखिरी श्रद्धांजलि दे सके।

30 जुलाई 2015 को पूर्व राष्ट्रपति को पूरे सम्मान के साथ रामेश्वरम के पी करूम्बु ग्राउंड में दफ़ना दिया गया। प्रधानमंत्री मोदी, तमिलनाडु के राज्यपाल और कर्नाटक, केरल और आंध्र प्रदेश के मुख्यमंत्रियों सहित 3,50,000 से अधिक लोगों ने अंतिम संस्कार में भाग लिया।

27 जुलाई 2015 को शिलांग में उनके अचानक निधन के बाद, उन्हें 30 जुलाई 2015 को रामेश्वरम के पेई करुम्बु में दफनाया गया। दफन स्थल पर एक स्मारक बनाया गया है।

प्रतिक्रिया

कलाम के निधन से देश भर में और सोशल मीडिया में पूर्व राष्ट्रपति को श्रद्धांजलि देने के लिये अनेक कार्य किये गए। भारत सरकार ने कलाम को सम्मान देने के लिए सात दिवसीय राजकीय शोक की घोषणा की। राष्ट्रपति प्रणब मुखर्जी, उपराष्ट्रपति हामिद अंसारी, गृह मंत्री राजनाथ सिंह और अन्य नेताओं ने पूर्व राष्ट्रपति के निधन पर शोक व्यक्त किया।

प्रधानमंत्री नरेंद्र मोदी ने कहा -

"उनका (कलाम का) निधन वैज्ञानिक समुदाय के लिए एक बड़ी क्षति है। वह भारत को महान ऊंचाइयों पर ले गए। उन्होंने हमें मार्ग दिखाया।" पूर्व प्रधानमंत्री मनमोहन सिंह जिन्होंने कलाम के साथ प्रधानमंत्री के रूप में सेवा की थी। उन्होंने कहा, "उनकी मृत्यु के साथ हमारे देश ने एक महान मनुष्य को खोया है जिसने, हमारे देश की रक्षा प्रौद्योगिकी में आत्मनिर्भरता को बढ़ावा

देने के लिए अभूतपूर्व योगदान दिया है। मैंने प्रधानमंत्री के रूप में कलाम के साथ बहुत निकटता से काम किया है। मुझे हमारे देश के राष्ट्रपति के रूप में उनकी सलाह से लाभ हुआ। उनका जीवन और काम आने वाली पीढ़ियों तक याद किया जाएगा।"

दलाई लामा ने अपनी संवेदना और प्रार्थना व्यक्त की और कलाम की मौत को "एक अपूरणीय क्षति" बुला, अपना दुख व्यक्त किया। उन्होंने यह भी कहा -"अनेक वर्षों में, मुझे कई अवसरों पर कलाम के साथ बातचीत करने का मौका मिला। वह एक महान वैज्ञानिक, शिक्षाविद और राजनेता ही नहीं, बल्कि वे एक वास्तविक सज्जन थे, और हमेशा मैंने उनकी सादगी और विनम्रता की प्रशंसा की है। मैंने सामान्य हितों के विषयों की एक विस्तृत श्रृंखला पर हमारी चर्चाओं का आनंद लिया, लेकिन विज्ञान, अध्यात्म और शिक्षा के साथ मुख्य रूप से हमारे बीच चिंतन किया जाता था।"

दक्षिण एशियाई नेताओं ने अपनी संवेदना व्यक्त की और दिवंगत राजनेता की सराहना की। भूटान सरकार ने कलाम की मौत के शोक के लिए देश के झंडे को आधी ऊंचाई पर फहराने के लिए आदेश दिया और श्रद्धांजलि में 1000 मक्खन के दीपक की भेंट किए। भूटान के प्रधानमंत्री शेरिंग तोबगे ने कलाम के प्रति अपना गहरा दुख व्यक्त करते हुए कहा, "वे एक महान नेता थे जिनकी सभी ने प्रशंसा की विशेषकर भारत के युवाओं के वे प्रशंसनीय नेता थे जिन्हें वे जनता का राष्ट्रपति बुलाते थे।"

बांग्लादेश की प्रधानमंत्री शेख हसीना ने उनकी व्याख्या करते हुए कहा, "एक महान राजनेता प्रशंसित वैज्ञानिक और दक्षिण एशिया के युवा पीढ़ी के लिए प्रेरणा स्रोत के संयोग" उन्होंने कलाम की मृत्यु को "भारत के लिए अपूरणीय क्षति से भी परे बताया।" उन्होंने यह भी कहा -

"भारत के सबसे प्रसिद्ध बेटे, पूर्व राष्ट्रपति के निधन पर हमें गहरा झटका लगा है। ए पी जे अब्दुल कलाम अपने समय के सबसे महान ज्ञानियों में से एक थे। वह बांग्लादेश में भी बहुत सम्मानित थे। उनकी विज्ञान और प्रौद्योगिकी के क्षेत्र में भारत की वृद्धि करने के लिए अमूल्य योगदान के लिए वे सभी के द्वारा हमेशा याद किये जायेंगे। वे दक्षिण एशिया की युवा पीढ़ी के लिए प्रेरणा का स्रोत थे जो उनके सपनों को पंख देते थे।"

बांग्लादेश नेशनलिस्ट पार्टी की प्रमुख खालिदा जिया ने कहा - "एक परमाणु वैज्ञानिक के रूप में, उन्होंने लोगों के कल्याण में स्वयं को समर्पित किया।"अफगानिस्तान के राष्ट्रपति अशरफ गनी, ने कलाम को, "लाखों लोगों के लिए एक प्रेरणादायक शख्सियत

बताया" ये नोट करते हुए "हमे अपने जीवन से बहुत कुछ सीखना है।"

नेपाल के प्रधानमंत्री सुशील कोइराला ने भारत के लिए कलाम के वैज्ञानिक योगदानों को याद किया। "नेपाल ने एक अच्छा दोस्त खो दिया है और मैंने एक सम्मानित और आदर्श व्यक्तित्व को खो दिया है।" पाकिस्तान के राष्ट्रपति, ममनून हुसैन और पाकिस्तान के प्रधानमंत्री नवाज शरीफ ने पूर्व राष्ट्रपति के निधन पर उनके प्रति दु:ख, शोक व संवेदना व्यक्त की।

श्रीलंका के राष्ट्रपति मैत्रिपाला सिरिसेना ने कहा - "कलाम दृढ़ विश्वास और अदम्य भावना के आदमी थे। मैंने उन्हें दुनिया के एक उत्कृष्ट राजनेता के रूप में देखा था। उनकी मौत भारत के लिए, बल्कि पूरी दुनिया के लिए अपूरणीय क्षति है।"

इंडोनेशियाई राष्ट्रपति सुसीलो बम्बनग युधोयोनो, मलेशिया के प्रधानमंत्री नजीब रजाक, सिंगापुर के प्रधानमंत्री ली सियन लूंग, संयुक्त अरब अमीरात के राष्ट्रपति शेख खलीफा बिन जायद अल नहयान सहित अन्य अंतरराष्ट्रीय नेताओं और संयुक्त अरब अमीरात के प्रधानमंत्री और दुबई के शासक ने भी कलाम को श्रद्धांजलि अर्पित की।

रूसी राष्ट्रपति व्लादिमीर पुतिन ने भारत सरकार, भारत के सभी लोगों के लिए और मृतक नेता ले प्रियजनों के लिए अपनी गंभीर संवेदना व्यक्त की और अपनी सहानुभूति और समर्थन से अवगत कराते हुए कहा, "कलाम को हमारे देशों के बीच लगातार मैत्रीपूर्ण संबंधों के एक प्रतिपादक के रूप में याद किया जाएगा, उन्होंने भारत की राष्ट्रीय सुरक्षा को सुनिश्चित करने में सामाजिक, आर्थिक, वैज्ञानिक और तकनीकी प्रगति के लिए व्यक्तिगत योगदान दिया। उन्होंने पारस्परिक रूप से लाभप्रद रूसी-भारतीय सहयोग जोड़ने के लिए बहुत कुछ किया।"

संयुक्त राज्य अमेरिका के राष्ट्रपति बराक ओबामा ने कहा - "अमेरिकी लोगों की ओर से, मैं पूर्व भारतीय राष्ट्रपति ए पी जे अब्दुल कलाम के निधन पर भारत के लोगों के लिए अपनी गहरी संवेदना का विस्तार करना चाहता हूँ। एक वैज्ञानिक और राजनेता, कलाम ने अपनी विनम्रता से घर में और विदेशों में सम्मान कमाया और भारत के सबसे महान नेताओं में से एक बने। भारत-अमेरिका के मजबूत संबंधों के लिए, डा कलाम ने सदा वकालत की। 1962 में संयुक्त राज्य अमेरिका की यात्रा के दौरान नासा के साथ अंतरिक्ष सहयोग को गहरा करने के लिए काम किया।

भारत के 11 वें राष्ट्रपति के रूप में इनके कार्यकाल के दौरान अमेरिका-भारत संबंधों में अभूतपूर्व वृद्धि देखी गई। उपयुक्त रूप से नामित "पीपुल्स प्रेसिडेंट" (जनता के राष्ट्रपति) ने सार्वजनिक सेवा, विनम्रता और समर्पण से दुनिया भर के लाखों भारतीयों और प्रशंसकों को एक प्रेरणा प्रदान की।"

27 जुलाई, 2015 को कलाम ने भारतीय प्रबंधन संस्थान शिलांग में "एक रहने योग्य ग्रह पृथ्वी का निर्माण" पर व्याख्यान देने के लिए शिलांग की यात्रा की। सीढ़ियाँ चढ़ते समय उन्हें कुछ असुविधा का अनुभव हुआ। जीवट के खिलाड़ी और उत्साही डॉ अब्दुल कलाम ने थोड़ी देर आराम किया और उसके बाद वह सभागार में उपस्थित हो गए। लगभग 6:35 बजे अपने व्याख्यान के पाँच मिनट बाद ही वह बेहोश हो गए। उन्हें गंभीर हालत में पास के बेथनी अस्पताल ले जाया गया। चिकित्सकों ने उनकी नब्ज टटोली। जीवन का कोई अन्य लक्षण नहीं था। गहन चिकित्सा इकाई में रखे जाने के बावजूद कलाम की शाम 7:45 बजे अचानक हृदयाघात से मृत्यु की पुष्टि हुई।

83 वर्ष की अवस्था में विश्व प्रसिद्ध मिसाइल मैन ने नश्वर शरीर त्याग दिया। उनके गृहनगर रामेश्वरम में 30 जुलाई, 2015 को पूर्व राष्ट्रपति को पूरे राजकीय सम्मान के साथ रामेश्वरम के पेई करुम्बू मैदान में सुपुर्द-ए-खाक किया गया। अंतिम संस्कार में 3,50,000 से ज्यादा लोग शामिल हुए। जिनमें तत्कालीन प्रधानमंत्री, तमिलनाडु के राज्यपाल और कर्नाटक, केरल और आंध्र प्रदेश के मुख्यमंत्री शामिल थे।

डॉ. एपीजे अब्दुल कलाम का स्मारक

अवुल पाकिर जैनुलाब्दीन अब्दुल कलाम, जिन्हें एपीजे अब्दुल कलाम के नाम से जाना जाता है, भारत के 11वें राष्ट्रपति थे। कलाम का जन्म और पालन-पोषण रामेश्वरम में हुआ और वे वैज्ञानिक बने तथा डीआरडीओ और इसरो के लिए काम किया। 27 जुलाई 2015 को शिलांग में उनके आकस्मिक निधन के बाद, उन्हें 30 जुलाई 2015 को रामेश्वरम के पेई करुम्बु में दफनाया गया। दफन स्थल पर एक स्मारक बनाया गया है। स्मारक के अंदर, आप चुनिंदा तस्वीरें, पेंटिंग और मिसाइलों आदि के लघु मॉडल देख सकते हैं। स्मारक रामेश्वरम से 1 किमी से भी कम दूरी पर है।

भले ही आज डॉ कलाम हमारे बीच नहीं हैं पर यह लक्ष्य अधूरा नहीं रहना चाहिए और इसे पूरा करना देश के प्रत्येक नागरिक का कर्तव्य होना चाहिए। आइए, प्रण लें कि जब तक हम उनके स्वप्न को पूरा नहीं करेंगे चैन की सांस नहीं लेंगे।

डॉ ए पी जे अब्दुल कलाम स्मारक तमिलनाडु के रामेश्वरम के द्वीप शहर पेई करुम्बु में डी आर डी ओ द्वारा कलाम की याद में बनाया गया था। इसका उद्घाटन जुलाई 2017 में प्रधानमंत्री नरेंद्र मोदी ने किया था। प्रदर्शन पर रॉकेट और मिसाइलों की प्रतिकृतियां हैं जिनके साथ कलाम ने काम किया था। जन नेता के जीवन को दर्शाने वाले सैकड़ों चित्रों के साथ उनके जीवन के बारे में ऐक्रेलिक पेंटिंग भी प्रदर्शित की गई हैं। प्रवेश द्वार पर कलाम की एक मूर्ति है जिसमें उन्हें वीणा बजाते हुए दिखाया गया है। बैठे और खड़े मुद्रा में नेता की दो अन्य छोटी मूर्तियाँ हैं।

धार्मिक एवं आध्यात्मिक विचार

"जहां हृदय में धार्मिकता होती है, वहां चरित्र में सुंदरता होती है। जब चरित्र में सुंदरता होती है, तो घर में सद्भाव होता है। जब घर में सद्भाव होता है, तो राष्ट्र में व्यवस्था होती है। जब राष्ट्र में व्यवस्था होती है, तो दुनिया में शांति होती है।"

डॉ ए पी जे अब्दुल कलाम

अब्दुल कलाम एक सुन्नी मुसलमान थे। वह अपनी धार्मिक मान्यताओं को निजी रखते थे। वह रमजान में दैनिक नमाज और उपवास जैसे इस्लामी नियमों का पालन करते थे। डॉ अब्दुल कलाम ने धार्मिक और अंतर-धार्मिक सम्मान के मूल्य अपने पिता से सीखे थे। डॉ अब्दुल कलाम को ईश्वर में गहरी आस्था थी। अपनी पुस्तक "विंग्स ऑफ फायर" में डॉ अब्दुल कलाम लिखते हैं - *"वह ईश्वर के साथ एक 'कार्य साझेदारी' बनाए रखते हैं। फज्र की नमाज के दौरान समस्याओं का समाधान खोजने की कोशिश करनी चाहिए।"*

जनता के राष्ट्रपति भारत के मिसाइल मैन ए पी जे अब्दुल कलाम के जीवन का एक पहलू जिसके बारे में कोई बात नहीं करता, वह है उनकी धार्मिक मान्यताएँ। ऐसा शायद इसलिए है क्योंकि आम धारणा में वैज्ञानिक एक तर्कसंगत और खुले विचारों वाला व्यक्ति होता है और शायद वह धार्मिक भी नहीं होता; कुछ लोग उन्हें नास्तिक या अधर्मी मानते हैं।

कलाम ने गीता और कुरान का भी अध्ययन किया। वह तिरुक्कुरल का भी पालन करते थे। वह अपने भाषणों में कुरल का उल्लेख करते थे। कलाम धर्म को एक निजी मामला मानते थे। उन्होंने कभी भी धर्म को दूसरों को दिखाने के लिए प्रचारित नहीं किया। वह धार्मिक व्यक्ति थे, लेकिन उन्होंने कभी भी धर्म को दूसरों के साथ अपने विचारों या मान्यताओं को साझा करने का उपकरण नहीं बनाया।

नियम से सुबह की नमाज़ पढ़ते थे

बहुत व्यस्त राष्ट्रपति होने के बावजूद कलाम अपने लिए कुछ समय निकाल ही लेते थे। उनको रुद्र वीणा बजाने का बहुत शौक था। डॉ अब्दुल कलाम के प्रेस सचिव रहे एस एम ख़ाँ ने बताया था -

"डॉ अब्दुल कलाम वॉक करना भी पसंद करते थे। वो भी सुबह दस बजे या दोपहर चार बजे। वो अपना नाश्ता सुबह साढ़े दस बजे लेते थे, इसलिए उनके लंच में देरी हो जाती थी। उनका लंच दोपहर साढ़े चार बजे होता था और डिनर अक्सर रात 12 बजे के बाद। डाक्टर कलाम धार्मिक मुसलमान थे और हर दिन सुबह यानि फ़ज्र की नमाज़ पढ़ा करते थे। मैंने अक्सर उन्हें कुरान और गीता पढ़ते हुए भी देखा था। वो स्वामी थिरुवल्लुवर के उपदेशों की किताब 'थिरुक्कुरल' तमिल में पढ़ा करते थे। वो पक्के शाकाहारी थे। शराब से उनका दूर दूर तक वास्ता नहीं था। पूरे देश में निर्देश भेज दिए गए थे कि वो जहाँ भी ठहरे उन्हें सादा शाकाहारी खाना ही परोसा जाए। उनको महामहिम या 'हिज़ एक्सलेंसी' कहलाना भी कतई पसंद नहीं था।"

लेकिन कुछ हल्कों में यह शिकायत अक्सर सुनी गई कि केसरिया खेमे के प्रति उनका 'सॉफ्ट कॉर्नर' था। उस खेमे से यह संदेश देने की भी कोशिश की गई कि भारत के हर मुसलमान को उनकी तरह ही होना चाहिए और जो इस मापदंड पर खरा नहीं उतरता उसके आचरण को सवालों के घेरे में लाया जा सकता है।

कलाम द्वारा भारतीय जनता पार्टी की समान नागरिक संहिता की माँग का समर्थन करने पर भी कुछ भौंहें उठीं। वामपंथियों और बुद्धिजीवियों के एक वर्ग को कलाम का सत्य साईं बाबा से मिलने पुट्टपार्थी जाना भी अखरा। उनकी शिकायत थी कि वैज्ञानिक सोच की वकालत करने वाला शख्स ऐसा कर लोगों के सामने गलत उदाहरण पेश कर रहा है।

धर्म और आध्यात्मिकता डॉ अब्दुल कलाम के लिए जीवन भर बहुत महत्वपूर्ण रहे। उन्होंने अपनी आध्यात्मिक यात्रा को अपनी अंतिम पुस्तक ट्रांसेंडेंस: माई स्पिरिचुअल एक्सपीरियंस विद प्रमुख स्वामीजी में किया है।

इस्लाम

रमजान के दौरान दैनिक नमाज और उपवास एक अभ्यासशील सुन्नी मुसलमान के जीवन का अभिन्न अंग थे। उनके पिता, जो उनके गृहनगर रामेश्वरम में एक मस्जिद के इमाम थे, ने इन इस्लामी रीति-रिवाजों को अपने बच्चों में सख्ती से सिखाया था। उनके पिता ने युवा कलाम को अंतर-धार्मिक सम्मान और संवाद के मूल्य से भी प्रभावित किया था। जैसा कि कलाम ने याद करते हुए लिखा है -

"हर शाम, मेरे पिता ए.पी. जैनुलाब्दीन, एक इमाम, रामनाथस्वामी हिंदू मंदिर के मुख्य पुजारी पक्षी लक्ष्मण शास्त्री और एक चर्च के पुजारी गर्म चाय के साथ बैठते थे और द्वीप से संबंधित मुद्दों पर चर्चा करते थे।"

इस तरह के शुरुआती संपर्क ने कलाम को आश्वस्त किया कि भारत के असंख्य मुद्दों के उत्तर देश के धार्मिक, सामाजिक और राजनीतिक नेताओं के बीच "संवाद और सहयोग" में निहित हैं। कलाम का मानना था -

"अन्य धर्मों के प्रति सम्मान" इस्लाम के प्रमुख आधारों में से एक था, इसलिए उन्हें यह कहने का शौक था - "महान लोगों के लिए, धर्म दोस्त बनाने का एक तरीका है, छोटे लोग धर्म को लड़ाई का हथियार बना लेते हैं।"

समन्वयता

भारत में विभिन्न समूहों के बीच कलाम की व्यापक लोकप्रियता का एक घटक और उनकी विरासत का एक स्थायी पहलू, भारत की कई आध्यात्मिक और सांस्कृतिक परंपराओं के विभिन्न तत्वों की सराहना करने में उनके द्वारा प्रदर्शित समन्वयवाद है। कुरान और इस्लामी अभ्यास में अपने विश्वास के अलावा, कलाम हिंदू परंपराओं में भी पारंगत थे। उन्होंने संस्कृत सीखी। भगवद गीता पढ़ी और वह शाकाहारी थे। कलाम को तमिल कविता लिखना, वीणा बजाना और हर दिन कर्नाटक भक्ति संगीत सुनना भी पसंद था।

सन् 2002 में राष्ट्रपति बनने के बाद संसद में अपने शुरुआती भाषणों में से एक में उन्होंने एक एकीकृत भारत की अपनी इच्छा दोहराई, जिसमें कहा गया -

"पिछले एक साल के दौरान मैंने सभी धर्मों के कई आध्यात्मिक नेताओं से मुलाकात की...और मैं अपने देश की विभिन्न परंपराओं के बीच मन की एकता लाने के लिए काम करने का प्रयास करना चाहूंगा।"

कलाम को विविध परंपराओं को जोड़ने वाले के रूप में वर्णित करते हुए, कांग्रेस नेता शशि थरूर ने कहा -

"कलाम एक पूर्ण भारतीय थे, जो भारत की विविधता की विरासत की उदारता का प्रतीक थे"। भारतीय जनता पार्टी के नेता लालकृष्ण आडवाणी ने सहमति व्यक्त की कि कलाम "भारत के विचार के सर्वश्रेष्ठ उदाहरण थे, जिन्होंने सभी सांस्कृतिक और आध्यात्मिक परंपराओं का सर्वश्रेष्ठ रूप धारण किया, जो भारत की अपार विविधता में एकता को दर्शाता है। यह उनकी दूसरी-से-अंतिम पुस्तक में सबसे स्पष्ट रूप से स्पष्ट था, जिसका दूरदर्शी शीर्षक था ट्रांसेंडेंस: माई स्पिरिचुअल एक्सपीरियंस विद प्रमुख स्वामी।"

प्रमुख स्वामी गुरु के रूप में

कलाम की आध्यात्मिक नेताओं से मिलने की इच्छा अधिक समृद्ध, आध्यात्मिक और एकीकृत भारत बनाने में मदद करने के लिए थी, जिसने शुरुआत में उन्हें बी ए पी एस

स्वामीनारायण संप्रदाय के हिंदू गुरु, प्रमुख स्वामी से मिलने के लिए प्रेरित किया। जिन्हें कलाम अपने अंतिम आध्यात्मिक शिक्षक और गुरु मानने लगे। चौदह साल की अवधि में कलाम और प्रमुख स्वामी के बीच आठ बैठकों में से पहली मुलाकात 30 जून 2001 को नई दिल्ली में हुई। जिसके दौरान कलाम ने प्रमुख स्वामी की सादगी और आध्यात्मिक शुद्धता के प्रति तुरंत आकर्षित होने का वर्णन किया। कलाम ने कहा कि वह अपने कई इंटरैक्शन के दौरान प्रमुख स्वामी से प्रेरित हुए। ऐसी ही एक घटना सितंबर 2002 में बी ए पी एस के अक्षरधाम, गांधीनगर परिसर में आतंकवादी हमले के अगले दिन हुई। प्रमुख स्वामी ने आतंकवादियों सहित सभी मृतकों के स्थलों के लिए प्रार्थना की और उन पर पवित्र जल छिड़का कलाम ने प्रमुख स्वामी की समता और करुणा से प्रभावित होने की बात याद की, इस घटना का हवाला देते हुए उन्होंने ट्रांसेंडेंस: प्रमुख स्वामीजी के साथ मेरे आध्यात्मिक अनुभव लिखने के लिए अपनी प्रेरणाओं में से एक बताया। प्रमुख स्वामी ने उन पर जो प्रभाव डाला, उसका सारांश देते हुए, कलाम ने कहा -

> *"स्वामी जी ने वास्तव में मुझे बदल दिया है। वह मेरे जीवन में आध्यात्मिक उत्थान का अंतिम चरण है ... प्रमुख स्वामी जी ने मुझे एक ईश्वर-समकालिक कक्षा में डाल दिया है। अब किसी भी पैंतरेबाज़ी की आवश्यकता नहीं है,क्योंकि मैं अनंत काल में अपनी अंतिम स्थिति में हूँ।"*

कलाम धार्मिक व्यक्ति थे

राष्ट्रपति डॉ अब्दुल कलाम हरियाणा के गुरुग्राम के मानेसर में राष्ट्रीय सुरक्षा गार्ड को ध्वज सौंपने आए थे। संयोग से यह रमज़ान का पहला रोज़ा था और वह रोज़े से थे। उन्होंने अपने सामने टेबल पर रखे पानी के गिलास को छुआ तक नहीं। कलाम साहब राष्ट्रपति भवन में इफ्तार का आयोजन भी करते थे और उसका खर्च भी अपने पैसे से उठाते थे। वह स्वदेशी मिसाइल विकसित करने के बारे में उतने ही गंभीर थे, जितने इस्लाम और हदीस के बारे में। उन्हें दोनों की गहरी समझ थी और वह अक्सर धार्मिक ग्रंथों से उद्धरण देते थे।

ए पी जे अब्दुल कलाम ने अरुण तिवारी के साथ मिलकर नारायण स्वरूप दास स्वामी के जीवन पर एक किताब लिखी है - जिनके शिष्यों ने भारत में अक्षरधाम मंदिरों की श्रृंखला बनाई है - ट्रांसेंडेंस। इस किताब में उन्होंने इस्लाम और दूसरे धर्मों के बारे में अपने तर्क को आगे बढ़ाने के लिए कुरान की कई आयतों का ज़िक्र किया है।

ए पी जे अब्दुल कलाम के जीवन पर पुस्तकों का संग्रह

कलाम के कार्यकाल के दौरान राष्ट्रपति भवन में सूचना अधिकारी के रूप में काम करने वाले एस एम खान ने अपनी किताब 'द पीपल्स प्रेसिडेंट' में कलाम की शुक्रवार की

नमाज के लिए मस्जिदों में जाने की कई तस्वीरें प्रकाशित की हैं। इनमें सबसे खास तस्वीर दिल्ली की फतेहपुरी मस्जिद में शुक्रवार की नमाज के लिए उनके आने की है।

पुस्तक में एक चित्र में कलाम को अहमदाबाद में सूफी संत शेख अहमद की दरगाह पर चादर चढ़ाते और दाऊद बोहरा मुसलमानों के आध्यात्मिक गुरु सैयदना बुरहानुद्दीन से बात करते हुए दिखाया गया है। जब कलाम पहली बार पायलट बनने के लिए इंटरव्यू देने चेन्नई से दिल्ली आए थे, तो उन्होंने अपनी किताब 'विंग्स ऑफ फायर' में उस यात्रा के कई किस्सों का जिक्र किया है। दिल्ली के बारे में अपने विवरण में उन्होंने दिल्ली को 'हजरत निजामुद्दीन का शहर' बताया है।

आचार्य महाप्रज्ञ और ए पी जे अब्दुल कलाम ने मिलकर एक किताब लिखी है जिसका नाम है 'द फैमिली एंड द नेशन'। इस किताब में पेज नंबर 122 पर नमाज और उसकी आध्यात्मिकता का खास जिक्र है। इसी तरह कलाम ने अपनी दूसरी किताब 'यू आर बॉर्न टू ब्लॉसम- द वूइंग ऑफ ग्रेन एंड क्ले' के पहले अध्याय में इस्लाम, तौहीद और कुरान का विस्तार से जिक्र किया है।

कलाम के सचिव रहे पी एम नायर ने उन पर 'द कलाम इफेक्ट' नाम से एक किताब भी लिखी है, जिसमें उन्हें एक धार्मिक व्यक्ति बताया गया है।

कलाम ने धर्म को बहुत निजी रखा। वे मुसलमान हैं और आम मुसलमानों की तरह रोज़ा और नमाज़ रखते हैं, लेकिन दूसरों को दिखाने के लिए कभी कोई प्रदर्शन नहीं करते।

उनके पिता वहां मस्जिद के इमाम थे। कलाम ने बचपन में ही कुरान का अध्ययन किया था। ईश्वर में उनकी अगाध आस्था का प्रमाण उनकी पुस्तक 'विंग्स ऑफ फायर' के पेज नंबर 49 पर मिलता हैओ। वे लिखते हैं - *"मैं हमेशा से एक धार्मिक व्यक्ति रहा हूँ, इस भावना के साथ कि मैं ईश्वर के साथ एक कामकाजी साझेदारी बनाए रखता हूँ।"*

अपनी एक पुस्तक में उन्होंने लिखा है - *"जब भी उन्हें किसी समस्या का समाधान नहीं मिलता था तो वह फज्र की नमाज के दौरान उसका समाधान ढूंढ लेते थे।"*

कलाम साहब अपनी किताब टर्निंग पॉइंट में एक घटना के बारे में लिखते हैं। उनके पिता जब गांव के सरपंच चुने गए तो कोई अनजान व्यक्ति उनके घर आया और उन्हें एक उपहार दिया।

उस समय उनके पिता घर पर मौजूद नहीं थे और जब वे लौटे तो कलाम ने उन्हें उपहार सौंप दिया। वह बहुत क्रोधित हुए। हदीस का हवाला देते हुए उन्होंने सख्त सलाह दी कि 'पद' का दुरुपयोग न करें'।

कलाम ने यह सबक सीखा और यह सबक जीवन भर उनके साथ रहा। अपने कार्यकाल के अंत और मृत्यु के समय, उनके पास कुल संपत्ति कुछ हज़ार किताबें और कुछ जोड़ी कपड़े थे।

कलाम साहब आचार्यों और सूफी-संतों के बहुत करीब थे। उन्होंने अपनी किताबों में दक्षिण भारत, गुजरात, दिल्ली, राजस्थान, यूपी के कई संतों, मनीषियों और पुजारियों के नाम का उल्लेख किया है। उन्होंने सूफी संत रूमी के बारे में बहुत कुछ पढ़ा था। उनके पिता भी रामेश्वरम मंदिर के मुख्य पुजारी और वहां के चर्च के पादरी के बहुत करीब थे।

लेखन : इंडिया 2020

अपनी पुस्तक इंडिया 2020 में, कलाम ने भारत को 2020 तक एक "ज्ञान महाशक्ति" और एक विकसित राष्ट्र के रूप में विकसित करने के लिए एक कार्य योजना की पुरज़ोर वकालत की। उन्होंने भारत के परमाणु हथियार कार्यक्रम पर अपने काम को भविष्य की महाशक्ति के रूप में भारत के स्थान को स्थापित करने का एक तरीका माना।

उन्होंने पाँच क्षेत्रों की पहचान की है जहाँ भारत के पास एकीकृत कार्रवाई के लिए मुख्य क्षमता है। यथा

1. कृषि और खाद्य प्रसंस्करण;
2. शिक्षा और स्वास्थ्य सेवा;
3. सूचना और संचार प्रौद्योगिकी;
4. बुनियादी ढाँचा, विश्वसनीय और गुणवत्तापूर्ण बिजली, देश के सभी भागों के लिए भूतल परिवहन और बुनियादी ढाँचा; और
5. महत्वपूर्ण प्रौद्योगिकियों में आत्मनिर्भरता।

यह पाँच क्षेत्र आपस में घनिष्ठ रूप से जुड़े हुए हैं और यदि समन्वित तरीके से आगे बढ़ा जाए तो खाद्य, आर्थिक और राष्ट्रीय सुरक्षा को बढ़ावा मिलेगा।

कलाम अपने जीवन में एक "परिवर्तनकारी क्षण" का वर्णन करते हैं जब उन्होंने बी ए पी एस स्वामीनारायण संप्रदाय के गुरु प्रमुख स्वामी से पूछा - "भारत विकास के इस पाँच-आयामी दृष्टिकोण को कैसे साकार कर सकता है।"

प्रमुख स्वामी का उत्तर था - "अपराध और भ्रष्टाचार के वर्तमान माहौल पर काबू पाने के लिए ईश्वर और आध्यात्मिकता में आस्था विकसित करने के लिए छठा क्षेत्र जोड़ना।"

कलाम के जीवन के अगले 15 वर्षों के लिए आध्यात्मिक दृष्टिकोण बन गया, जिसका वर्णन उन्होंने अपनी अंतिम पुस्तक 'ट्रांसेंडेंस: माई स्पिरिचुअल एक्सपीरियंस विद प्रमुख स्वामीजी' में किया है। जो उनकी मृत्यु से ठीक एक महीने पहले प्रकाशित हुई थी। बताया गया कि दक्षिण कोरिया में उनके द्वारा लिखित पुस्तकों के अनुवादित संस्करणों की काफी मांग थी।

कलाम ने विज्ञान और प्रौद्योगिकी के क्षेत्र में अन्य विकासों में सक्रिय रुचि ली। जिसमें बायोमेडिकल प्रत्यारोपण विकसित करने के लिए एक शोध कार्यक्रम भी शामिल था। उन्होंने मालिकाना सॉफ्टवेयर की तुलना में ओपन सोर्स तकनीक का भी समर्थन किया, यह भविष्यवाणी करते हुए कि बड़े पैमाने पर मुफ्त सॉफ्टवेयर के उपयोग से सूचना प्रौद्योगिकी का लाभ अधिक लोगों तक पहुँचेगा।

सन् 1999 में वैज्ञानिक सलाहकार के पद से इस्तीफा देने के बाद कलाम ने दो वर्षों के दौरान 100,000 छात्रों के साथ बातचीत करने का लक्ष्य रखा। उन्होंने बताया -

> *"मैं युवा लोगों, विशेष रूप से हाई स्कूल के छात्रों की संगति में सहज महसूस करता हूँ। अब से, मैं उनके साथ अनुभव साझा करने, उनकी कल्पना को प्रज्वलित करने में उनकी मदद करने और उन्हें एक विकसित भारत के लिए काम करने के लिए तैयार करने का इरादा रखता हूँ, जिसके लिए रोड मैप पहले से ही उपलब्ध है।"*

उनका सपना है कि हर छात्र अपने दिल में छिपी आग का उपयोग करके जीत के साथ आसमान को रोशन करे।

पुरस्कार और सम्मान

सम्मान

विज्ञान पुत्र डॉ. ए पी जे अब्दुल कलॉम को उनके उत्कृष्ट कार्यों के लिए विभिन्न सम्मान एवं पुरस्कारों से नवाजा गया।

1 मार्च, 1998 को राष्ट्रपति भवन में भारत रत्न के पुरस्कार वितरण समारोह में कलाम नर्वस थे और अपनी नीली धारी की टाई को बार-बार छू कर देख रहे थे। कलाम को इस तरह के औपचारिक मौकों से चिढ़ थी जहाँ उन्हें उस तरह के कपड़े पहनने पड़ते थे जिसमें वो अपने आप को कभी सहज नहीं पाते थे। सूट पहनना उन्हें कभी रास नहीं आया। यहाँ तक कि वो चमड़े के जूतों की जगह हमेशा स्पोर्ट्स शू पहनना ही पसंद करते थे।

कलाम के 79 वें जन्मदिन को संयुक्त राष्ट्र द्वारा विश्व विद्यार्थी दिवस के रूप में मनाया गया था। इसके आलावा उन्हें लगभग चालीस विश्वविद्यालयों द्वारा मानद डॉक्टरेट की उपाधियाँ प्रदान की गयी थीं।

भारत सरकार द्वारा उन्हें 1981 में पद्म भूषण और 1990 में पद्म विभूषण का सम्मान प्रदान किया गया जो उनके द्वारा इसरो और डीआरडीओ में कार्यों के दौरान वैज्ञानिक उपलब्धियों के लिये तथा भारत सरकार के वैज्ञानिक सलाहकार के रूप में कार्य हेतु प्रदान किया गया था।

प्रधानमंत्री अटल बिहारी वाजपेयी ने 'मिसाइल मैन' के नाम से मशहूर एपीजे अब्दुल कलाम को भारत रत्न से सम्मानित करने का फ़ैसला लिया। इससे पहले सन् 1952 में सी वी रमण को छोड़कर किसी वैज्ञानिक को इस पुरस्कार के लायक नहीं समझा गया था।

वर्ष 2005 में स्विट्ज़रलैंड की सरकार ने कलाम के स्विट्ज़रलैंड आगमन के उपलक्ष्य में 26 मई को विज्ञान दिवस घोषित किया। नेशनल स्पेस सोसाइटी ने वर्ष 2013 में उन्हें अंतरिक्ष विज्ञान सम्बंधित परियोजनाओं के कुशल संचलन और प्रबंधन के लिये वॉन ब्राउन अवार्ड से पुरस्कृत किया।

- **2014** – डॉक्टर ऑफ़ साइंस
- **2012** – डॉक्टर ऑफ़ लॉज़ (मानद उपाधि)

- **2011** – आई.ई.ई.ई. मानद सदस्यता
- **2010** – डॉक्टर ऑफ इंजीनियरिंग
- **2009** – मानद डॉक्टरेट
- **2009** – हूवर मेडल
- **2009** – वॉन कार्मन विंग्स अन्तर्राष्ट्रीय अवार्ड
- **2008** – डॉक्टर ऑफ इन्जीनियरिंग (मानद उपाधि)
- **2008** – डॉक्टर ऑफ साइन्स (मानद उपाधि)
- **2007** – डॉक्टर ऑफ साइन्स एण्ड टेक्नोलॉजी की मानद उपाधि
- **2007** – किंग चार्ल्स II मेडल
- **2007** – डॉक्टर ऑफ साइन्स की मानद उपाधि
- **2000** – रामानुजन पुरस्कार
- **1998** – वीर सावरकर पुरस्कार
- **1997** – इंदिरा गाँधी राष्ट्रीय एकता पुरस्कार
- **1997** – भारत रत्न
- **1994** – विशिष्ट शोधार्थी
- **1990** – पद्म विभूषण
- **1981** – पद्म भूषण

कलाम को 40 विश्वविद्यालयों से 7 मानद डॉक्टरेट की उपाधियाँ मिलीं। सन् 2012 में, कलाम को आउटलुक इंडिया के महानतम भारतीय सर्वेक्षण में दूसरा स्थान मिला था।

परंपरा

उनकी मृत्यु के बाद तमिलनाडु राज्य सरकार ने घोषणा की कि उनके जन्मदिन, 15 अक्टूबर को पूरे राज्य में "युवा पुनर्जागरण दिवस" के रूप में मनाया जाएगा। राज्य सरकार "डॉ ए पी जे अब्दुल कलाम पुरस्कार" की स्थापना की। जिसमें 8 ग्राम का स्वर्ण पदक, एक प्रमाण पत्र और ₹ 500,000 (US$5,800) शामिल हैं।

प्रधानमंत्री नरेन्द्र मोदी ने 15 अक्टूबर, 2015 को कलाम की 84वीं जयंती पर नई दिल्ली स्थित डीआरडीओ भवन में उनकी स्मृति में डाक टिकट जारी किया।

नासा की जेट प्रोपल्शन प्रयोगशाला के शोधकर्ताओं ने अंतरराष्ट्रीय अंतरिक्ष स्टेशन के फिल्टर पर एक नया जीवाणु खोजा था और दिवंगत राष्ट्रपति डॉ ए पी जे अब्दुल कलाम के सम्मान में इसका नाम सोलीबैसिलस कलामी रखा गया है।

उनकी मृत्यु के बाद कई शैक्षणिक और वैज्ञानिक संस्थानों तथा अन्य स्थानों का नाम बदलकर कलाम के सम्मान में रखा गया। केरल प्रौद्योगिकी विश्वविद्यालय, जिसका मुख्यालय तिरुवनंतपुरम में है, जहां कलाम वर्षों तक रहे, उनकी मृत्यु के बाद इसका नाम बदलकर ए पी जे अब्दुल कलाम प्रौद्योगिकी विश्वविद्यालय कर दिया गया।

बिहार के किशनगंज में स्थित एक कृषि महाविद्यालय का नाम बदलकर कलाम के अंतिम संस्कार के दिन बिहार राज्य सरकार द्वारा डॉ कलाम कृषि महाविद्यालय, किशनगंज कर दिया गया।

भारत का पहला मेडिकल टेक संस्थान जिसका नाम कलाम इंस्टीट्यूट ऑफ हेल्थ टेक्नोलॉजी है, विशाखापत्तनम में स्थित है। उत्तर प्रदेश राज्य सरकार द्वारा उत्तर प्रदेश तकनीकी विश्वविद्यालय का नाम बदलकर ए पी जे अब्दुल कलाम तकनीकी विश्वविद्यालय कर दिया गया।

डॉ ए पी जे अब्दुल कलाम मेमोरियल त्रावणकोर पाचन रोग संस्थान, केरल के कोल्लम शहर में त्रावणकोर मेडिकल कॉलेज अस्पताल से जुड़ा एक नया शोध संस्थान है। केरल में महात्मा गांधी विश्वविद्यालय में एक नया शैक्षणिक परिसर। डॉ एपीजे अब्दुल कलाम साइंस सिटी का निर्माण पटना में फरवरी 2019 में शुरू हुआ।

भारत और अमेरिका ने सितंबर, 2014 में फुलब्राइट-कलाम क्लाइमेट फेलोशिप शुरू

की है। इस फेलोशिप के लिए आवेदकों के लिए पहली कॉल शुक्रवार 12 मार्च, 2016 को घोषित की गई थी, जो 6 भारतीय पी. एचडी छात्रों और पोस्ट-डॉक्टरल शोधकर्ताओं को 6-12 महीने की अवधि के लिए अमेरिकी मेजबान संस्थानों के साथ काम करने में सक्षम बनाएगी। यह फेलोशिप फुलब्राइट कार्यक्रम के तहत द्विराष्ट्रीय यूएस-इंडिया एजुकेशनल फाउंडेशन द्वारा संचालित की जाएगी।

ओडिशा के संबलपुर के बुर्ला में डॉ ए पी जे अब्दुल कलाम तारामंडल का नाम उनके नाम पर रखा गया है। नेताजी सुभाष प्रौद्योगिकी विश्वविद्यालय में डॉ. एपीजे अब्दुल कलाम व्याख्यान थिएटर परिसर।

द्वीप

ओडिशा में राष्ट्रीय मिसाइल परीक्षण स्थल व्हीलर द्वीप का नाम सितंबर, 2015 में अब्दुल कलाम द्वीप रखा गया।

सड़क

अगस्त, 2015 में नई दिल्ली की एक प्रमुख सड़क का नाम औरंगजेब रोड से बदलकर डॉ एपीजे अब्दुल कलाम रोड कर दिया गया।

पादप प्रजाति

फरवरी 2018 में, भारतीय वनस्पति सर्वेक्षण के वैज्ञानिकों ने उनके सम्मान में एक नई खोजी गई पौधे की प्रजाति का नाम ड्रायपेट्स कलामी रखा।

मछली की प्रजातियाँ

2022 में फुटबॉलफिश की एक नई खोजी गई प्रजाति, हिमंतोलोफस कलामी का नाम कलाम के सम्मान में रखा गया।

कलाम की रचनाएँ

- द्रव यांत्रिकी और अंतरिक्ष प्रौद्योगिकी में विकास, एपीजे अब्दुल कलाम और रोडम नरसिम्हा द्वारा; भारतीय विज्ञान अकादमी, 1988।
- **भारत 2020:** नई सहस्राब्दी के लिए एक दृष्टिकोण, एपीजे अब्दुल कलाम, वाईएस राजन ; न्यूयॉर्क, 1998।
- **विंग्स ऑफ फायर:** एन ऑटोबायोग्राफी, ए.पी.जे. अब्दुल कलाम, अरुण तिवारी; यूनिवर्सिटीज़ प्रेस, 1999।
- **इग्नाइटेड माइंड्स:** अनलीशिंग द पावर विदिन इंडिया, एपीजे अब्दुल कलाम द्वारा; वाइकिंग, 2002।
- द ल्यूमिनस स्पार्क्स, एपीजे अब्दुल कलाम द्वारा; पुण्य पब्लिशिंग प्राइवेट लिमिटेड, 2004।
- मिशन इंडिया, ए.पी.जे. अब्दुल कलाम, पेंटिंग्स, मानव गुप्ता ; पेंगुइन बुक्स, 2005।
- ए.पी.जे. अब्दुल कलाम द्वारा प्रेरणादायक विचार; राजपाल एंड संस, 2007।
- एपीजे अब्दुल कलाम द्वारा अदम्य आत्मा; राजपाल एंड संस प्रकाशन।
- ए.पी.जे. अब्दुल कलाम द्वारा लिखित सशक्त राष्ट्र की परिकल्पना, ए. शिवथानु पिल्लई के साथ; टाटा मैकग्रॉ-हिल, नई दिल्ली।
- **यू आर बॉर्न टू ब्लॉसम**: टेक माई जर्नी बियॉन्ड, एपीजे अब्दुल कलाम और अरुण तिवारी द्वारा; ओशन बुक्स, 2011।
- **टर्निंग पॉइंट्स:** चुनौतियों के माध्यम से यात्रा, एपीजे अब्दुल कलाम द्वारा; हार्पर कॉलिन्स इंडिया, 2012।
- एपीजे अब्दुल कलाम और सृजन पाल सिंह द्वारा लक्ष्य 3 बिलियन ; दिसंबर 2011 (प्रकाशक: पेंगुइन बुक्स)।
- **मेरी यात्रा:** सपनों को कार्यों में बदलना, ए.पी.जे. अब्दुल कलाम द्वारा; 2014 रूपा प्रकाशन द्वारा।
- **ए मैनिफेस्टो फॉर चेंज:** ए सीक्वल टू इंडिया 2020, एपीजे अब्दुल कलाम और वी पोनराज द्वारा; जुलाई 2014, हार्पर कॉलिन्स द्वारा।

- **अपना भविष्य संवारें:** स्पष्टवादी, स्पष्टवादी, प्रेरणादायक, ए.पी.जे. अब्दुल कलाम द्वारा; राजपाल एंड संस द्वारा , 29 अक्टूबर 2014।
- **रीइग्नाइटेड:** साइंटिफिक पाथवेज टू ए ब्राइटर फ्यूचर, एपीजे अब्दुल कलाम और सृजन पाल सिंह द्वारा; पेंगुइन इंडिया द्वारा, 14 मई 2015।
- **ट्रांसेंडेंस:** प्रमुख स्वामीजी के साथ मेरे आध्यात्मिक अनुभव, एपीजे अब्दुल कलाम द्वारा लिखित, अरुण तिवारी के साथ; हार्पर कॉलिन्स पब्लिशर्स, जून, 2015।
- **एडवांटेज इंडिया:** चुनौती से अवसर तक, एपीजे अब्दुल कलाम और सृजन पाल सिंह द्वारा; हार्पर कॉलिन्स पब्लिशर्स, 15 अक्टूबर, 2015।

जीवनी

- **इटरनल क्वेस्ट:** लाइफ एंड टाइम्स ऑफ डॉ. कलाम, एस चंद्रा द्वारा; पेंटागन पब्लिशर्स, 2002।
- राष्ट्रपति एपीजे अब्दुल कलाम, आरके प्रुथी द्वारा; अनमोल प्रकाशन, 2002।
- **एपीजे अब्दुल कलाम:** द विजनरी ऑफ इंडिया, के भूषण, जी कात्याल द्वारा; एपीएच पब कॉर्प, 2002।
- **द कलाम इफ़ेक्ट:** माई इयर्स विद द प्रेसिडेंट, पीएम नायर द्वारा; हार्पर कॉलिन्स, 2008।
- फादर ए.के. जॉर्ज द्वारा महात्मा अब्दुल कलाम के साथ मेरे दिन ; नोवेल कॉर्पोरेशन, 2009।
- **एपीजे अब्दुल कलाम:** ए लाइफ़ अरुण तिवारी द्वारा; हार्पर कॉलिन्स, 2015।
- **द पीपल्स प्रेसिडेंट:** डॉ. एपीजे अब्दुल कलाम, एसएम खान द्वारा; ब्लूम्सबरी पब्लिशिंग, 2016।

फिल्म एवं वृत्तचित्र

- 2011 की हिंदी फिल्म आई एम कलाम में, कलाम को छोटू नाम के एक गरीब लेकिन उज्ज्वल राजस्थानी लड़के पर एक सकारात्मक प्रभाव के रूप में चित्रित किया गया है। जो अपने आदर्श के सम्मान में खुद का नाम बदलकर कलाम रख लेता है। माई हीरो कलाम शिवू हिरेमठ की 2018 की भारतीय कन्नड़ भाषा की जीवनी पर आधारित फिल्म है, जो बचपन से लेकर पोखरण परीक्षणों तक के उनके जीवन को दर्शाती है।
- पीपुल्स प्रेसिडेंट 2016 की एक भारतीय डॉक्यूमेंट्री फीचर फिल्म है, जिसका निर्देशन पंकज व्यास ने किया है, जो कलाम के जीवन को दर्शाती है। इसका निर्माण भारत

सरकार के फिल्म प्रभाग द्वारा किया गया था।

- मेगा आइकॉन (2018-2020), भारत की प्रमुख हस्तियों के बारे में एक वृत्तचित्र टेलीविजन श्रृंखला, जो नेशनल जियोग्राफिक पर प्रसारित हुई, तीसरे एपिसोड- "एपीजे अब्दुल कलाम" - कलाम के जीवन और भारत के राष्ट्रपति पद पर उनके उत्थान पर आधारित है।
- भारतीय विमानन उद्योग के बारे में 2020 की एक फिल्म सोरारई पोटरु में कलाम के हमशक्ल शेख मैदीन ने उनका किरदार निभाया था।
- रॉकेट बॉयज़ सोनी लिव पर एक भारतीय हिंदी भाषा की जीवनी स्ट्रीमिंग टेलीविज़न सीरीज़ है। कलाम का किरदार अर्जुन राधाकृष्णन ने निभाया था।
- **रॉकेट्री:** द नांबी इफ़ेक्ट , इसरो जासूसी मामले के बारे में 2022 की फिल्म, अब्दुल कलाम का किरदार अभिनेता अमन ने निभाया है।
- ए लिटिल ड्रीम (डॉक्यूमेंट्री फ़िल्म) पी. धनपाल द्वारा; मिनवेली मीडिया वर्क्स प्राइवेट लिमिटेड, 2008।

कलाम के कुछ प्रेरणादायक विचार

भारत रत्न डॉ ए पी जे अब्दुल कलाम दुनिया का आभूषण हैं। एक ऐसा व्यक्तित्व जिसने विज्ञान पुत्र का दायित्व अदा करते हुए मानवता के उद्धार के लिए अपना संपूर्ण जीवन अर्पित कर दिया। विज्ञान की अनेक शाखाओं सहित कृषि, उद्योग, शिक्षा, नारी उद्धार, बाल विकास, स्वास्थ, परिवहन, यात्री विमान, सहित विकसित भारत के लिए समर्पित रहा है उनका जीवन। वह इतिहास और साहित्य, संगीत और संस्कृति, शाकाहारी भोजन और विश्व को शांति का संदेश देने वाले हमारे गौरवशाली मिसाइल मैन के प्रेरणादायक विचार युवाओं का उत्साहवर्धन करेंगे।

प्रेरणा सूत्र

- छोटा लक्ष्य अपराध है, लक्ष्य बड़ा रखें।
- यदि हम स्वतंत्र नहीं तो कोई हमारा आदर नहीं करेगा।
- यदि आप सूरज की तरह चमकना चाहते हैं, तो पहले सूरज की तरह जलें।
- इंसान को कठिनाइयों की आवश्यकता होती है, क्योंकि सफलता का आनंद उठाने के लिए ये जरूरी है।
- आइये हम अपने आज का बलिदान कर दें ताकि हमारे बच्चों का कल बेहतर हो सके।
- आकाश की तरफ देखिए हम अकेले नहीं हैं, सारा ब्रह्मांड हमारे लिए अनुकूल है और जो सपने देखते हैं और मेहनत करते हैं उन्हें प्रतिफल देने की साजिश करता है।
- सपने वो नहीं जो हम सोते हुए देखते हैं, सपने वो हैं जो हमें सोने नहीं देते।
- महान सपने देखने वालों के महान सपने हमेशा पूरे होते हैं।
- शिखर तक पहुंचने के लिए ताकत चाहिए होती है, चाहे वो माउंट एवरेस्ट का शिखर हो या आपका पेशा।
- कृत्रिम सुख की बजाए ठोस उपलब्धियों के पीछे समर्पित रहिए।
- भगवान ने हमारे मस्तिष्क और व्यक्तित्व में असीमित शक्तियां और क्षमताएं दी हैं। ईश्वर की प्रार्थना हमें इन शक्तियों को विकसित करने में मदद करती है।
- मैं हमेशा इस बात को स्वीकार करने के लिए तैयार था कि मैं कुछ चाजें नहीं बदल सकता।
- श्रेष्ठता एक सतत प्रक्रिया है, कोई हादसा नहीं।

- जो लोग मन से काम नहीं कर सकते, उन्हें जो सफलता मिलती है वो खोखली और आधी-अधूरी होती है जिससे आसपास कड़वाहट फैलती है।
- आविष्कार करने का साहस दिखाएं, अंजाने रास्तों का सफ़र करें, असंभव लगने वाली चीजों को खोजें और समस्याओं पर विजय पाते हुए सफलता हासिल करें।
- "शिक्षा सबसे शक्तिशाली हथियार है जिसका उपयोग आप दुनिया को बदलने के लिए कर सकते हैं।"
- "सफलता तब मिलती है जब आपका हस्ताक्षर ऑटोग्राफ में बदल जाता है।"
- "शिक्षा दुनिया को खोलने की कुंजी है, स्वतंत्रता का पासपोर्ट है।"
- "महान बनने के जुनून के बिना कोई महानता नहीं है, चाहे वह एक एथलीट या कलाकार, एक वैज्ञानिक या एक व्यवसायी की आकांक्षा हो।"
- "आपके सपने साकार होने से पहले आपको सपने देखने होंगे।"
- "सीखना रचनात्मकता देता है, रचनात्मकता सोचने की ओर ले जाती है, सोचने से ज्ञान मिलता है, ज्ञान आपको महान बनाता है।"
- "उत्कृष्टता एक सतत प्रक्रिया है, न कि कोई दुर्घटना।"
- "स्वार्थी लक्ष्यों के पीछे भागने की अपेक्षा ठोस उपलब्धियां हासिल करने के लिए अधिक समर्पित रहें।"
- "क्या हम यह नहीं समझते कि आत्म-सम्मान उपलब्धि के साथ आता है?"
- "एक अच्छा दिमाग होना ही काफी नहीं है। मुख्य बात यह है कि इसका सही इस्तेमाल किया जाए।"
- "एक अच्छा दिमाग होना ही काफी नहीं है- सफल होने के लिए व्यक्ति को इसका इस्तेमाल करना सीखना चाहिए।"
- "सपने देखो, सपने देखो, सपने देखो... सपने विचारों में बदल जाते हैं और विचार कार्य में परिणत होते हैं।"
- "यदि आप सूरज की तरह चमकना चाहते हैं, तो पहले सूरज की तरह जलें।"
- "अपनी पहली जीत के बाद आराम मत करो, क्योंकि यदि आप दूसरी बार असफल हुए तो और भी लोग यह कहने के लिए इंतजार कर रहे होंगे कि आपकी पहली जीत सिर्फ भाग्य से मिली थी।"
- "सभी पक्षी बारिश के दौरान आश्रय ढूंढते हैं। लेकिन चील बादलों के ऊपर उड़कर बारिश से बचती है।"

- "सीखना रचनात्मकता देता है, रचनात्मकता सोच की ओर ले जाती है, सोच ज्ञान प्रदान करती है, और ज्ञान आपको महान बनाता है।"
- "यदि आप सूरज की तरह चमकना चाहते हैं, तो पहले सूरज की तरह जलें।"
- "आपके सपने साकार होने से पहले आपको सपने देखने होंगे।"
- "हम सभी में समान प्रतिभा नहीं होती। लेकिन, हम सभी के पास अपनी प्रतिभा विकसित करने का समान अवसर होता है।"
- "उत्कृष्टता एक सतत प्रक्रिया है, न कि कोई दुर्घटना।"
- "महान दिमाग विचारों पर चर्चा करते हैं; औसत दिमाग घटनाओं पर चर्चा करते हैं; छोटे दिमाग लोगों पर चर्चा करते हैं।"
- "आपके सपने साकार होने से पहले आपको सपने देखने होंगे।"
- "शिक्षा जीवन में सफलता की कुंजी है, और शिक्षक अपने विद्यार्थियों के जीवन पर स्थायी प्रभाव डालते हैं।"
- "अपने आप पर और अपने आप पर विश्वास रखें। जान लें कि आपके अंदर कुछ ऐसा है जो किसी भी बाधा से बड़ा है।"
- "गलतियाँ हमें महत्वपूर्ण सबक सिखाती हैं। वे हमें सीखने और आगे बढ़ने में मदद करती हैं। इसलिए उन्हें करने से डरो मत।" - ए.पी.जे. अब्दुल कलाम
- "यदि आप सूरज की तरह चमकना चाहते हैं, तो पहले सूरज की तरह जलें।" - ए.पी. जे. अब्दुल कलाम
- "सफलता की कहानियाँ मत पढ़िए, आपको केवल यह संदेश मिलेगा कि लोग कितने भाग्यशाली हैं।" - ए.पी.जे. अब्दुल कलाम
- "तेज सफलताओं के पीछे भागने की अपेक्षा ठोस उपलब्धियां हासिल करने के लिए अधिक समर्पित रहें।" - ए.पी.जे. अब्दुल कलाम
- "अगर आप सूरज की तरह चमकना चाहते हैं, तो पहले सूरज की तरह जलें।" कलाम का यह कथन सफलता पाने में जुनून और कड़ी मेहनत के महत्व पर जोर देता है। समर्पण और दृढ़ संकल्प के साथ अपने जुनून का पीछा करने से आपको अपने लक्ष्यों तक पहुँचने और जीवन में चमकने में मदद मिलेगी।
- "शिक्षा एक ज्वाला को प्रज्वलित करना है, किसी बर्तन को भरना नहीं।" यह उद्धरण छात्रों में सीखने के प्रति प्रेम को प्रज्वलित करने के महत्व को उजागर करता है, न कि उन्हें केवल जानकारी देने के। जब छात्र अपनी शिक्षा के प्रति जुनूनी होते हैं, तो उनके स्कूल और जीवन में सफल होने की संभावना अधिक होती है।

धार्मिक जीवन उद्धरण

"जहां हृदय में धार्मिकता होती है, वहां चरित्र में सुंदरता होती है। जब चरित्र में सुंदरता होती है, तो घर में सद्भाव होता है। जब घर में सद्भाव होता है, तो राष्ट्र में व्यवस्था होती है। जब राष्ट्र में व्यवस्था होती है, तो दुनिया में शांति होती है।"

- एपीजे अब्दुल कलाम, द राइटियस लाइफ: द वेरी बेस्ट ऑफ एपीजे अब्दुल कलाम

"शिक्षा प्रणाली, पाठ्यपुस्तक शिक्षण के बजाय, रचनात्मक और संवादात्मक स्व-शिक्षण को बढ़ावा देगी - औपचारिक और अनौपचारिक दोनों, मूल्यों, योग्यता और गुणवत्ता पर ध्यान केंद्रित करते हुए। कुशल या अर्ध-कुशल होने के बजाय, कर्मचारी जानकार, आत्म-सशक्त और लचीले ढंग से कुशल होंगे। काम के प्रकार, संरचित और हार्डवेयर संचालित होने के बजाय, अधिक लचीले और सॉफ़्टवेयर संचालित होंगे। प्रबंधन शैली निर्देशात्मक के बजाय प्रत्यायोजनात्मक होगी।"

- एपीजे अब्दुल कलाम, द राइटियस लाइफ: द वेरी बेस्ट ऑफ़ एपीजे अब्दुल कलाम

"किसी भी गांव या पंचायत या जिले में, हमें हमेशा कम से कम कुछ भ्रष्टाचार-मुक्त अच्छे इंसान मिल ही जाएंगे। हमें भ्रष्टाचार-मुक्त समाज के कुछ हिस्से भी मिल सकते हैं। अगर इन्हें पहचाना जा सके और इनका जश्न मनाया जा सके, तो हम लगभग भ्रष्टाचार-मुक्त राज्य बना सकते हैं। भ्रष्टाचार-मुक्त व्यक्तियों और समूहों और समाजों के वास्तविक दुनिया के उदाहरणों पर सार्वजनिक रूप से चर्चा की जानी चाहिए, ताकि वे देश में अनुकरणीय उदाहरण बन सकें। एक राष्ट्र तभी भ्रष्टाचार मुक्त हो सकता है जब उसके राज्य भ्रष्टाचार मुक्त हों; एक राज्य तभी भ्रष्टाचार मुक्त हो सकता है जब उसके जिले भ्रष्टाचार मुक्त हों; एक जिला तभी भ्रष्टाचार मुक्त हो सकता है जब उसकी पंचायतें भ्रष्टाचार मुक्त

हों; एक पंचायत तभी भ्रष्टाचार मुक्त हो सकती है जब लोग भ्रष्टाचार मुक्त हों; और लोग तभी भ्रष्टाचार मुक्त हो सकते हैं जब उन्होंने बचपन से ही इन मूल्यों को आत्मसात कर लिया हो।"

- एपीजे अब्दुल कलाम, द राइटियस लाइफ: द वेरी बेस्ट ऑफ एपीजे अब्दुल कलाम

"आम तौर पर जब नागरिकों की याचिकाएँ पब्लिक-1 सेक्शन में पहुँचती थीं, तो बीस याचिकाओं पर फ़ैसला आने में सात दिन लग जाते थे, लेकिन ई-गवर्नेंस लागू होने के बाद चालीस याचिकाओं को निपटाने में सिर्फ़ पाँच घंटे लगे। मुझे उम्मीद है कि इस तरह की व्यवस्थाएँ कई और राज्य और केंद्र सरकार के दफ़्तरों में देखने को मिलेंगी।"

- एपीजे अब्दुल कलाम, द राइटियस लाइफ़: द वेरी बेस्ट ऑफ़ एपीजे अब्दुल कलाम

"दृढ़ता और असाधारण साहस की कहानियाँ हमेशा मुझे प्रेरित करती हैं। स्टीफन आर. कोवे द्वारा लिखी गई पुस्तक एवरीडे ग्रेटनेस में यह अंश तब से मेरे साथ है।"

- एपीजे अब्दुल कलाम, द राइटियस लाइफ: द वेरी बेस्ट ऑफ़ एपीजे अब्दुल कलाम

"एटी, मैं समझता हूँ कि आपको प्रत्येक परिवार के लिए लगभग 700,000 की राहत राशि का प्रबंध करने में बहुत कठिनाई हुई होगी? एपीजे: मैं यह भूल गया हूँ। एक बिंदु ऐसा आता है जहाँ सब कुछ सरल हो जाता है और अब कोई विकल्प का सवाल ही नहीं रह जाता, क्योंकि अगर आप पीछे मुड़कर देखेंगे तो आपने जो कुछ भी दांव पर लगाया है वह सब खो जाएगा। जीवन, हर जगह, ऐसे बिंदुओं से चिह्नित होता है जहाँ से वापसी संभव नहीं है - उस समय मैं यहीं खड़ा था।"

- एपीजे अब्दुल कलाम, द राइटियस लाइफ: द वेरी बेस्ट ऑफ़ एपीजे अब्दुल कलाम

"मोमबत्ती बनने का दिखावा मत करो, पतंगा बनो। सेवा में छिपी शक्ति को जानो। ऐसा लगता है कि हम राजनीति के बाहरी रूपों में फंस गए हैं और

उन्हें राष्ट्र-निर्माण समझ रहे हैं। बलिदान, परिश्रम और वीरता ही वह चीज है जो शायद ही कभी दिखाई या दिखाई देती है और यही वास्तव में एक राष्ट्र बनाती है।"

- एपीजे अब्दुल कलाम, द राइटियस लाइफ: द वेरी बेस्ट ऑफ एपीजे अब्दुल कलाम

"जब डॉ. साराभाई ने भारत में रॉकेट विकसित करने के लिए एक दृष्टिकोण को आकार दिया, तो उनसे और राजनीतिक नेतृत्व से इस बात पर सवाल किया गया कि ऐसे कार्यक्रम की प्रासंगिकता क्या है, जब देश का एक बड़ा हिस्सा भूख और गरीबी के दानवों से जूझ रहा था। फिर भी, वे जवाहरलाल नेहरू से सहमत थे कि भारत दुनिया के मामलों में तभी सार्थक भूमिका निभा सकता है, जब देश हर तरह से आत्मनिर्भर हो और वास्तविक जीवन की समस्याओं को कम करने के लिए उन्नत तकनीकों को लागू करने में सक्षम हो। इस प्रकार हमारा अंतरिक्ष कार्यक्रम कभी भी केवल देशों के एक कुलीन समूह में शामिल होने की इच्छा नहीं थी, न ही यह अन्य देशों के साथ पकड़ने का मामला था। बल्कि, यह दूरसंचार, मौसम विज्ञान और शिक्षा में स्वदेशी क्षमताओं को विकसित करने की आवश्यकता की अभिव्यक्ति थी।"

- एपीजे अब्दुल कलाम, द राइटियस लाइफ: द वेरी बेस्ट ऑफ एपीजे अब्दुल कलाम

"तब दूसरा विश्व युद्ध समाप्त हो चुका था और भारत की स्वतंत्रता निकट थी। गांधीजी ने घोषणा की, 'भारतीय अपना भारत स्वयं बनाएंगे।' पूरा देश अभूतपूर्व आशावाद से भर गया था। मैंने अपने पिता से रामेश्वरम छोड़ने और रामनाथपुरम में जिला मुख्यालय में अध्ययन करने की अनुमति मांगी। उन्होंने मुझे जोर से कहा, 'अबुल! मुझे पता है कि तुम्हें आगे बढ़ने के लिए दूर जाना होगा। क्या सीगल अकेले और बिना घोंसले के सूर्य के पार नहीं उड़ता? तुम्हें अपनी यादों की भूमि की लालसा को त्यागकर अपनी महान इच्छाओं के निवास स्थान में जाना होगा; हमारा प्यार तुम्हें बांधेगा नहीं और न ही हमारी ज़रूरतें तुम्हें जकड़ेंगी।' उन्होंने मेरी झिझकती माँ को खलील जिब्रान का उद्धरण दिया, 'तुम्हारे बच्चे तुम्हारे बच्चे नहीं हैं। वे जीवन की

खुद की लालसा के बेटे और बेटियाँ हैं। वे तुम्हारे माध्यम से आते हैं लेकिन तुमसे नहीं। तुम उन्हें अपना प्यार दे सकते हो लेकिन अपने विचार नहीं। क्योंकि उनके अपने विचार हैं।"

- एपीजे अब्दुल कलाम, द राइटियस लाइफ: द वेरी बेस्ट ऑफ़ एपीजे अब्दुल कलाम

"अपने समय में, अपने स्थान पर, वह वास्तव में क्या है, और जिस अवस्था में वह पहुँच गया है - अच्छा या बुरा - हर मनुष्य संपूर्ण प्रकट दिव्य सत्ता के भीतर एक विशिष्ट तत्व है। तो कठिनाइयों, कष्टों और समस्याओं से क्यों डरना चाहिए? जब मुसीबतें आती हैं, तो अपने कष्टों की प्रासंगिकता को समझने की कोशिश करें। प्रतिकूलता हमेशा आत्मनिरीक्षण के अवसर प्रस्तुत करती है।"

- एपीजे अब्दुल कलाम, द राइटियस लाइफ: द वेरी बेस्ट ऑफ़ एपीजे अब्दुल कलाम

"वे एमआईटी में प्रवेश शुल्क के रूप में 600 डॉलर का भुगतान कैसे कर सकते थे?"

- एपीजे अब्दुल कलाम, द राइटियस लाइफ: द वेरी बेस्ट ऑफ एपीजे अब्दुल कलाम

"मेरी सरकार ने अफ्रीका के लिए एक विशेष पहल की है, जिसमें अफ्रीकी विकास के लिए नई भागीदारी योजना के तहत ऋण के रूप में 200 मिलियन डॉलर देने का वादा किया गया है। मेरी सरकार ने 500 मिलियन डॉलर के परिव्यय के साथ कुछ निश्चित अफ्रीकी देशों के साथ एक दूसरी योजना टीम-9 पहल की भी घोषणा की है। इन पहलों का उद्देश्य कुछ अफ्रीकी देशों का दीर्घकालिक आर्थिक विकास करना है।"

- एपीजे अब्दुल कलाम, द राइटियस लाइफ: द वेरी बेस्ट ऑफ एपीजे अब्दुल कलाम

"महात्मा गांधी के स्वतंत्र भारत के सपने ने भारत को लोकतंत्र में बदल दिया। डॉ. सी. सुब्रमण्यम के कृषि विजन ने भारत को हरित क्रांति का एहसास कराया। डॉ. वर्गीस कुरियन के दूध विजन ने भारत को श्वेत क्रांति का मार्ग

दिखाया। प्रो. विक्रम साराभाई के अंतरिक्ष विजन ने भारत को अंतरिक्ष क्लब में शामिल होने में सक्षम बनाया। डॉ. होमी भाभा के परमाणु विजन ने भारत को परमाणु शक्ति बनने में मदद की।"

- एपीजे अब्दुल कलाम, द राइटियस लाइफ: द वेरी बेस्ट ऑफ एपीजे अब्दुल कलाम

"उत्पादक पारेषण और वितरण संस्थानों को बिजली के लिए किसी भी तरह की सब्सिडी नहीं देनी चाहिए। समाज के आर्थिक रूप से कमज़ोर वर्गों के लिए जो भी सब्सिडी दी जानी चाहिए, वह सरकार द्वारा सीधे दी जानी चाहिए, जैसा कि केरोसिन और डीज़ल के मामले में प्रस्तावित है।"

- एपीजे अब्दुल कलाम, द राइटियस लाइफ़: द वेरी बेस्ट ऑफ़ एपीजे अब्दुल कलाम

"भारत में वर्तमान में विभिन्न उद्योगों में 30,000 मेगावाट कैप्टिव बिजली है। सुझाव यह है कि हम इस कैप्टिव बिजली को विभिन्न रूपों में बढ़ाकर 60,000 मेगावाट (भविष्य के उद्योगों द्वारा उत्पादित कैप्टिव बिजली) कर सकते हैं, जिसमें बड़े पैमाने पर अक्षय ऊर्जा प्रणालियों की अस्थिर आपूर्ति को पूरा करने के लिए ग्रिड में अप्रयुक्त कैप्टिव उत्पादन क्षमता को फीड करने का प्रावधान है। सभी कैप्टिव बिजली डीजल ईंधन द्वारा संचालित होती है। इमल्सीफिकेशन की नई तकनीक, जो एक भारतीय आविष्कार है, द्वारा 40 प्रतिशत ईंधन की बचत की जा सकती है।"

- एपीजे अब्दुल कलाम, द राइटियस लाइफ: द वेरी बेस्ट ऑफ एपीजे अब्दुल कलाम

"वितरण हानि को कम करना: हम मौजूदा वितरण प्रणाली में उचित संशोधन के साथ उच्च वोल्टेज वितरण प्रणाली शुरू करके वितरण हानि को काफी हद तक कम कर सकते हैं। यह रणनीति कुछ वितरण कंपनियों में पहले से ही प्रचलित है।"

- एपीजे अब्दुल कलाम, द राइटियस लाइफ: द वेरी बेस्ट ऑफ एपीजे अब्दुल कलाम

"मेरा सुझाव है कि इन आवासों को ग्रिड से स्वतंत्र सौर पैनल वाले घर उपलब्ध

कराने के लिए एक राष्ट्रीय नीति की आवश्यकता है, जिसे धीरे-धीरे अन्य 140 मिलियन घरों तक बढ़ाया जा सकता है। साथ ही, गांवों, कस्बों और शहरों में सामुदायिक आधारित सौर पैनलों पर स्ट्रीट लाइटें प्रदान की जा सकती हैं। यह भारत में एक जीवंत सौर पैनल उद्योग लाएगा, जो अभिनव विकास, दक्षता वृद्धि, उत्पादन, वितरण, विपणन और परेशानी मुक्त सौर ऊर्जा प्रणाली के रखरखाव से एक व्यवसाय के रूप में होगा। यह एकीकृत व्यावसायिक समाधान सौर ऊर्जा उत्पादन की लागत और वितरण घाटे को भी कम करेगा। सौर पैनल वाले घर और स्ट्रीट लाइट बनाने की कार्रवाई से राष्ट्रीय विकास को गति देने वाली अर्थव्यवस्था के विभिन्न क्षेत्रों द्वारा उपयोग के लिए लगभग 50,000 से 60,000 मेगावाट बिजली जारी होगी। यह दुनिया के अन्य विकासशील देशों को कम लागत वाली बिजली प्रदान करने के लिए भी उपयोगी होगा।"

- एपीजे अब्दुल कलाम, द राइटियस लाइफ: द वेरी बेस्ट ऑफ एपीजे अब्दुल कलाम

"केवल 11 प्रतिशत बिजली उत्पादन तेल और प्राकृतिक गैस पर निर्भर है, जिसे ज़्यादातर भारी लागत पर आयात किया जाता है। हर साल बिजली उत्पादन के लिए केवल 1 प्रतिशत तेल का उपयोग किया जाता है। हालाँकि, 10 प्रतिशत तक बिजली उत्पादन उच्च लागत वाली गैस आपूर्ति पर निर्भर है।"

- एपीजे अब्दुल कलाम, द राइटियस लाइफ़: द वेरी बेस्ट ऑफ़ एपीजे अब्दुल कलाम

"पश्चिमी भारत में हमारे एक राज्य ने कुछ ही समय में 654.8 मेगावाट सौर ऊर्जा का उत्पादन करके ग्रिड में आपूर्ति शुरू कर दी है। दक्षिण में एक और राज्य ने तीन साल में 3,000 मेगावाट सौर ऊर्जा जोड़ने का लक्ष्य रखा है। भारतीय विद्युत प्राधिकरण द्वारा 15 रुपये प्रति यूनिट की अधिकतम सीमा के साथ शुरू की गई रिवर्स बिडिंग प्रक्रिया ने प्रतिस्पर्धा को बढ़ावा दिया है, जो स्वच्छ हरित ऊर्जा के निर्माण के लिए एक लाभ है। अब बढ़ती प्रतिस्पर्धा के साथ, राज्य बिजली बोर्ड सात रुपये प्रति यूनिट की आकर्षक कीमत पर ऊर्जा प्राप्त करने में सक्षम हैं। जब कई राज्यों और केंद्र शासित प्रदेशों में बड़े पैमाने पर स्थापना और क्षमता वृद्धि होती है, तो यह और भी कम हो सकता है। इस

तरह के नवाचारों को बढ़ाया जाना चाहिए और ऊर्जा उत्पादन और प्रबंधन के सभी क्षेत्रों में लागू किया जाना चाहिए।"

- एपीजे अब्दुल कलाम, द राइटियस लाइफ: द वेरी बेस्ट ऑफ एपीजे अब्दुल कलाम

"आज बिजली उत्पादन के लिए इस्तेमाल होने वाले 89 प्रतिशत इनपुट स्वदेशी हैं, जिनमें कोयला (55 प्रतिशत), डीजल और गैस (11 प्रतिशत), जलविद्युत (21 प्रतिशत), परमाणु ऊर्जा (2 प्रतिशत) और नवीकरणीय (11 प्रतिशत) शामिल हैं। सौर ऊर्जा खंड आज हमारे ऊर्जा उत्पादन में केवल 0.5 प्रतिशत का योगदान देता है।"

- एपीजे अब्दुल कलाम, द राइटियस लाइफ: द वेरी बेस्ट ऑफ एपीजे अब्दुल कलाम

"पवन ऊर्जा उत्पादन के मामले में हम अच्छी स्थिति में हैं। पिछले दशक में, हम बड़े पैमाने पर पवन फार्मों के माध्यम से 11,000 मेगावाट से अधिक उत्पादन करने की क्षमता तक पहुँच चुके हैं। इस अनुभव के साथ, 2030 तक कम पवन ऊर्जा वाली पवन चक्कियों का उपयोग करके हमारी क्षमता को 45,000 मेगावाट तक बढ़ाना संभव है।"

- एपीजे अब्दुल कलाम, द राइटियस लाइफ: द वेरी बेस्ट ऑफ़ एपीजे अब्दुल कलाम

परिशिष्ट

कलाम के कमाल

विश्व प्रसिद्ध भारतीय वैज्ञानिक डॉ. ए पी जे अब्दुल कलाम ने अनेक मिसाइलें देश को दीं। उनके नाम और उनकी विशेषताएं निम्नलिखित हैं -

मिसाइल का नाम

- पृथ्वी
- सतह से सतह तक, कम दूरी की बैलिस्टिक मिसाइल
- **लक्ष्य भेद :** 150–300 किलोमीटर

विशेषता

- परमाणु हथियार ले जाने में सक्षम

मिसाइल का नाम

- अग्नि
- री-एंट्री टेक्नोलॉजी डेमोंस्ट्रेटर
- शॉर्ट रेंज बैलेस्टिक मिसाइल
- **लक्ष्य भेद :** 700–900 किलोमीटर

मिसाइल का नाम

- त्रिशूल शॉर्ट रेंज
- सतह से हवा में वार करने वाली मिसाइल
- **लक्ष्य भेद :** 12 किलोमीटर

मिसाइल का नाम

- नाग
- एन्टी टैंक मिसाइल
- दागो और भूल जाओ प्रणाली पर आधारित

विशेषता

- सभी प्रकार के मौसम में काम करने में सक्षम

मिसाइल का नाम

- आकाश
- मीडियम रेंज सतह से हवा में वार करने में सक्षम
- **लक्ष्य भेद :** 18 किलोमीटर

मिसाइल का नाम

- ब्रह्मोस
- गति 2,9000 किलोमीटर प्रति घंटा
- ध्वनि की गति से भी तेज़
- **लक्ष्य भेद :** 300 किलोमीटर से 800 किलोमीटर के बीच।

विशेषता

- लड़ाकू विमानों, पनडुब्बियों, युद्धपोत के साथ-साथ जमीन पर मौजूद सिस्टम समेत कई अलग-अलग प्लेटफॉर्म की मदद से लॉन्च किया जा सकता है।

संदर्भ

पुस्तक

1. इंडिया 2020: ए विजन फॉर द न्यू मिलेनियम : डॉ कलाम
2. इंडिया 2020 : अ विज़न फॉर न्यू मिलेनियम : डॉ कलाम
3. माई जर्नी : ट्रांसफॉर्मिंग ड्रीम्स इन टू एक्शंस : डॉ कलाम
4. 'री-इग्नाइटेड : साइंटिफिक पाथवेज टू ए ब्राइटर फ्यूचर' : सृजन पाल सिंह
5. अग्नि की उड़ान : डॉ ए पी जे अब्दुल कलाम : अरुण कुमार तिवारी

लेख

किरण वकाडीकर